网店美工

主　编　陈兴贵　陈雪梅　冯　嫣
副主编　汪　强　李亚男　肖　杨

西南交通大学出版社
·成　都·

图书在版编目（CIP）数据

网店美工 / 陈兴贵，陈雪梅，冯嫣主编. -- 成都：
西南交通大学出版社，2025. 3. -- ISBN 978 7-5774
-0355-7

Ⅰ. F713.36；TP393.092

中国国家版本馆 CIP 数据核字第 20254YA093 号

Wangdian Meigong

网店美工

策划编辑／黄庆斌

主　编／陈兴贵　陈雪梅　冯　嫣

责任编辑／穆　丰

责任校对／左凌涛

封面设计／墨创文化

西南交通大学出版社出版发行

（四川省成都市金牛区二环路北一段 111 号西南交通大学创新大厦 21 楼　610031）

营销部电话：028-87600564　　028-87600533

网址：https://www.xnjdcbs.com

印刷：四川玖艺呈现印刷有限公司

成品尺寸　185 mm×260 mm

印张　19.5　　字数　487 千

版次　2025 年 3 月第 1 版　　印次　2025 年 3 月第 1 次

书号　ISBN 978-7-5774-0355-7

定价　58.00 元

前 言

PREFACE

在这个数字化迅猛发展的时代，电子商务已成为全球经济中不可或缺的一部分。随着网络购物的普及，网店的视觉呈现和用户体验变得至关重要。一个成功的网店不仅需要优质的产品，更需要专业的美工设计来吸引顾客，提升品牌形象，从而在激烈的市场竞争中脱颖而出。本书正是为了应对这一需求而编撰的专业教材。

本书致力于为读者提供一套系统、实用的网店美工知识体系和操作技巧。通过采用项目式教学法，结合具体的案例分析，引导读者从基础概念出发，逐步掌握网店美工设计的核心技能。无论是初涉电商领域的新手，还是希望提升网店吸引力的店主，抑或是专业的美工设计师，都能在本教程中找到有价值的内容。

《网店美工》分为9个项目，每个项目围绕一个核心知识点展开，进行系统化的教学。内容涵盖初识网店美工、网店商品图片精修、商品主图设计与制作、推广图设计与制作、海报创意设计与制作、网页 PC 端首页设计与制作、商品 PC 端详情页设计与制作、网店移动端页面设计与制作以及综合案例实战演练。本书注重理论与实践相结合，除了深入浅出的理论讲解外，更融入了丰富的实操环节，确保读者能够掌握网店美工的核心技能，将所学知识应用于实际工作中。考虑到不同背景读者的学习需求，本书力求语言清晰、案例生动、操作具体，让每一位读者都能轻松学习，快速进步，具备实际工作所需的职业能力。同时，为了确保大家在学习过程中能够掌握证书考试所需的理论知识和实操技能，教材中的知识点、技能点和实训项目均结合职业技能等级证书的考核要求设计，提供全面的知识支撑。

本书由陈兴贵、陈雪梅、冯嫣担任主编，汪强、李亚男、肖杨担任副主编。其中前言由陈雪梅负责编写，项目1由陈兴贵、陈雪梅负责编写，项目2由陈兴贵负责编写，项目3、项目4、项目5由冯嫣、肖杨负责编写，项目6、项目7、项目8由汪强、李亚男负责编写，项目9由冯嫣、汪强、李亚男、肖杨负责编写，课程思政元素由陈雪梅负责编写，最后由陈兴贵、陈雪梅、冯嫣、汪强、李亚男、肖杨负责统稿和审核。

本书在编写过程中邀请了四川职业技术学院冉秋、朱红燕等院校专家参与指导，感谢她们贡献了自己的宝贵经验和见解，使得本书内容更加权威和贴近行业实际。同时，为了让本书的教学内容更加贴合绵阳本地区域经济的发展，我们还特别邀请了绵阳地区优秀企业——蒋蓉记香雪海米粉店参与本书的教学资源建设，在此一并表示诚挚的谢意。

我们期待《网店美工》能成为您打造魅力网店的得力助手，帮助您在电商之路上走得更远，实现最大的商业价值。现在，就让我们携手开启这段专业且富有成效的美工设计学习之旅吧！

由于编者水平有限，书中难免有疏漏与不足之处，敬请各位读者批评指正。

编 者
2024 年 6 月

扫一扫，获取本书所有案例素材及最终效果文件资源总包

资源索引

RESOURCE INDEX

目　录

CONTENTS

项目 1

初识网店美工

随着移动互联网浪潮席卷全球与消费观念迭代升级，电子商务行业正迈入一个全新的阶段。在这片繁荣市场的背后，电商设计的角色日益凸显，它不仅是品牌形象的窗口，还是连接商家与消费者的桥梁。为了应对行业不断变化的需求，电商设计从业者面临着知识体系的更新与技能升级的双重挑战。

本项目旨在为读者提供一份全面的入门指南。首先，探索网店美工的基本概念与技能要求，理解其在电商领域中的重要性。接着，深入学习视觉设计原则，包括色彩、构图等，提升设计素养。最后，通过解析网店装修的流程，教会读者如何将设计理念转化为实际的网店界面，实现视觉与功能的完美结合。通过系统化的学习，读者将建立起对电商设计全局观的理解，为今后的职业发展奠定坚实的基础。

本项目的思维导图如图 1-0-1 所示。

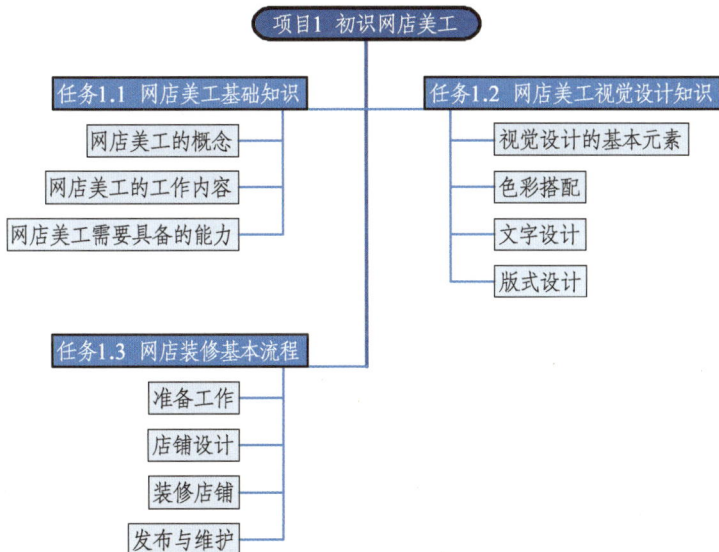

图 1-0-1　项目 1 思维导图

学习引导

学习目标

了解网店美工的基础知识。

了解网店美工视觉设计知识。

熟悉网店装修的基本流程。

素养目标

提高对网店美工的学习兴趣。

培养网店美工职业意识。

能力目标

了解网店美工的相关概念。

理解并熟练运用视觉设计的相关知识。

掌握网店装修的基本流程。

思政目标

增强社会责任感。

培养职业道德。

树立正确的价值观。

促进团队合作与沟通。

考核评价

如表 1-0-1 所示，项目 1 初识网店美工的考核评价表根据学生自评、组内互评和教师评价来计算总分，全面反映学生教材知识点掌握程度、课堂参与度、作业完成情况以及实操表现。

表 1-0-1　考核评价表

考核维度	评价指标	分值	学生自评	组内互评	教师评价
知识点掌握（30分）	网店美工基础知识	10			
	网店美工视觉设计知识	10			
	网店装修基本流程	10			
课堂参与（20分）	出勤情况	5			
	课堂互动（提问、回答、小组讨论）	10			
	学习态度（专注度、积极性）	5			
作业完成（20分）	作业完成度（是否按时完成、完成任务量）	10			
	作业质量（是否达到任务要求、是否存在错误）	10			
实操表现（30分）	实操熟练度（操作是否流畅、是否需要多次修正）	10			
	实操效果（是否达到预期效果、是否具有创新性）	10			
	实操规范性（是否遵循操作流程、是否符合行业规范）	10			
总计					

任务 1.1　网店美工基础知识

在当今数字化时代，电商平台成为众多商家与消费者之间交易的重要场所。随着竞争加剧，优秀的视觉呈现成为吸引顾客的关键因素之一。网店美工，作为电商设计领域的重要角色，承担着塑造店铺形象、提升用户体验的重任。本任务将带领你深入了解网店美工的基本概念、职责范畴以及必备技能，为你的设计之路奠定坚实的基石。

1.1.1　网店美工的概念

网店美工是指专门负责电商平台店铺视觉设计的专业人员，他们通过将创意与技术相结合，打造出美观且具有商业吸引力的店铺界面。美工们需要将品牌理念、商品特性与用户需求紧密结合，创造出独特的视觉体验，以增强品牌的市场竞争力。

1.1.2　网店美工的工作内容

作为电子商务领域不可或缺的专业角色，网店美工的职责远超传统意义上的美术工作者。他们专注于网店的整体视觉呈现，提升店铺形象与用户体验，具体工作范围包括但不限于以下几点：

1. 品牌视觉识别系统（VI）维护

确保所有平台上的视觉元素[如 LOGO（商标）、色彩、字体和图像风格等]的一致性和准确性，以此加强品牌辨识度，提升专业形象，保证顾客无论在何处接触品牌，都能获得统一的视觉体验。图 1-1-1 所示为某购物平台的食品类店铺首页。首先我们可以注意到，整个页面的设计风格保持了一致性。从顶部的横幅到产品展示区域，都使用了相似的颜色搭配和图形元素。这种一致性的设计有助于增强品牌形象，使消费者能够轻松地识别出这是某特定品牌的产品。

其次，可爱的卡通形象贯穿于整个页面。这些卡通形象被巧妙地融入不同的促销广告和产品包装上，使得品牌形象更加鲜明且易于记忆。页面的整体布局和色彩搭配营造出了一个欢快、活泼的氛围，符合该品牌作为休闲食品品牌所要传达的情感诉求。

图 1-1-1　某购物平台的食品类店铺首页

2. 商品图像处理

商品图片作为网店中商品的主要视觉载体，其质量直接影响着消费者的购物体验和购买意愿。因此，拍摄的商品图片往往需要经过一系列的优化处理，才能更好地呈现在网店上。网店美工扮演着至关重要的角色，他们通过对图片的精心设计与美化，能够显著提升商品的吸引力。这一过程涉及调整图片尺寸，使之符合网站展示标准；优化色彩饱和度与对比度，让商品色泽更加鲜活；修正构图，巧妙添加装饰性元素，如适宜的背景或道具，来营造商品情境；细致修复图像中的瑕疵，确保商品外观无瑕；在不喧宾夺主的前提下，添加必要的文字信息，如商品特性、价格或促销详情，以完善商品介绍。

网店美工在进行这些创意工作时，必须保持商业敏感度，从消费者视角出发，确保商品图片既美观又不失真实性。虽然美化图片是为了增强视觉效果，但又不能过度夸张与艺术化，避免误导消费者，因为赢得消费者的信任和提高消费者的满意度才是最终目的。简而言之，网店美工的任务是在艺术与商业之间找到最佳平衡点，创造出既具吸引力又能准确传达商品信息的高质量图片，从而有效促进销售。图 1-1-2 所示为商品图像处理前后的对比效果。

（a）处理前 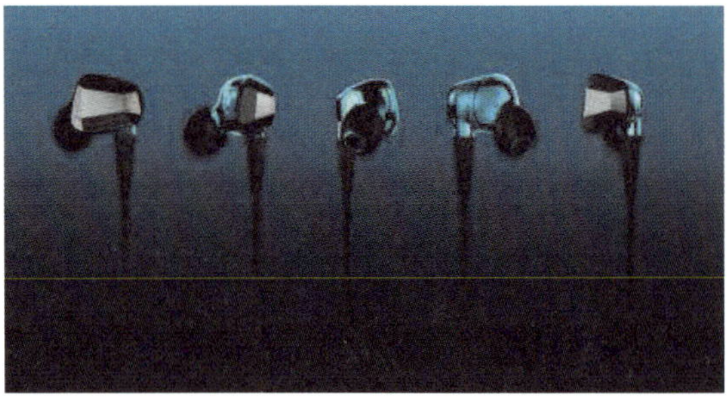   （b）处理后

图 1-1-2　商品图像处理前后的对比效果

3. 店面装修与设计

设计与装修网店是一项综合考量艺术与商业融合性的工程，其核心目标是服务于商品销售，而非单纯的视觉展示。优秀的网店美工会深入研究消费者心理，洞察他们偏好的装修风格，确保这些风格与店铺定位相符；他们会探索色彩对情绪的影响，选用能激发积极反应的配色方案；同时，他们还必须洞悉消费者在浏览商品时的信息需求，确保所有关键信息一目了然。在设计过程中，美工们需要谨慎并保持平衡，避免过多装饰元素造成页面杂乱或加载缓慢，力求创建一个既美观又高效、完全契合消费者喜好的购物环境。他们的任务不仅是创造吸引眼球的商品图像，更是要全面负责店铺的视觉形象，包括店铺首页、商品详情页及各类活动页面的设计。图 1-1-3 所示为某购物平台一款家电的详情页，采用了与产品外观相协调的白色调，呈现简洁风格。页面布局清晰，上方为产品宣传语；中间展示产品特点，如无缝嵌入、底部前置散热等，并配有图文解释；下方提供厨房和客厅场景示意图，方便消费者想象产品在家中的使用情景。安装提示体现出商家关注细节，整体设计注重实用性和美观性，旨在提升消费者购买欲望。

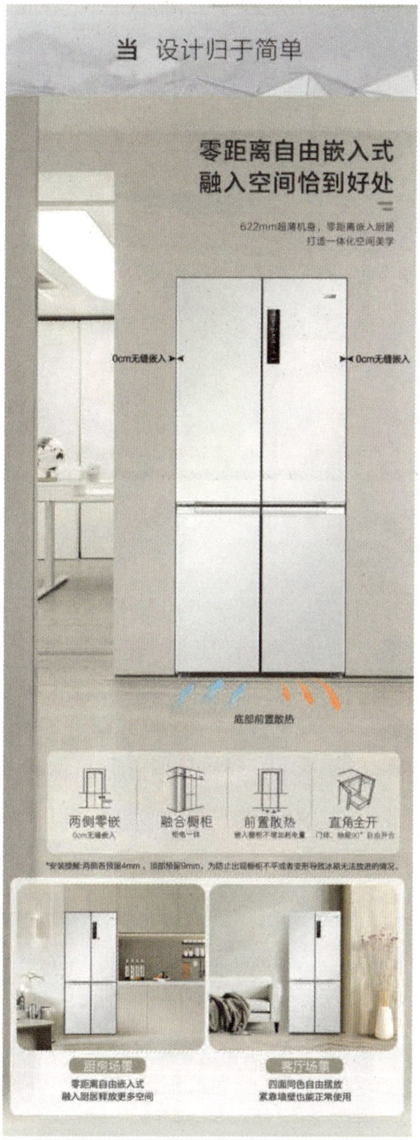

图 1-1-3　某购物平台一款家电详情页

4. 推广图的设计

作为网店美工，创作推广图的根本目的在于多维度传递商品特色、品牌形象、服务优势及技术实力，旨在潜移默化中加深消费者对网店的认知，激发其认同与归属感，最终催化销售额提升。这一过程涉及对现有视觉素材的精妙运用，通过匠心独具的设计策略，确保信息的即时性与有效性，精准诠释商品的独特价值。同时配以逻辑严密、直击人心的文案，旨在一瞬之间与消费者达成共鸣，留下持久而深刻的印记。图 1-1-4 所示为某购物平台一款米粉产品推广图，该图采用鲜明的红白色彩，聚焦一碗配料丰富的牛肉笋子米粉，清晰展示品牌与产品名称，同时结合老字号及 CCTV（中国中央电视台）报道的背书，强化品牌信任度。图中筷子夹粉的细节使图片更具动感，简洁背景衬托产品，整体设计既美观又传达产品信息，有效吸引顾客。

图 1-1-4　某购物平台一款米粉产品推广图

5. 促销活动页面设计

促销活动是推动销售的关键策略。每当这些活动启动时，网店美工扮演着至关重要的角色——他们需要迅速响应，依据活动主题设计店铺的首页、商品详情页以及专门的活动页面。设计不仅要美观，更要实用，确保每一处都清晰传达活动的核心信息和优惠力度，如限时折扣、满减优惠等，以此刺激消费者的购买冲动，促进交易量的增长。图 1-1-5 所示为某购物平台"运动季"的促销宣传页面，该页面的设计具有较强的视觉冲击力和吸引力。主色调采用冷色调，既符合运动季的主题，又给人清爽舒适的感觉。页面布局清晰有序，各个板块之间有明显的分隔线或颜色区分，不仅展示了各种商品，还融入了运动场景和人物形象，进一步强化了运动季的主题，能成功吸引潜在客户的注意力，并促使他们进行下一步的消费行为。

图 1-1-5　某购物平台"运动季"促销宣传页面

1.1.3　网店美工需要具备的能力

网店美工需要具备五大核心能力：一是卓越的视觉设计技巧，能够创作出吸引眼球的网店界面和商品展示效果；二是精通相关设计软件及网页技术，如 Photoshop 和 HTML/CSS（超文本标记语言/串联样式表），实现创意的精准执行；三是深刻理解商品和市场，确保设计贴合用户需求与品牌定位；四是出色的沟通能力，能与团队协作，理解并实现项目愿景；五是数据分析意识，利用数据反馈优化设计，提升用户体验和销售转化率。

任务 1.2　网店美工视觉设计知识

在电商领域，视觉设计是吸引顾客、提升品牌认知度的关键。本任务将深入探讨视觉设计的基本元素、色彩搭配、文字设计以及页面布局，帮助读者掌握网店美工所需的视觉设计知识。通过学习和实践，读者将能够创造出既美观又具有商业效益的网店界面。

1.2.1　视觉设计的基本元素

点、线、面不仅是设计语汇中的基本符号，更是创造动态与平衡、引导观者视线的关键所在。

1. 点

作为视觉设计的起点，点是最微观的视觉存在，拥有聚焦注意力的作用。它不仅限于几何学上的圆形、方形或三角形，更涵盖了锯齿状、斑点状乃至其他各种抽象形态的点。如图1-2-1 所示，各种水果以"点"的形式分散于海报中，展示了将点元素环绕主题文字布局的技巧，以此增强画面的层次感与主题的凸显度。

图 1-2-1　海报中的点设计

2. 线

这一简单而多变的元素，在视觉构成中扮演着至关重要的角色。它不仅传达长度与宽度，还蕴含着位置、方向和独特的性格特质。线条以其刚柔并济、优雅简约之姿，成为构图的灵魂。它们或平行于地平线，展现大气与庄严；或蜿蜒曲折，流露出柔和与灵动。斜线则以其强烈的动感，激发视觉冲击。如图 1-2-2 所示的耳机推广图中，产品本身及背景都体现了线的设计要素，耳机线是产品的组成部分，背景上的斜线条则突出了产品的轮廓和细节，使整个画面更加丰富有层次。

3. 面

面是从点的放大到线的扩展，从而构成了视觉语言中的另一重要篇章。它不仅具备长宽之形，还承载着方向、位置和角度的内涵。在构图中，面负责整合信息、划分区域、平衡视觉重量，并加深空间层次，为设计主题增添深度。设计时，巧妙利用面的对比与组合至关重要。如图 1-2-3 所示的某购物平台的某数码产品图中，大面积的黑色作为主色调，塑造出高端专业的视觉效果；同时，通过将平板电脑放置在一个带有条纹图案的底座上，增加了画面的层次感和趣味性；此外，触控笔的位置安排也充分考虑到了用户的操作习惯，使得整个构图既实用又美观。

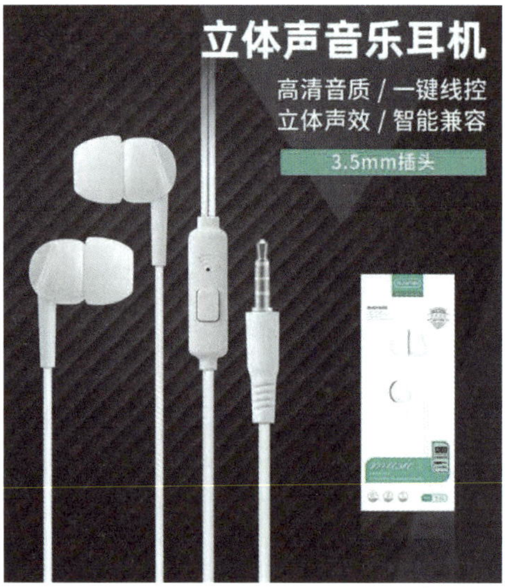

图 1-2-2　某购物平台的某耳机推广图

图 1-2-3　某购物平台的某数码产品图

1.2.2　色彩搭配

1. 网店色彩设计的重要性

色彩搭配是网店设计中不可或缺的一部分，它不仅影响着页面的美感，还直接关联到用户的情绪反应和购物体验。通过合理地运用色彩的基本属性、比例、对比以及搭配技巧，网店设计师能够创造出既美观又有效的设计作品，最终目的是提升网店的品牌形象，增加用户的停留时间和购买欲望，从而促进销售业绩的增长。在实际操作过程中，设计师应当综合考虑品牌定位、目标市场、顾客偏好等多个因素，灵活运用色彩理论，不断试验和优化设计方案，以达到最佳的视觉营销效果。

2. 色彩的三要素

色彩的三要素是指色彩的色相、明度、纯度，这 3 种要素虽然相对独立，但又相互关联。

色相：指的是颜色的种类，如红、黄、蓝等。色相是人对色彩最基本的视觉感知。色相变化用色相环表示，如图 1-2-4 所示。

明度：反映颜色的明亮程度，取决于光线的强度。明度高的颜色看起来更亮，而明度低的颜色看起来更暗。明度对比如图 1-2-5 所示。

纯度：又称饱和度，表示颜色的鲜艳度或混浊度。纯度高的颜色更加鲜艳，而纯度低的颜色则显得更加混浊。纯度对比如图 1-2-6 所示。

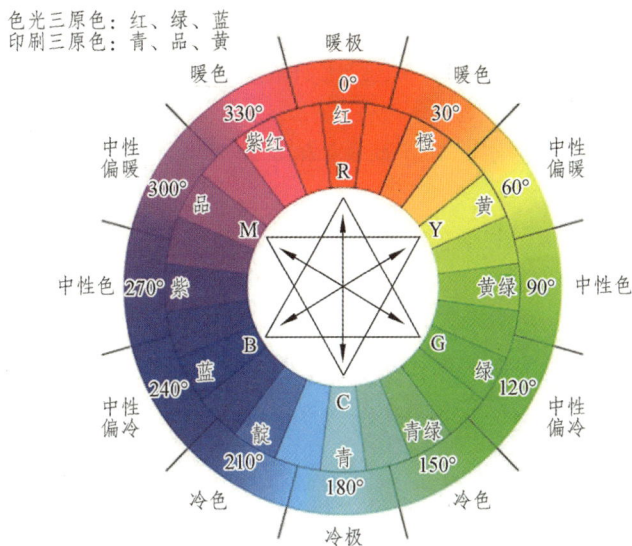

色光三原色：红、绿、蓝
印刷三原色：青、品、黄

图 1-2-4　色相环

图 1-2-5　明度对比图

图 1-2-6　纯度对比图

3. 色彩的比例

网店设计时应遵循一定的色彩比例原则，例如 70：25：5 的比例，即主色占 70%，辅助色占 25%，点缀色占 5%。这只是一个参考比例，具体应用需依据实际情况调整，如图 1-2-7 所示。

图 1-2-7　主色、辅助色与点缀色

主色：占主导地位的色彩，决定了网店的整体风格，一般不超过3种，以避免视觉疲劳。选择主色时，要考虑目标受众的心理特征，比如童装店可以选择黄色、粉色和橙色等暖色调作为主色。

辅助色：用于衬托主色，使页面更加丰富和完整。辅助色的选择应该与主色相互呼应，形成和谐的整体。

点缀色：面积较小且醒目的颜色，用于突出页面的重点。点缀色可以用来强调特定的信息或者商品。

4. 色彩的对比

通过色彩对比可以增强页面的视觉效果和强调重要信息。

明度对比：通过颜色的明暗差异形成对比，增强页面的层次感。适当的明度对比可以使页面显得更加清晰和锐利。

纯度对比：利用色彩鲜艳度的不同形成对比，可以创造和谐或鲜明的视觉效果。纯度对比适中的画面视觉效果更为和谐丰富。

色相对比：通过不同色相间的对比，如原色对比、间色对比、补色对比和邻近色对比等，实现视觉上的平衡或对比。补色对比是指色相环中的一种颜色与其180°对角上的颜色的对比，如红色和绿色互为补色；邻近色对比是指色相环上夹角在60°以内的颜色的对比，如红色和红橙色互为邻近色，如图 1-2-8 所示。

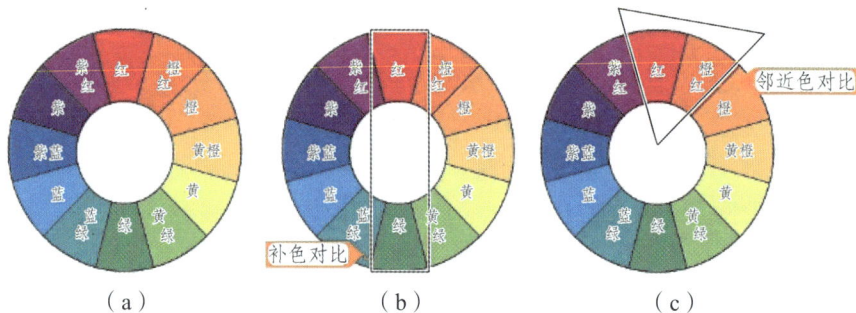

（a）　　　　　　　　（b）　　　　　　　　（c）

图 1-2-8　色相对比

冷暖色对比：通过冷色调和暖色调的对比，创造出不同的情感氛围。暖色调如黄色、橙色和红色等可以带来温暖、热情的感觉；而冷色调如蓝色、蓝绿色等则给人一种凉爽、冷静的感觉，如图 1-2-9 所示。

图 1-2-9　冷暖色对比

色彩面积对比：通过调整色彩的覆盖面积，形成视觉焦点。例如，在一个页面中，背景色占据大部分空间，而商品图片和文字则占据较小的区域，这样的布局使得关键信息更加突出，如图 1-2-10 所示。

图 1-2-10　色彩面积对比

5. 色彩搭配技巧

为了追求统一感和和谐感，提高美观度，网店设计师可以采取以下技巧进行配色。

选择合适的主色调：根据不同商品类型选择相应的主色调，比如电器和洗护用品常用蓝色。如图 1-2-11 所示，该图主体为西瓜，则可选用西瓜的相近色。在选择主色调时，需要系统分析目标顾客的心理特征，找到他们易于接受的色彩，然后应用到设计当中。

运用无彩色：黑白灰等无彩色系可以与其他颜色良好搭配，有助于协调色彩搭配。无彩色可以作为背景色或分割线等元素，增加设计的层次感。某购物平台某家居详情页如图 1-2-12 所示。

强化前景与背景对比：确保前景色和背景色之间有明显的对比，避免复杂的背景图案分散顾客注意力。清晰的前景色和背景色对比可以让页面更加整洁有序。某购物平台某电子产品详情页如图 1-2-13 所示。

图 1-2-11　选择合适的主色调　　　　图 1-2-12　运用无彩色强化　　　　图 1-2-13　前景与背景对比

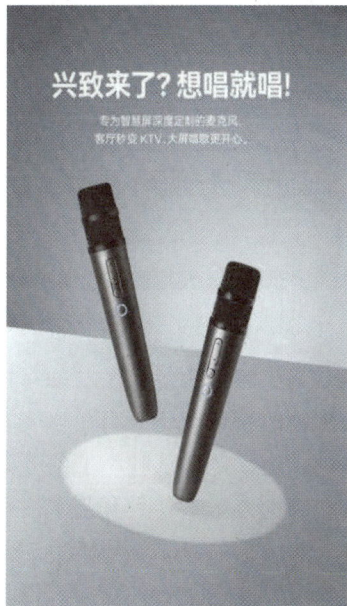

1.2.3　文字设计

文字设计是网店视觉传达中不可或缺的一环,它与色彩搭配共同构成了网店的整体视觉风格。文字的设计不仅要美观,还要具有良好的可读性和视觉吸引力。以下是对文字设计中几个关键方面的详细说明。

1. 字体的选择

在网店设计中,字体的选择和字号的设置直接影响着信息的传达效果和用户的阅读体验。一般来说,PC(个人计算机)端网店的文字最小字号建议设定为18点,以确保文字的清晰可读;而在移动端网店中,考虑到屏幕尺寸和显示密度的影响,文字最小字号建议设定为30点,以适应移动设备的小屏幕。

宋体是一种经典的衬线字体,其特点是笔画有粗细变化,通常表现为横细竖粗,并且在笔画的末端有装饰性的衬线。这种字体给人一种精致优雅的感觉,非常适合用于珠宝首饰、美妆护肤等面向女性消费者的网店设计中,因为它们能够营造出一种细腻而时尚的氛围,如图1-2-14所示。

黑体是一种无衬线字体,其特点是笔画横平竖直,粗细一致,没有额外的装饰性衬线。这种字体给人一种简洁大方的感觉,非常适合用于面向男性消费者的网店设计中,或者商品详情页、首页Banner(通栏标题)等需要强烈视觉冲击力的地方,如图1-2-15所示。

图 1-2-14　某购物平台某护肤品主图 　　　图 1-2-15　某购物平台某耳机主图

书法体是指传统手写的字体形式,涵盖了篆书、隶书、草书、行书和楷书等多种风格。书法体的特点在于其自由多变和充满力度的笔触,特别适合用于需要营造传统文化氛围的产品设计中,例如茶叶、书画等商品,如图1-2-16所示。

美术体是一种具有艺术性和装饰性的字体,它不拘泥于常规,常常被用于增强视觉效果。这种字体的特点是美观醒目,变化丰富,既可以用于促销信息的传达,也可以用于商品调性的表现,适用于各种商品广告,如图1-2-17所示。

图 1-2-16　某购物平台某茶叶主图

图 1-2-17　某购物平台某食品图

2. 字体的运用

良好的文字排版能够为消费者带来愉悦的视觉体验，提升网店的整体格调。可以从以下几个方面着手优化文案的排版和布局。

1）提升文字的可读性

设计时采用 2 至 3 种高度协调的字体，这样的搭配不仅能够增强页面的视觉吸引力，还能保持整体风格的一致性。选择字体时应考虑到字体的可读性、风格以及是否符合品牌的定位。

2）把握文字的关联性

文字的字体、粗细、大小和颜色等方面应保持一致或相互呼应。这种一致性有助于建立页面的整体连贯性，避免因文字风格不一而造成的杂乱无章的感觉。

3）增强文字的层级感

文字的布局不应该仅仅是简单的堆砌，而是要有层次感。这意味着文字应该根据其重要性被分层展示。如图 1-2-18 所示，某购物平台某月饼详情页标题和副标题通常使用较大的字号来突出重点，正文部分则使用较小的字号来保持可读性。此外，还可以通过加粗、斜体、下划线等手段进一步强调某些特定的文字，以便引导用户的注意力并提升阅读体验。

1.2.4　版式设计

1. 版式设计原则

遵循以下原则可以帮助网店美工创建出既美观又实用的版式设计，进而提升用户体验和购买转化率。

1）主次分明，突出重点

页面设计时，应当明确视觉焦点的位置，通常位于页面的中心或略偏上方。通过色彩、大小、形状等元素强化这一区域的内容，使其成为用户关注的核心。

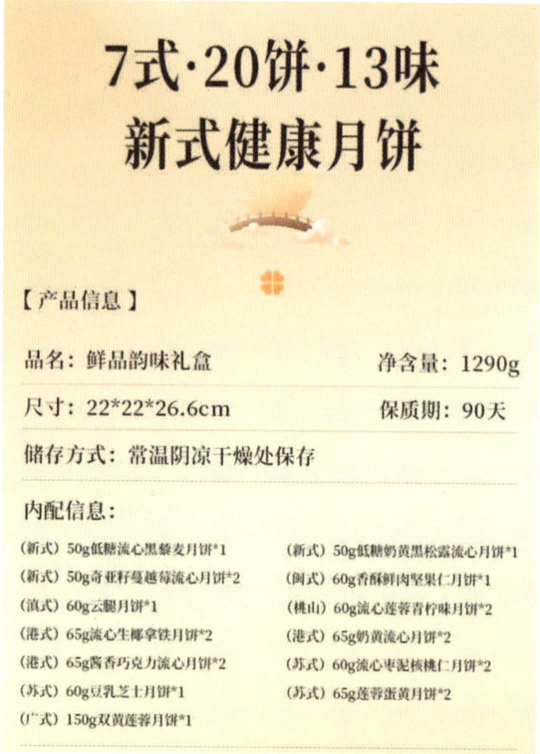

图1-2-18 某购物平台某月饼详情页

2）留白有序，元素呼应

展示多个商品时，合理安排各商品图片的位置，使其错落有致且相互间留有足够的空间。这种布局方式不仅能够避免视觉上的拥挤，还能让各个元素之间形成良好的互动关系，增强页面的整体感。

3）合理分区，简洁明了

布局时应将页面清晰地划分为不同的功能区域，如导航区、商品展示区、促销区等，以方便用户快速定位所需信息。同时，尽量保持页面简洁，减少不必要的装饰元素，使整体风格更加清爽易读。

2. 版式设计方式

为了提升网店页面的视觉效果和用户体验，版式设计的选择至关重要。不同的布局方式不仅能增强页面的美观度，还能为访客提供多样化的视觉体验。以下是几种常见的版式设计方式及其特点：

1）对角线布局

对角线布局利用对角线方向的元素排列，创造出一种动感和活力。这种布局方式能够引导用户的视线沿着对角线移动，适用于需要突出某些关键信息或产品的场景，如图1-2-19所示。

2）中间对齐布局

中间对齐布局将页面的主要内容集中在页面的中央区域。这种方式适合于需要强调中心内容的情况，如产品详情页或首页的焦点图，它能够让页面显得更加整洁、正式，如图1-2-20所示。

图 1-2-19　某购物平台某跑鞋主图

图 1-2-20　某购物平台某服装详情页

3）左右布局

左右布局指的是依据美学比例（如黄金分割）来划分画面空间，将主要元素置于一侧（左或右）。这种布局方式能够营造出一种均衡而美观的视觉效果，如图 1-2-21 所示。

图 1-2-21　某购物平台某箱包首页部分图

4）上下布局

上下布局则是指按照美学比例对画面进行分割，其中主要元素通常被安排在画面底部作为视觉焦点，而顶部空间则常用来展示文字或其他辅助信息。这种布局能呈现出一种稳重和谐的视觉感受，如图 1-2-22 所示。

任务 1.3　网店装修基本流程

网店装修是指为了提升用户体验、品牌形象以及提高转化率而对网店进行的一系列美化和优化工作。网店装修不仅涉及视觉设计方面的工作，还包括功能性布局、交互设计等方面的内容。下面是网店装修的基本流程，以某购物店铺为例进行详细说明。

图 1-2-22　某购物平台某运动鞋主图

1.3.1　准备工作

1. 设计规划

在开始网店装修之前，首先需要进行市场调研。这包括分析竞争对手的店铺设计，了解行业内的设计趋势以及消费者的喜好等。通过对竞争对手的研究，可以发现哪些设计元素或布局受到欢迎，哪些则可能需要改进。此外，还需了解目标市场的最新趋势，以便确定哪些设计元素能够吸引潜在顾客。基于市场调研的结果，接下来要明确店铺装修的目标。这些目标可以包括提升品牌形象、提高转化率、增加顾客停留时间等。目标的设定应当与店铺的整体战略相一致，并且要考虑到目标顾客的需求和偏好。最后，根据店铺的品牌定位和目标人群选择适合的设计风格。例如，如果是一家面向年轻消费者的时尚品牌，可以选择更具活力和现代感的设计风格；而如果是一家高端珠宝品牌，则可能倾向于更为经典和优雅的设计风格。通过这样的市场调研和目标设定，可以为后续的装修工作奠定坚实的基础。

2. 资源准备

在网店装修的过程中，素材收集是非常重要的一步。首先，需要准备店铺的 LOGO、高质量的产品图片以及宣传文案等。这些素材应该能够清晰地传达店铺的品牌形象和产品特性。其次，版权确认是不可忽视的环节，必须确保所使用的图片、字体等素材没有版权问题，以免引发法律纠纷。为此，可以使用免费的版权素材库或购买合法授权的素材。最后，还需要准备好必要的设计工具和装修工具。常用的软件包括 Adobe Photoshop 和 Illustrator 等专业设计工具，用于图片处理和设计工作；另外，还需要准备装修工具，如千牛工作台等，如图 1-3-1 所示。这些工具可以帮助商家便捷地进行网店的装修工作。通过这些准备，可以确保网店装修工作的顺利进行。

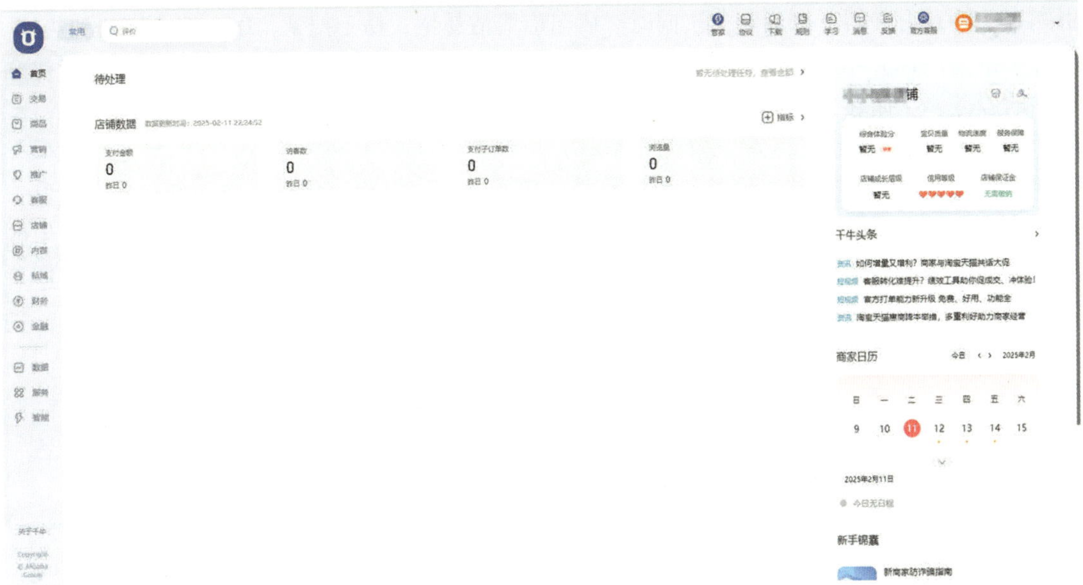

图 1-3-1　千牛工作台

1.3.2　店铺设计

1. 视觉设计

视觉设计主要根据需求分析的结果来进行版式设计、色彩搭配等工作。在布局设计时，需要考虑页面的结构和元素的排列方式，以确保页面既美观又实用。色彩搭配方面，应选择能够体现品牌个性的颜色方案，并确保色彩搭配符合目标客户的审美偏好。版式设计则需要考虑文字的排版、字体的选择以及图像的布局等，以营造出整洁有序的视觉效果。

2. 审核修改

完成初步设计后，需要进行内部审核，以确保设计符合预期的目标，并能够吸引目标客户群体。在这一阶段，可以邀请团队成员或外部专家对设计稿进行评审，收集反馈意见。根据反馈进行必要的调整和完善，直到设计稿满足所有要求为止。

3. 完稿切图

在完成最终设计稿后，需要将其切分成适合网页使用的图片格式。这一步骤是为了确保网页加载速度和图像质量之间的平衡。通常情况下，设计师会使用专业的图像处理软件，如Adobe Photoshop，来完成这项工作。切图时要注意保持图片的分辨率和尺寸适宜，以保证网页在各种设备上的显示效果。

1.3.3　装修店铺

1. 登录某购物商家后台

使用某购物账号登录卖家中心，在左侧菜单栏找到"店铺管理"→"店铺装修"，如图1-3-2所示。

2. 店铺基础设置

在店铺基础设置阶段，首要任务是设计一个既能反映店铺特色又能传达品牌形象的店招。这包括上传店铺LOGO和横幅图片，确保它们的设计风格与店铺的整体定位相匹配，能够吸引顾客的注意力并留下深刻印象。同时，店名应简洁易记，易于搜索，以方便顾客找到店铺。此外，撰写店铺介绍时，要突出店铺的特色和服务承诺，使顾客能够快速了解店铺的优势和提供的服务，从而建立起对店铺的信任感。

3. 内容填充

精心规划首页的布局，设置各个板块的位置和大小，以确保信息分布合理且易于浏览。首先，清晰地划分商品类别，确保顾客能够快速找到他们感兴趣的商品。接着，添加吸引顾客的轮播图，用以展示最新产品或促销信息，以此激发顾客的兴趣并促进销售。此外，还可以创建自定义内容模块，如新品推荐、热销商品等，以突出店铺的特色商品和热销商品，进一步吸引顾客的注意力。

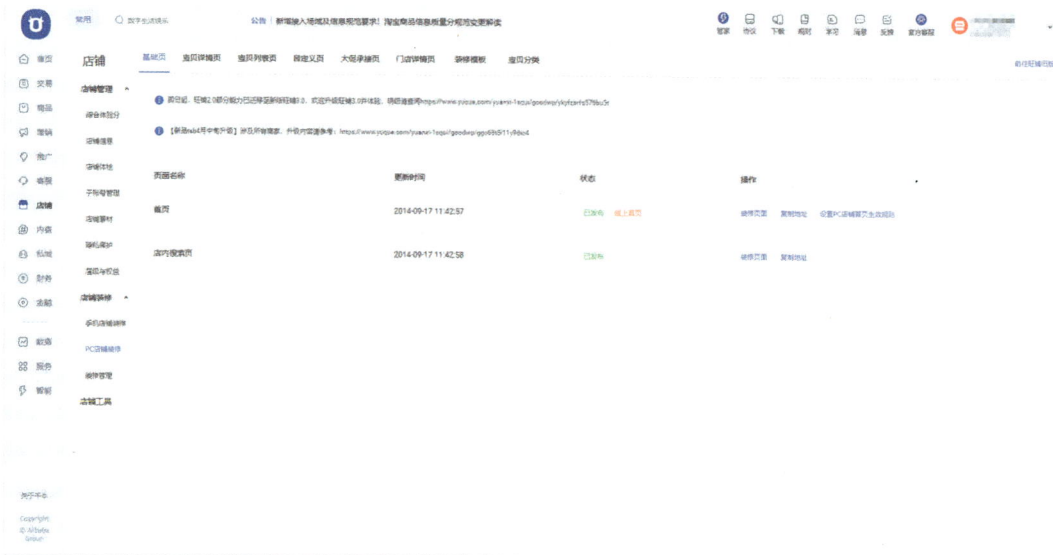

图 1-3-2　千牛工作台店铺装修界面

4. 商品详情页优化

上传高质量的商品图片并且编写详尽准确的商品描述，包括规格、材质等信息。同时，展示顾客好评，增强信任度。

1.3.4　发布与维护

1. 发布店铺

预览装修效果，确认无误后发布。

2. 持续维护

根据季节变化、促销活动等定期更新店铺内容，收集顾客意见，不断改进装修效果。

项目 2

网店商品图片精修

在网店美工中，商品图片精修是非常重要的一环。精修后的商品图片能够提升产品的外观效果，吸引顾客的注意力，增加购买欲望，从而提高销售额。通过合理地调整光线、色彩和构图等因素，可以让商品展现出更加真实、清晰和吸引人的状态，让顾客更有冲动去下单购买。本项目将系统地讲解网店商品图片精修的基础知识，并通过实操演练指导如何美化处理不同情景和典型行业的商品图片。学习本项目将帮助读者系统了解商品图片精修处理，并快速掌握精修原则和处理方法，为今后的设计工作打下坚实的基础。

本项目的思维导图如图 2-0-1 所示。

学习引导

学习目标

掌握商品抠图技巧。
掌握图片修复技巧。
掌握图片剪裁处理方法。
掌握图片颜色调整方法。
掌握图片特效处理技巧。
掌握水印、边框处理技巧。

素养目标

增强审美能力，提升对美感的敏感度。
培养细致入微、一丝不苟的工作态度。

能力目标

能够熟练运用 Photoshop 软件，进行商品图片精修。
能够根据不同商品和场景，灵活运用美化处理技巧。
能够有效地提升产品外观效果，吸引顾客关注。

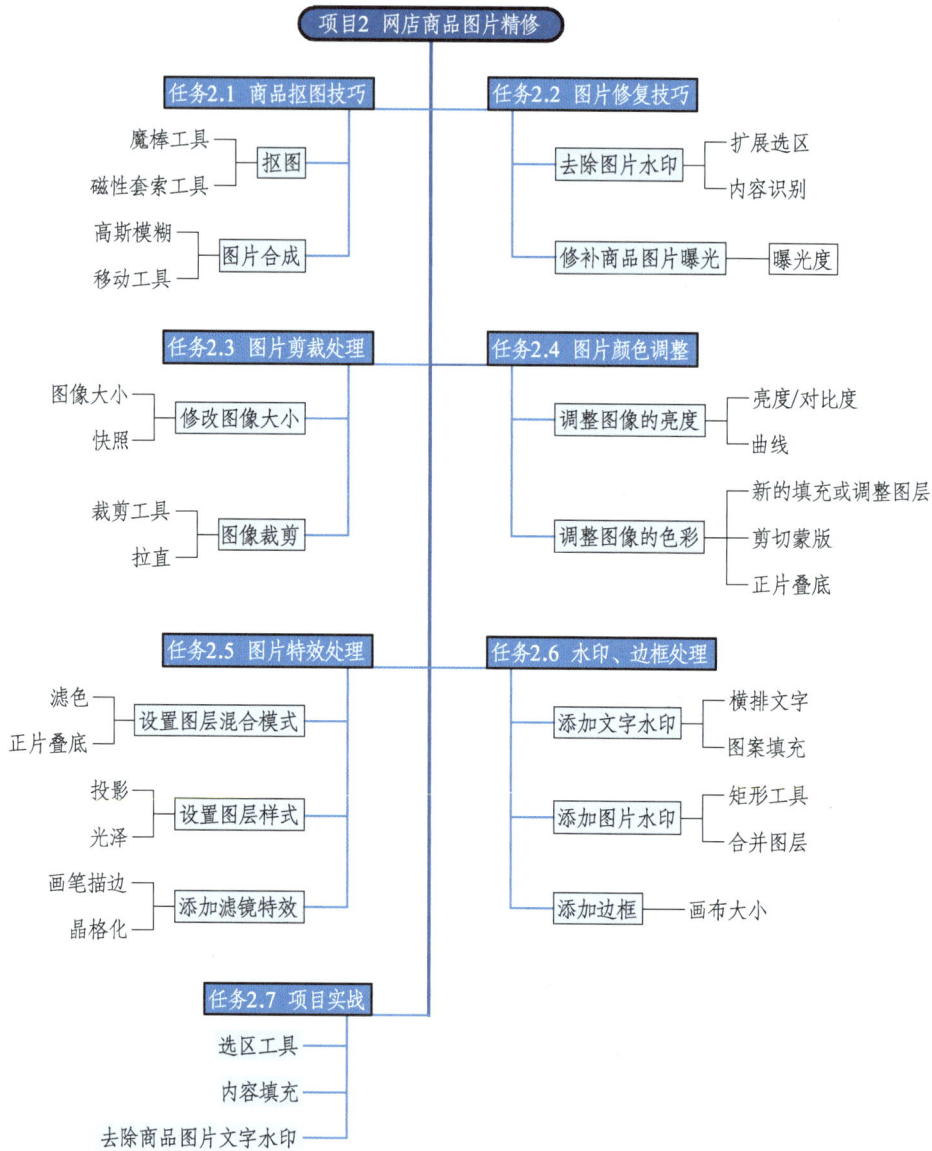

图 2-0-1　项目 2 思维导图

思政目标

强化责任感和使命感。

培养诚信意识，遵循行业规范。

注重以人为本，提升顾客体验。

考核评价

如表 2-0-1 所示，项目 2 网店商品图片精修考核评价表根据学生自评、组内互评和教师评价来计算总分，全面反映学生教材知识点掌握程度、课堂参与度、作业完成情况以及实操表现。

表 2-0-1　考核评价表

考核维度	评价指标	分值	学生自评	组内互评	教师评价
知识点掌握（30分）	商品抠图技巧	5			
	图片修复技巧	5			
	图片剪裁处理	5			
	图片颜色调整	5			
	图片特效处理	5			
	水印、边框处理	5			
课堂参与（20分）	出勤情况	5			
	课堂互动（提问、回答、小组讨论）	10			
	学习态度（专注度、积极性）	5			
作业完成（20分）	作业完成度（是否按时完成、完成任务量）	10			
	作业质量（是否达到任务要求、是否存在错误）	10			
实操表现（30分）	实操熟练度（操作是否流畅、是否需要多次修正）	10			
	实操效果（是否达到预期效果、是否具有创新性）	10			
	实操规范性（是否遵循操作流程、是否符合行业规范）	10			
总计					

任务 2.1　商品抠图技巧

将商品从原始背景中完美地剥离出来，并置于新的背景中，以突出商品本身，提高产品展示的吸引力和专业感。有效的抠图技巧可以让商品图片看起来更加清晰、专业，以增强视觉效果。在 Photoshop 软件中，常见的抠图工具有魔术棒工具、快速选择工具、钢笔工具、选择和蒙版、选择颜色范围、通道和蒙版技术等。

2.1.1　抠图

🔹任务引入

本任务要求读者首先认识了解"魔棒工具"，通过学习如何对图片所需素材进行抠图，以熟练掌握"魔棒工具" 🖌 的使用方法。

抠图实训

🔹任务知识

"魔棒工具" 🖌 属性栏如图 2-1-1 所示。

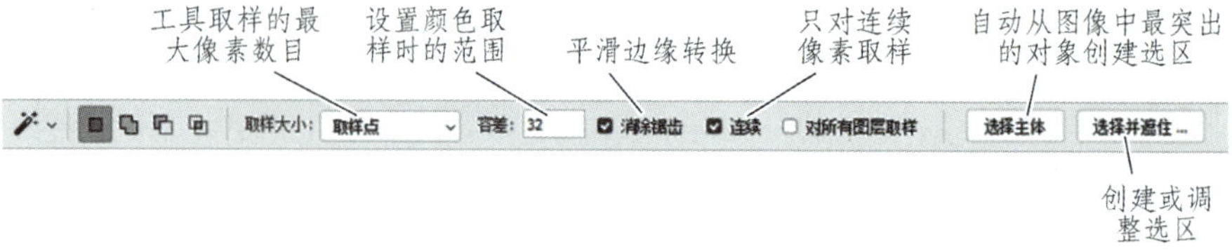
工具取样的最大像素数目
设置颜色取样时的范围
平滑边缘转换
只对连续像素取样
自动从图像中最突出的对象创建选区
创建或调整选区
取样大小:
取样点
容差:
32
消除锯齿
连续
对所有图层取样
选择主体
选择并遮住...

图 2-1-1 “魔棒工具”属性栏

任务实施

【效果文件所在位置】资源总包\Ch02\任务 2.1 商品抠图技巧\2.1.1 抠图\工程文件

（1）打开 Adobe Photoshop 2022 主页面（见图 2-1-2），点击“打开”，打开“资源总包→Ch02→任务 2.1 商品抠图技巧→2.1.1 抠图→素材”，选择“枇杷.jpg”，如图 2-1-3 所示。

（2）打开后，选择“魔棒工具”，将“容差”设置为“50” 容差: 50 ，设置后，鼠标单击图片白色背景，效果如图 2-1-4 所示。

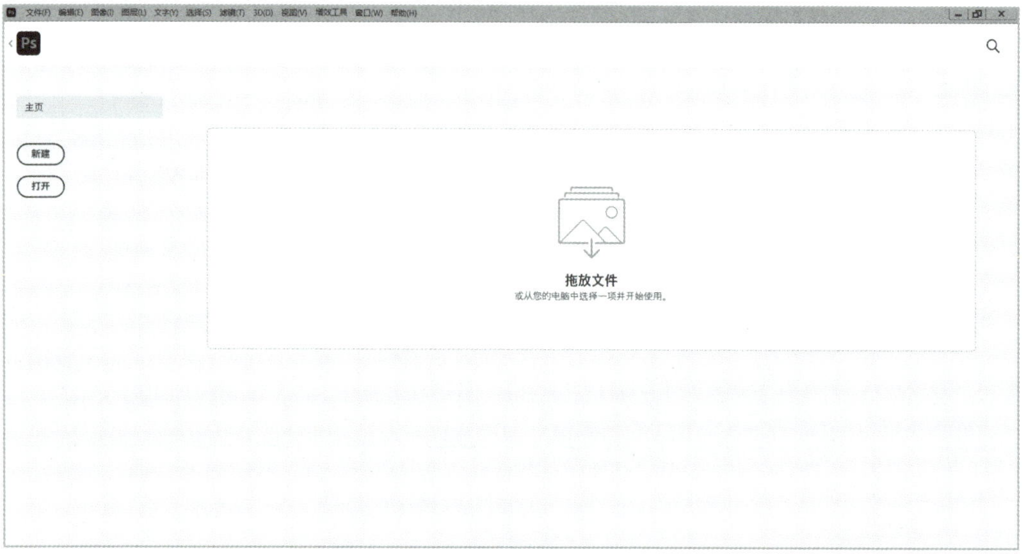
主页
新建
打开
拖放文件
或从您的电脑中选择一项并开始使用。

图 2-1-2 Adobe Photoshop 2022 主页面

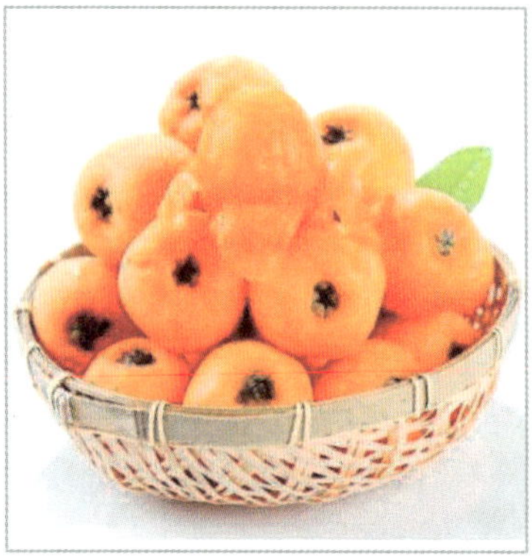

图 2-1-3 打开“枇杷”图片

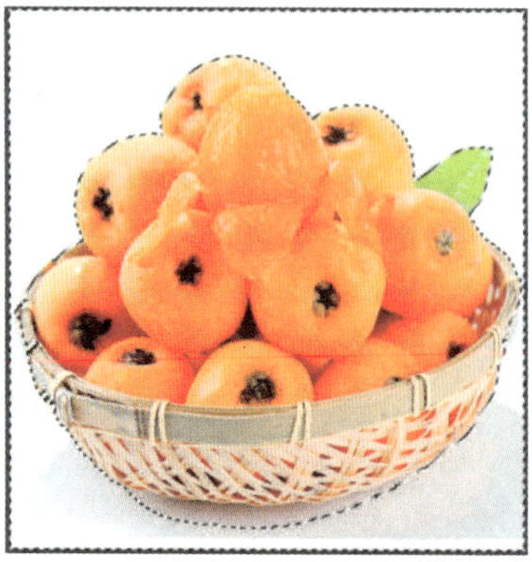

图 2-1-4 单击图片白色背景

（3）选择"磁性套索工具" ，单击"添加到选区" 图标，沿着篮子的边缘处进行框选，首尾合并，将篮子的阴影添加到选择范围内，如图 2-1-5 所示。

（4）选择"移动"工具 ，按"Delete"键删除选中的白色背景，效果如图 2-1-6 所示。单击"选择"选项下拉，点击"取消选择"选项取消范围选择，操作如图 2-1-7 所示。效果图完成，如图 2-1-8 所示。

图 2-1-5　将篮子阴影添加到选择范围

图 2-1-6　删除选中白色背景

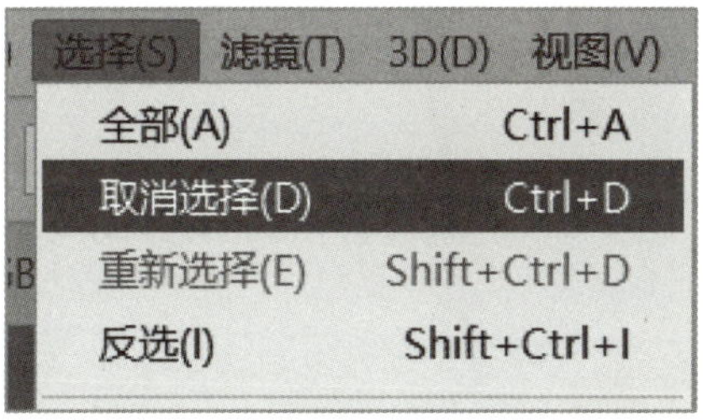

图 2-1-7　点击"取消选择"

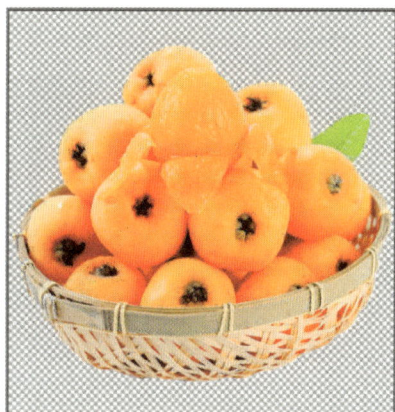

图 2-1-8　效果图

2.1.2　图片合成

任务引入

本任务要求读者掌握图像合成的方法，以及"模糊滤镜"中"高斯模糊"的使用方法。

图片合成

任务知识

选择"滤镜→模糊→高斯模糊"命令，弹出"高斯模糊"对话框（见图 2-1-9），可通过设置对话框中的各个选项调整图片模糊程度。

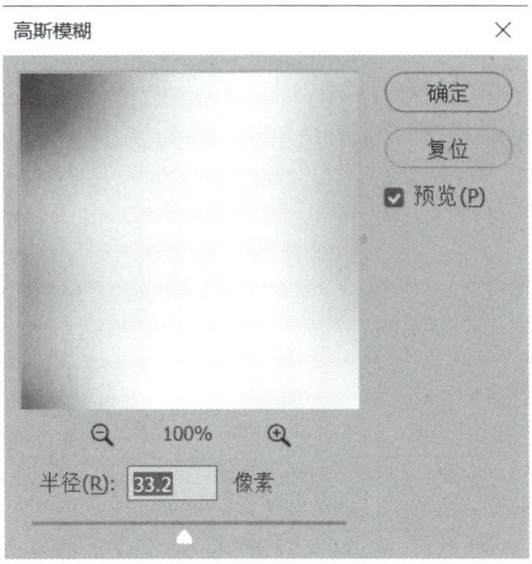

图 2-1-9 "高斯模糊"对话框

任务实施

【效果文件所在位置】资源总包\Ch02\任务 2.1 商品抠图技巧\2.1.2 图片合成\工程文件。

（1）打开背景素材，单击"打开"命令，打开"资源总包→Ch02→任务 2.1 商品抠图技巧→2.1.2 图片合成→素材"，选择"背景素材"，单击"打开"，如图 2-1-10 所示。

图 2-1-10 打开"背景素材"图片

（2）在"菜单栏"中选择"滤镜→模糊→高斯模糊"命令（见图 2-1-11），在弹出的对话框中将模糊半径设置为"120"，单击"确定"，如图 2-1-12 所示。

（3）单击"文件"按钮，选择"打开"命令，打开"资源总包→Ch02→任务 2.1 商品抠图技巧→2.1.1 图像合成→素材"，选择"枇杷"（见图 2-1-13），按住"Ctrl"键选择"文字素材"，单击"打开"命令，如图 2-1-14 所示。

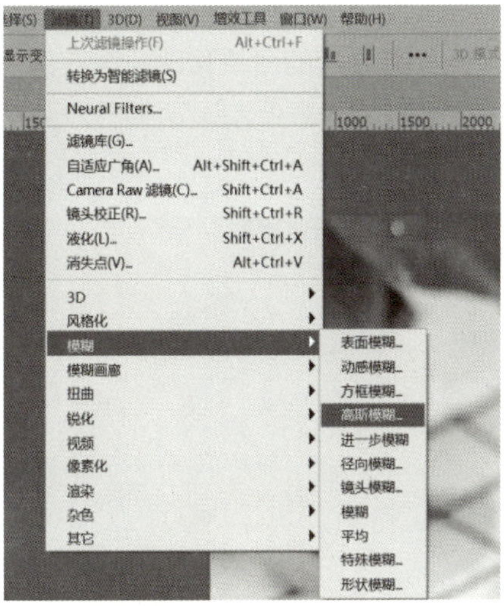

图 2-1-11　选择"高斯模糊"命令

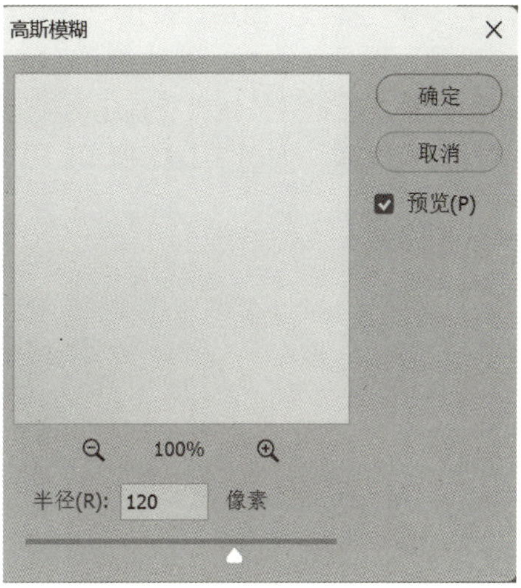

图 2-1-12　设置半径为"120"

图 2-1-13　选择"枇杷"

图 2-1-14　同时选中"文字素材"

（4）选择"枇杷"素材图层，将"枇杷"拖拽到"背景素材"图层（见图 2-1-15），在"背景素材"图层中双击"图层 1"重命名为"枇杷"（见图 2-1-16），按"Enter"键确定。

图 2-1-15　将"枇杷"拖拽到"背景素材"图层

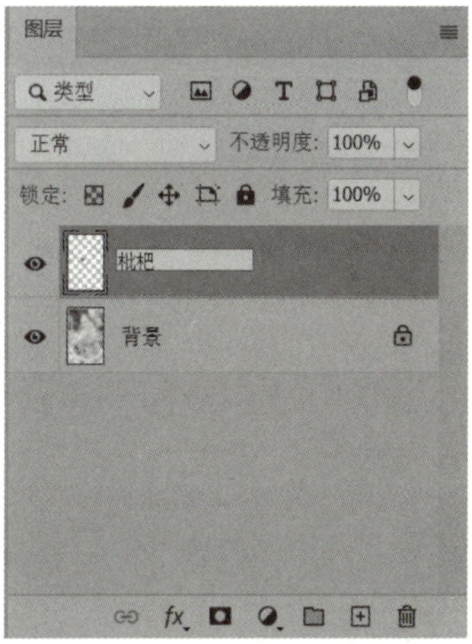

图 2-1-16　重命名"枇杷"

（5）选择"枇杷"图层，按住"Ctrl+T"进行缩放（见图2-1-17），将光标放在对角线上，按住"Shift"键进行缩放，缩放到合适的大小即可，再将缩放后的图片移动到合适的位置，点击右上角的"确定"按钮进行确定 ⊘ ✓ ，按住键盘上的"←""→""↑""↓"键对"枇杷"素材进行微调，如图2-1-18所示。

图2-1-17　选择"枇杷"图层进行缩放

图2-1-18　放大到合适大小

（6）单击"文字素材"图层，选择"移动工具" ✛ ，将"文字素材"拖拽到"背景素材"图层，如图2-1-19所示。在"图层面板"双击"图层1"将其重命名为"文字"（见图2-1-20），按住"Enter"键确定，选择"文字"图层按住"Ctrl+T"进行缩放，调整素材到合适位置，效果如图2-1-21所示。

图2-1-19　将"文字素材"
拖拽到"背景素材"

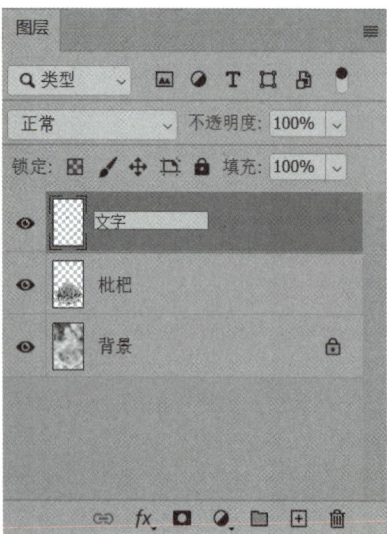

图2-1-20　重命名为"文字"

图2-1-21　缩放"文字"
图层至合适大小

任务 2.2　图片修复技巧

图片修复技巧指的是通过 Photoshop 等图像处理软件对图片中可能存在的瑕疵、缺陷或不完美之处进行修复和优化，以提升图片的质量，从而增强产品展示的效果和吸引力。在 Photoshop 中，常用的图片修复技巧有修复划痕和瑕疵、修改图像报告、修复老化照片、去除水印、颜色修正等。

2.2.1　去除图片水印

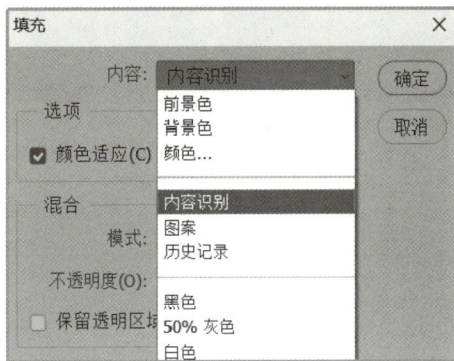

🛰任务引入

本任务要求读者认识了解"填充→内容识别"命令，然后通过选定区域周围的内容来智能填充或修复该区域，掌握去除图片水印的方法。

去除图片水印

🛰任务知识

选择"编辑→填充→内容识别"命令，弹出"填充"对话框，如图 2-2-1 所示，在弹出"填充"对话框中，设置"内容"选项为"内容识别"进一步调整或修饰。

图 2-2-1　"填充"对话框

🛰任务实施

【效果文件所在位置】资源总包\Ch02\任务 2.2 图片修复技巧\2.2.1 去除图片水印\工程文件

（1）打开 Adobe Photoshop 2022 主页面（见图 2-2-2），点击"打开"，打开"资源总包→Ch02→任务 2.2 图片修复技巧→2.2.1 去除图片水印→素材"，选择"芒果.jpg"，如图 2-2-3 所示。

（2）打开后，选择"移动工具"➕，按住"Alt"键同时滑动鼠标滚轮，放大图片到合适大小，移动水平滑块和垂直滑块，将文字放到合适位置，效果如图 2-2-4 所示。

（3）选择"魔棒"工具，单击"添加到选区"图标，设置容差为"50"，依次点选文字，效果如图 2-2-5 所示。

（4）单击"选择"选项下拉菜单，选择"修改"选项，再选择"扩展"（见图 2-2-6），弹出"扩展选区"对话框（见图 2-2-7），设置扩展量像素为"3"（见图 2-2-7），点击"确定"，效果如图 2-2-8 所示。

图 2-2-2 打开 Adobe Photoshop 2022 主页面

图 2-2-3 选择"芒果"图片

图 2-2-4 将文字放到合适位置

图 2-2-5 依次点选文字

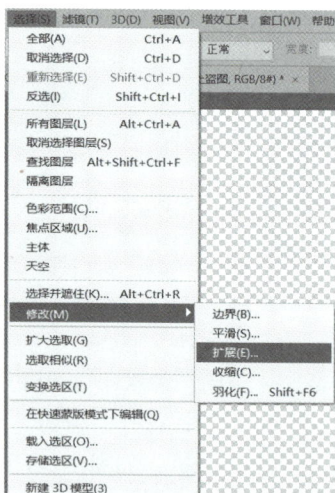

图 2-2-6 选择"扩展"

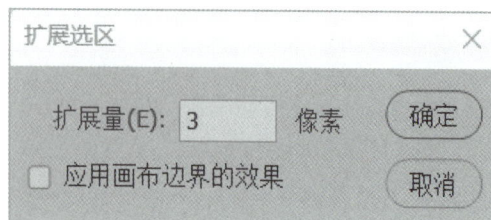

图 2-2-7 "扩展选区"对话框

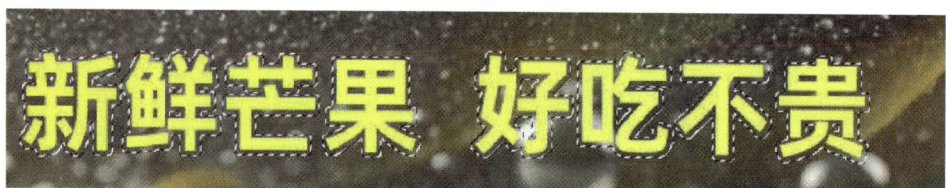

图 2-2-8 效果图

（5）单击"编辑"选项下拉，选择"填充"操作（见图 2-2-9），弹出"填充"对话框，设置填充内容为"内容识别"（见图 2-2-10），效果如图 2-2-11 所示。

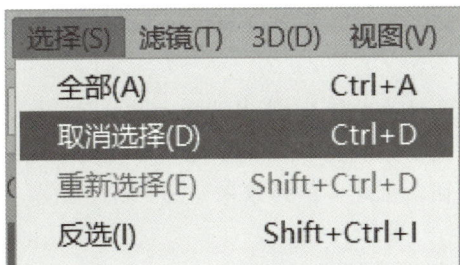

图 2-2-9　选择"填充"

图 2-2-10　设置填充内容为"内容识别"

（6）单击"选择"下拉选项，点击"取消选择"（见图 2-2-12），按住"Alt"键，鼠标滚轮缩放图片到合适大小，拖动垂直滚动条至合适位置。制作完成，效果如图 2-2-13 所示。

图 2-2-11　效果图

图 2-2-12　点击"取消选择"

图 2-2-13　效果图

2.2.2　修补商品图片曝光度

任务引入

本任务要求读者首先认识了解"曝光度"命令，然后通过调整耳机图片明暗，熟练掌握"曝光度"命令的使用方法。

修补商品图片
曝光不足

⚡ **任务知识**

选择"图像→调整→曝光度",弹出"曝光度"对话框,在对话框中进行设置,如图 2-2-14 所示。可通过设置对话框中的各个选项调整图片的曝光程度。

图 2-2-14 "曝光度"对话框

✈ **任务实施**

【效果文件所在位置】资源总包\Ch02\任务 2.2 图片修复技巧\2.2.2 修补商品图片曝光\工程文件

(1)打开 Adobe Photoshop 2022 主页面(见图 2-2-15),点击"打开",打开"资源总包→Ch02→任务 2.2 图片修复技巧→2.2.2 修补商品图片曝光→素材",选择"耳机素材.jpg",如图 2-2-16 所示。

图 2-2-15 Adobe Photoshop 2022

图 2-2-16 选择"耳机素材"

(2)打开后,单击"图像"下拉选项,选择"调整→曝光度",弹出"曝光度"对话框,在对话框中进行设置,设置"曝光度"为"2.5","灰度系数矫正"为"0.8","曝光度"对话框数据如图 2-2-17 所示,设置完成后单击"确认"按钮。至此,最终效果如图 2-2-18 所示。

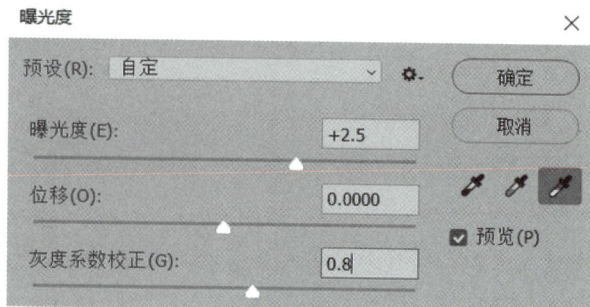

图 2-2-17 设置"曝光度"对话框

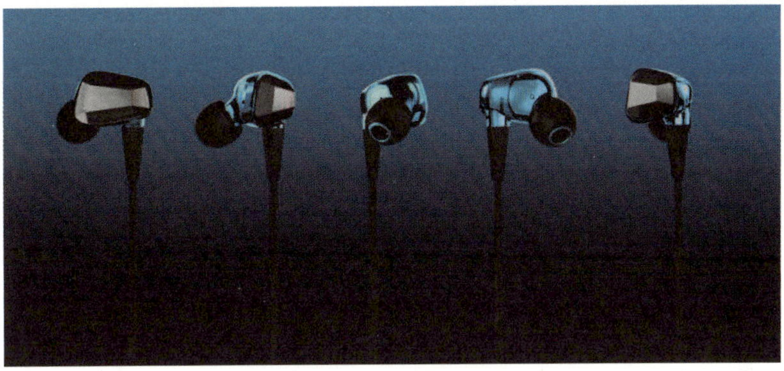

图 2-2-18 最终效果图

任务 2.3   图片裁剪处理

图片裁剪处理指的是对图片的大小、比例、边缘等进行裁剪调整，以达到更好的构图和视觉效果。通过图片裁剪处理，可以去除图片中不必要的部分，突出主题内容，使图片更加精炼和有吸引力。在 Photoshop 中，常用的图片裁剪处理技巧有使用裁剪工具、自由变换、智能裁剪等。

2.3.1   修改图像大小

🚀 任务引入

本任务要求读者掌握设置图像大小的方法，即能够根据场景的不同设置图像的大小，以便更好地适应场景。

修改图像大小

🚀 任务知识

选择"图像→图像大小"，弹出"图像大小"对话框，在对话框中设置高度和宽度的参数来调整图像的大小，如图 2-3-1 所示。

图 2-3-1   "图像大小"对话框

🚀 **任务实施**

【效果文件所在位置】资源总包\Ch02\任务 2.3 图片裁剪处理\2.3.1 修改图像大小\工程文件。

（1）打开"资源总包→Ch02→任务 2.3 图片裁剪处理→2.3.1 修改图像大小→素材"，单击"打开"，如图 2-3-2 所示。

（2）点击"图像→图像大小"命令（见图 2-3-3），在弹出的对话框中调整，设置宽度单位为"像素"，高度单位为"像素"，勾选"宽度高度链接选项" [图]，设置宽度为"1000"，高度会随着扩大，点击"确定"，如图 2-3-4 所示。

图 2-3-2　打开枇杷素材

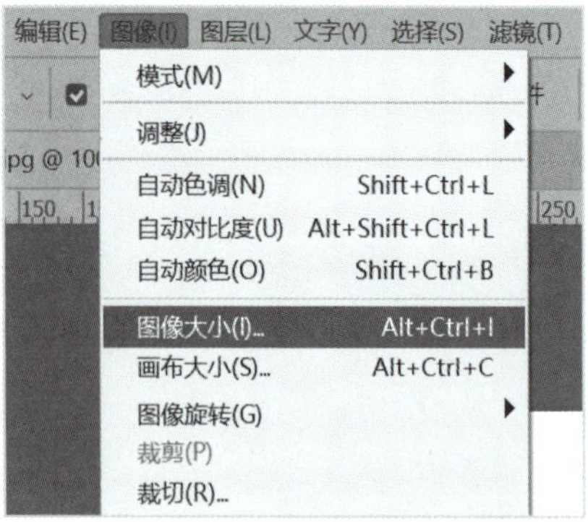

图 2-3-3　点击"图像大小"命令 　　　　图 2-3-4　设置"图像大小"对话框

（3）选择"历史记录"命令 [图]，选择历史记录中的"拍照"工具 [图]，将"快照 1"重命名为"放大"，按"Enter"键确定。如图 2-3-5 所示。

（4）点击"图像→图像大小"命令（见图 2-3-6），在弹出的对话框中调整，设置宽度单位为"像素"，高度单位为"像素"，勾选"宽度高度链接选项" [图]，设置宽度为"400"，高度会随之缩小，点击"确定"，如图 2-3-7 所示。

图 2-3-5　重命名为"放大"

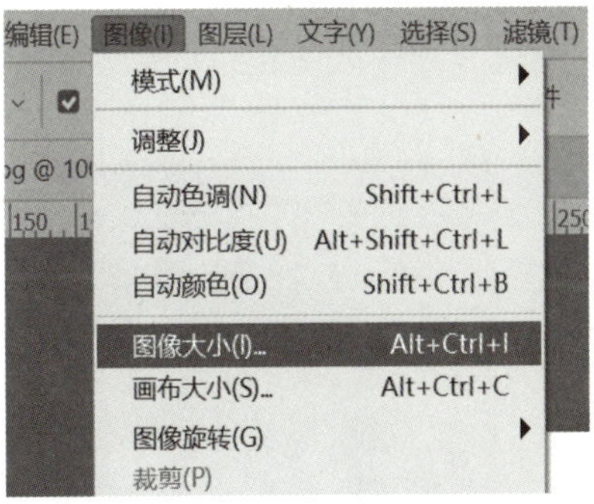

图 2-3-6　点击"图像大小"命令

图 2-3-7　设置"图像大小"对话框

（5）选择"历史记录"命令，选择历史记录中的"拍照"工具，将"快照1"重命名为"缩小"，按"Enter"键确定，如图 2-3-8 所示。

图 2-3-8　重命名为"缩小"

2.3.2　图像裁剪

任务引入

本任务要求读者首先认识了解"裁剪"工具的使用，然后通过满足对图片画面大小与角度要求，熟练掌握"裁剪"工具的使用方法。

图像裁剪

任务知识

"裁剪工具"属性栏如图 2-3-9 所示。

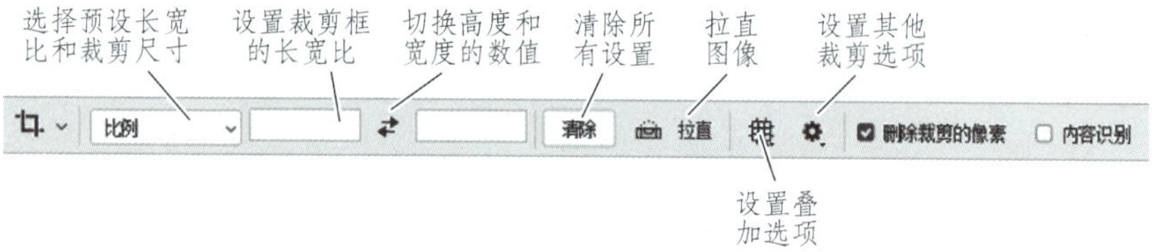

选择预设长宽比和裁剪尺寸
设置裁剪框的长宽比
切换高度和宽度的数值
清除所有设置
拉直图像
设置其他裁剪选项
设置叠加选项
比例
清除
拉直
删除裁剪的像素
内容识别

图 2-3-9 “裁剪工具”属性栏

任务实施

【效果文件所在位置】资源总包\Ch02\任务 2.3 图片裁剪处理\2.3.2 图像裁剪\工程文件

（1）打开 Adobe Photoshop 2022 主页面（见图 2-3-10），点击“打开”，打开“资源总包→Ch02→任务 2.3 图片裁剪处理→2.3.2 图像裁剪→素材”，选择“绿色背包.jpg”，如图 2-3-11 所示。

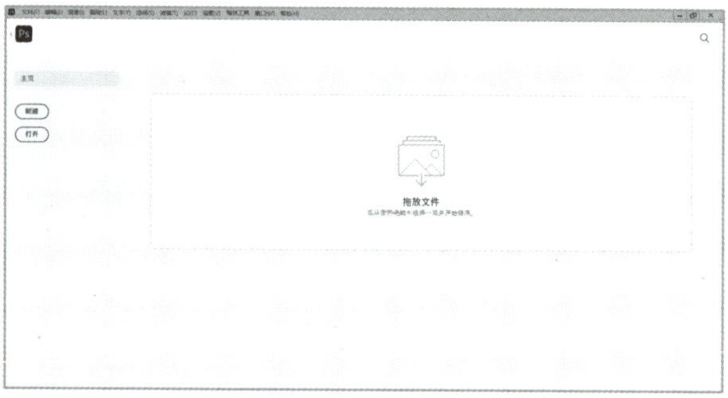

图 2-3-10 Adobe Photoshop 2022 主页面

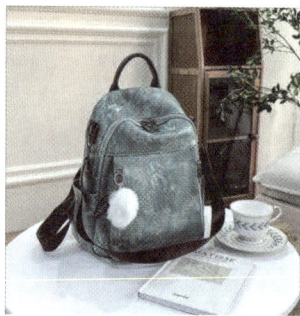

图 2-3-11 选择“绿色背包”

（2）打开图像后，选择“裁剪工具”，点击裁剪预设，将裁剪预设设置为“比例”比例，将光标放置在图片的对角线顶点上，长按鼠标左键，拖动裁剪框上下左右调整到合适的位置（见图 2-3-12），单击左上角“确定”按钮结束此操作。

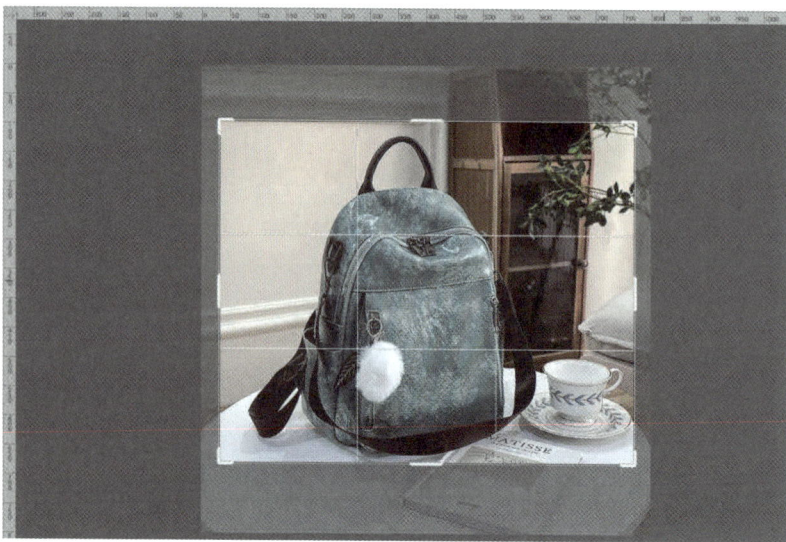

图 2-3-12 裁剪图片

（3）选择"裁剪工具"属性栏的"拉直"工具 <kbd>拉直</kbd>，沿着图片中的墙壁水平拉一条横线，改变墙体因图片调整而歪斜的效果，调整后单击"确定" <kbd>✓</kbd> 按钮结束此操作，调整后效果如图 2-3-13 所示。

（4）再次重复墙体拉直操作，效果会更加明显。选择"裁剪工具"属性栏的"拉直"工具 <kbd>拉直</kbd>，再次沿着图片中墙壁水平拉一条横线，调整后单击"确定" <kbd>✓</kbd> 按钮结束此操作。至此，最终效果如图 2-3-14 所示。

图 2-3-13　拉直图片

图 2-3-14　再次拉直图片

任务 2.4　图片颜色调整

图片颜色调整是指通过调整图片的颜色、色调、饱和度、对比度等参数，以改变图片整体色调或某些部分的颜色效果，从而提升图片的视觉吸引力。在 Photoshop 中，图片颜色调整的常用技巧有色相/饱和度调整、曲线调整、改变色彩、色阶调整等。

2.4.1　调整图像的亮度

🔹任务引入

本任务要求读者掌握调整图像亮度的方法。在某些情况下，原始图像的亮度可能不是很清晰，导致细节难以辨认，通过增加亮度，可以使图像细节更清晰，易于观察。

调整图像的亮度

🔹任务知识

选择"图像→调整→曲线"或者"图像→调整→亮度/对比度"，弹出"曲线"或者"亮度/对比度"对话框，可通过设置对话框中的各个选项调整图片的亮度，如图 2-4-1、图 2-4-2 所示。

🔹任务实施

【效果文件所在位置】资源总包\Ch02\任务 2.4 图片颜色调整\2.4.1 调整图像的亮度\工程文件

图 2-4-1　"曲线"对话框

图 2-4-2　"亮度/对比度"对话框

（1）打开"书包"图片。单击"打开"命令，打开"资源总包→Ch02→任务 2.4 图片颜色调整→2.4.1 调整图片的亮度→素材"，选择"书包"图片，单击"打开"，如图 2-4-3 所示。

图 2-4-3　选择"书包"图片

（2）调整"书包"的亮度。点击"图像→调整→亮度/对比度"（见图 2-4-4），在弹出的命令菜单中进行调整，设置亮度为"80"，点击"确定"，如图 2-4-5 所示，效果如图 2-4-6 所示。

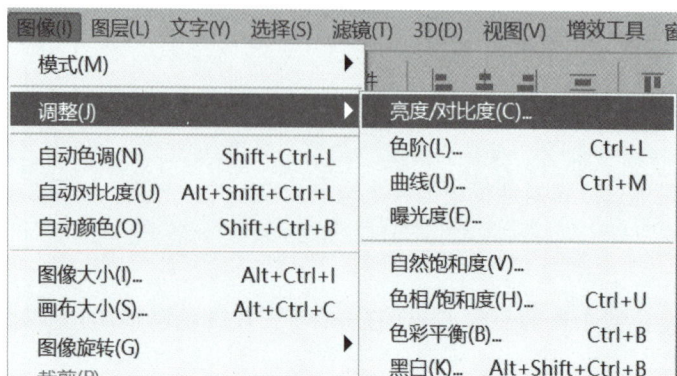

图 2-4-4　点击"亮度/对比度"命令

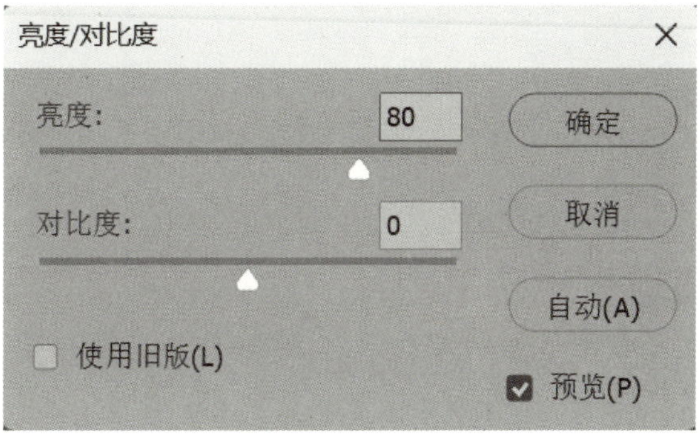

图 2-4-5　设置"亮度/对比度"对话框

图 2-4-6　效果图

（3）也可以用"曲线"来调整图像亮度。点击"图像→调整→曲线"（见图 2-4-7），在弹出的"曲线"对话框中进行调整，在"曲线"的中间点击并向上拖拽曲线到合适位置，点击"确定"，如图 2-4-8 所示，效果如图 2-4-9 所示。

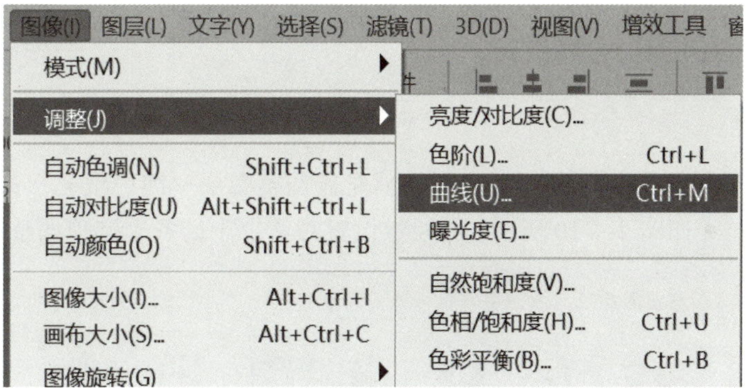

图 2-4-7　点击"曲线"命令

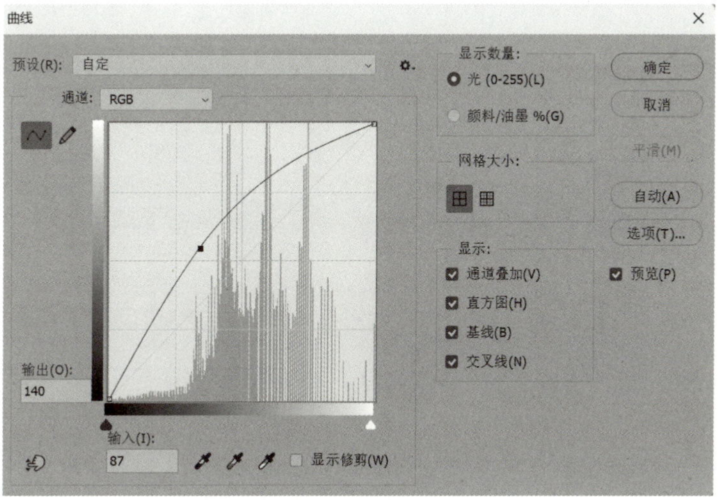

图 2-4-8　设置"曲线"对话框

图 2-4-9　效果图

2.4.2　调整图像的色彩

🚀 **任务引入**

本任务要求读者首先认识图层面板中"创建新的填充或调整图层"命令；然后通过对图层色彩的填充调整，掌握对该命令的应用，同时掌握拾色器对话框的使用方法。

调整图像的色彩

🚀 **任务知识**

选择图层底部属性栏，点击"创建新的填充或调整图层→纯色填充"命令，弹出"拾色器（纯色）"对话框，如图 2-4-10 所示。可通过设置对话框中的各个选项调整图片的填充颜色。

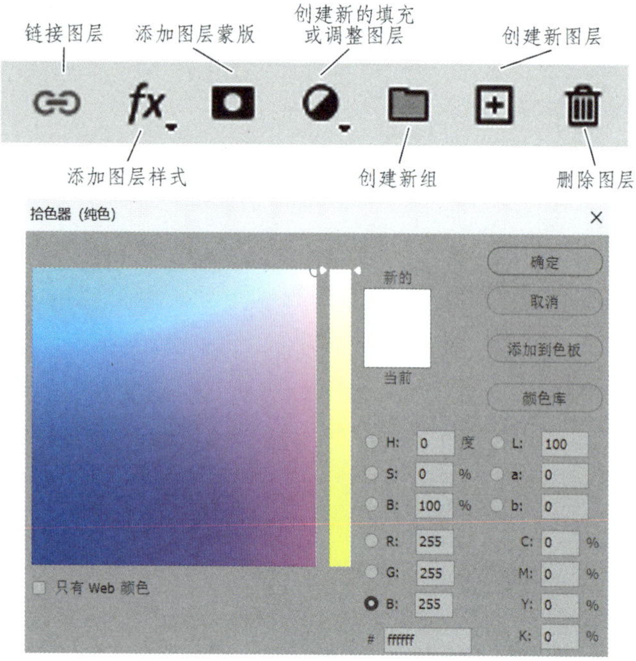

图 2-4-10　"拾色器（纯色）"对话框

⚡**任务实施**

【效果文件所在位置】资源总包\Ch02\任务 2.4 图片颜色调整\2.4.2 调整图像的色彩\工程文件

（1）打开"资源总包→Ch02→任务 2.4 图片颜色调整→2.4.2 调整图像的色彩→素材"，打开"背包素材.psd"素材，如 2-4-11 所示。

图 2-4-11　打开"背包素材"

（2）选中抠好的背包图层，点击"创建新的填充或调整图层"按钮，选择"纯色填充"，如图 2-4-12 所示。颜色设置为蓝色（RGB 为 25，53，220），如图 2-4-13 所示。

图 2-4-12　选择"纯色填充"　　　　图 2-4-13　颜色设置为蓝色

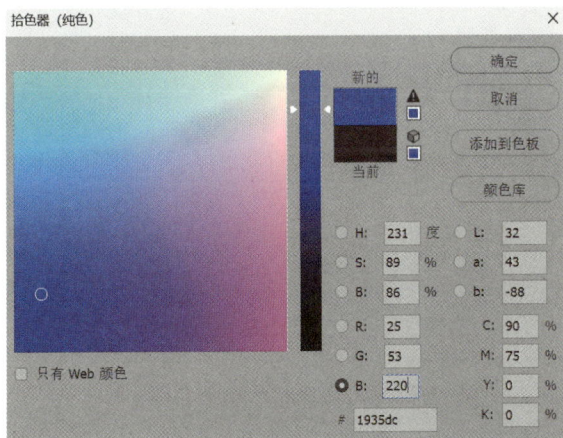

（3）选中"图层蒙版缩览图"，右键单击图层，点击"创建剪切蒙版"，如图 2-4-14 所示。选择"颜色填充 1"图层，修改模式为"正片叠底"，如图 2-4-15 所示。此时背包颜色更改完成，如图 2-4-16 所示。

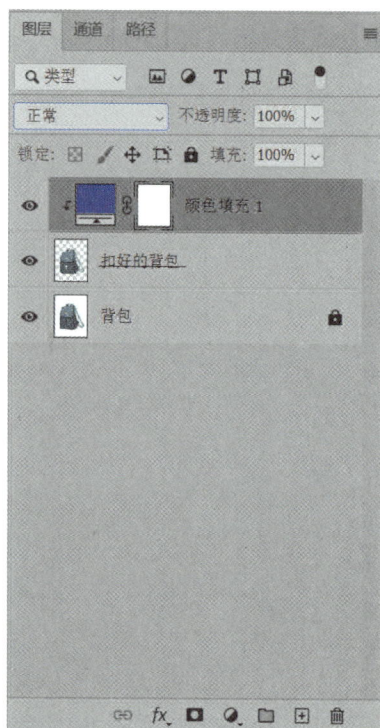

（a）　　　　　　　　　　　　　（b）

图 2-4-14　点击"创建剪切蒙版"

图 2-4-15　修改模式为"正片叠底"

图 2-4-16　效果图

（4）如想更改其他颜色，可双击"图层缩览图"，在"拾色器"里滑动滑块，选择相应的颜色，即可更改颜色。效果如图 2-4-17 所示。

图 2-4-17　更改颜色效果

任务 2.5　图片特效处理

图片特效处理指的是在图片中添加各种效果，如滤镜、图案、光影等，以改变图片的外观和风格，达到艺术表现或独特效果的目的。这些特效可以让图片更有创意、更具吸引力，丰富图片的视觉效果。在 Photoshop 中，常见的图片特效处理技巧有使用滤镜效果、应用图层混合模式、图层样式设置、照片滤镜效果、光影效果等。

2.5.1　设置图层混合模式

🔽 **任务引入**

本任务要求读者首先认识了解图层混合模式的用法，然后通过"文字"素材的图层混合模式，去掉白色或者黑色背景来完成宣传海报，熟练掌握图层混合模式使用方法。

设置图层混合模式

🔽 **任务知识**

在"图层"面板中，选中图层，点击"图层"面板的图层混合模式 正常 下拉选项，可设置该图层的混合模式，如图 2-5-1 所示。

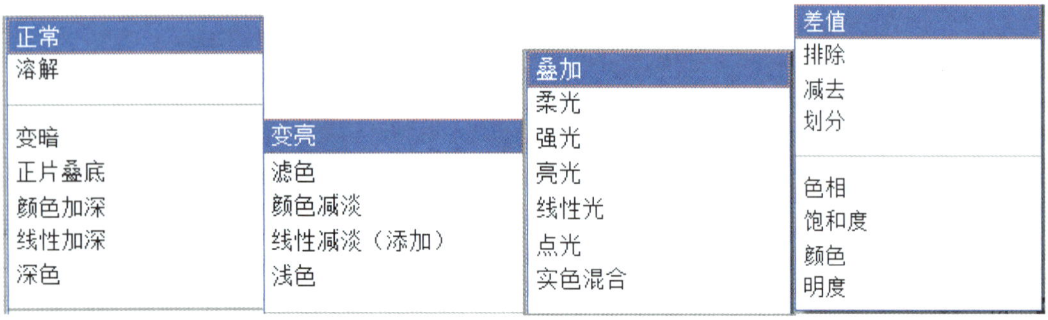

图 2-5-1　点击"正常"下拉选项

🔵 **任务实施**

【效果文件所在位置】资源总包\Ch02\任务 2.5 图片特效处理\2.5.1 设置图层混合模式\工程文件

（1）打开 Adobe Photoshop 2022 主页面（见图 2-5-2），点击"打开"，打开"资源总包→Ch02→任务 2.5 图片特效处理→2.5.1 设置图层混合模式→素材"，选择"背景素材.png"，如图 2-5-3 所示。

图 2-5-2　Adobe Photoshop 2022 主页面

图 2-5-3　选择"背景素材"

（2）单击"文件"下拉选项，单击"打开"，打开"资源总包→Ch02→任务 2.5 图片特效处理→2.5.1 设置图层混合模式→素材"，找到"天猫超市.png"，并选择"打开"，如图 2-5-4 所示。

（3）选择"移动工具" ✛，选择"天猫超市.png"，鼠标左键按住拖动，将其移动到"背景素材.png"内的橙色矩形框内，移动到合适位置后，利用键盘的上下左右键进行微调，使图片更自然合适，调整后如图 2-5-5 所示。

图 2-5-4　打开"天猫超市"

图 2-5-5　移动"天猫超市"到"背景素材"中

（4）更改图层名字，点击"图层"面板，选择"天猫超市.png"所在图层（图层 2），将其命名为"天猫超市"；选择"背景素材.png"所在图层（图层 1），将其命名为"背景"。

（5）在"图层"面板中，选中"天猫超市"图层，点击"图层"面板的图层混合模式 `正常 ∨` 下拉选项，设置该图层模式为"滤色"，如图 2-5-6 所示，设置后效果如图 2-5-7 所示。

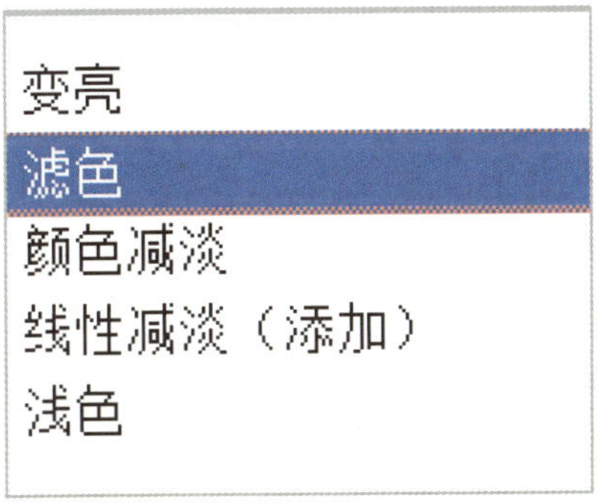

图 2-5-6　设置图层模式为"滤色"

图 2-5-7　设置后效果

（6）单击"文件"下拉选项，单击"打开"，打开"资源总包→Ch02→任务 2.5 图片特效处理→2.5.1 设置图层混合模式→素材"，找到"广告语.png"，如图 2-5-8 所示，并选择"打开"。

（7）选择"移动工具" ✥，选择"广告语.png"，鼠标左键按住拖动，将其移动到"背景素材.png"内的圆角矩形框内，移动到合适位置后，利用键盘上的上下左右键进行微调，使图片更自然合适，调整后如图 2-5-9 所示。

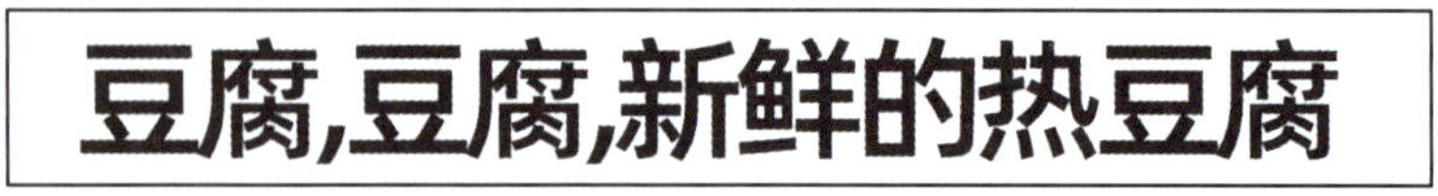
豆腐,豆腐,新鲜的热豆腐

图 2-5-8　打开“广告语”

（8）点击“图层”面板，选择“广告语.png”所在图层（图层 3），将其命名为“广告语”。

（9）在“图层”面板中，选中“广告语”图层，点击“图层”面板的图层模式 正常 下拉选项，设置该图层模式为“正片叠底”，设置后效果如图 2-5-10 所示。

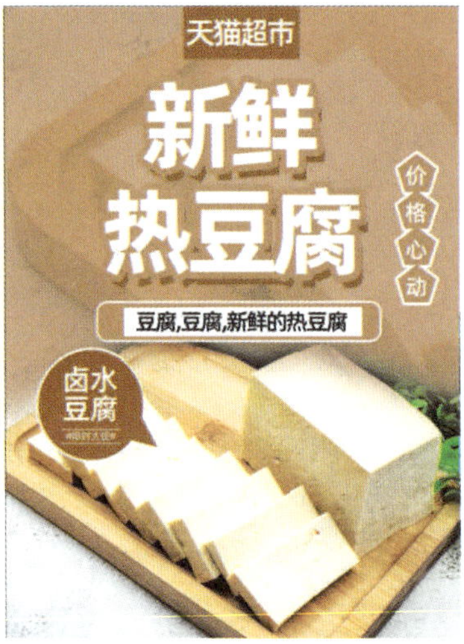
天猫超市
新鲜
热豆腐
价
格
心
动
豆腐,豆腐,新鲜的热豆腐
卤水
豆腐

图 2-5-9　将“广告语”移到“背景素材”内并调整

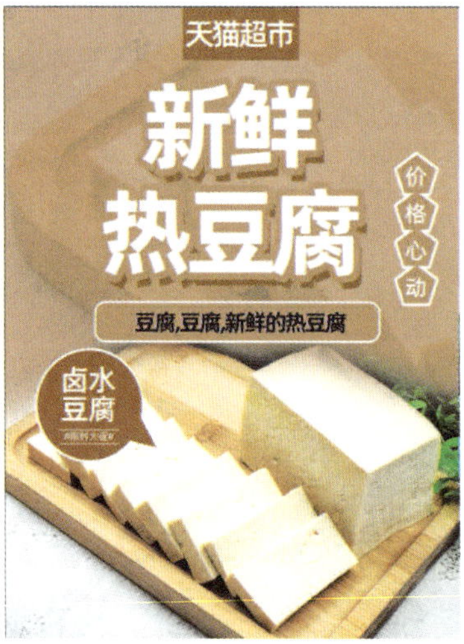
天猫超市
新鲜
热豆腐
价
格
心
动
豆腐,豆腐,新鲜的热豆腐
卤水
豆腐

图 2-5-10　设置“正片叠底”效果

（10）点击“广告语”图层，选择“魔棒工具”，按住“Shift 键”，点击选择字体所有黑色部分。在选中状态下，点击菜单栏“选择”下拉选项，依次选择“修改→扩展”，弹出“扩展选区”对话框，如图 2-5-11 所示。将“扩展”对话框内“扩展量”设置为 1 像素，单击“确定”按钮，最终选择效果如图 2-5-12 所示。

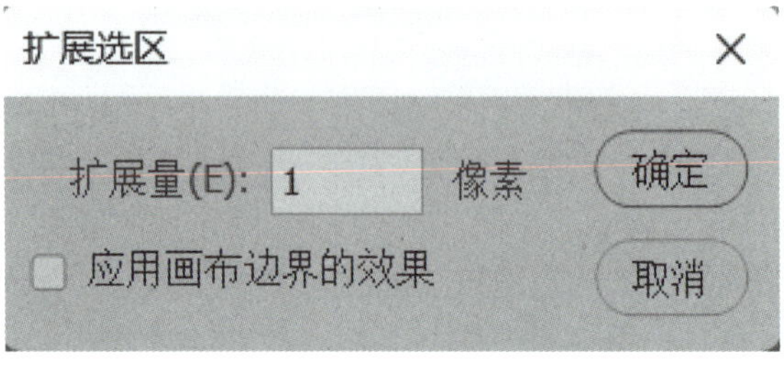
扩展选区
扩展量(E): 1 像素
确定
应用画布边界的效果
取消

图 2-5-11　“扩展选区”对话框

天猫超市
新鲜
热豆腐
价
格
心
动
卤水
豆腐

图 2-5-12　最终选择效果

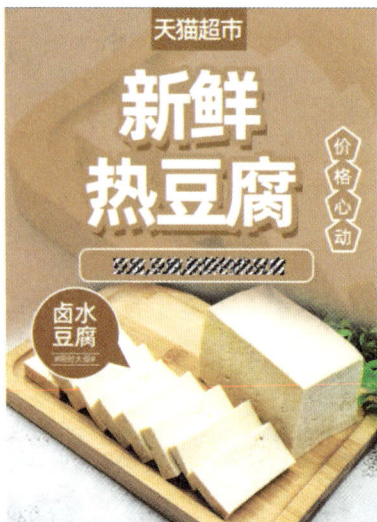

（11）在"图层"面板中，点击"创建新图层"按钮 ⊞，新增 1 个图层，并将其命名为"白色广告语"。

（12）在"图层"面板中，选中"白色广告语"图层，点击"前景色"拾色器，弹出"拾色器（前景色）"对话框，设置其"前景色"为白色（见图 2-5-13），设置好后单击"确定"按钮。

（13）选中"白色广告语"图层，按住"Ctrl+Delete"组合键对选区进行填充。填充完毕后，按住"Ctrl+D"组合键取消区域选择，最终效果如图 2-5-14 所示。

图 2-5-13 设置"前景色"为白色

图 2-5-14 最终效果

2.5.2 设置图层样式

任务引入

本任务要求读者首先认识图层面板中"添加图层样式" *fx.* 的"投影"样式和"光泽"样式，然后通过对文字添加样式，掌握图层样式的应用。

设置图层样式

任务知识

选择"添加图层样式→混合选项"命令，弹出"图层样式"对话框，如图 2-5-15 所示。可通过设置对话框中的各个选项调整图层的样式。

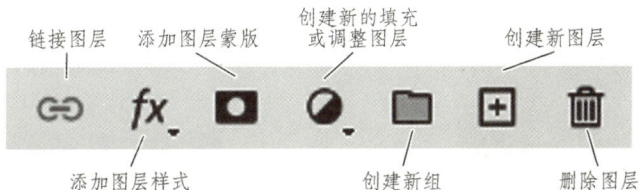

链接图层 添加图层蒙版 创建新的填充或调整图层 创建新图层

添加图层样式 创建新组 删除图层

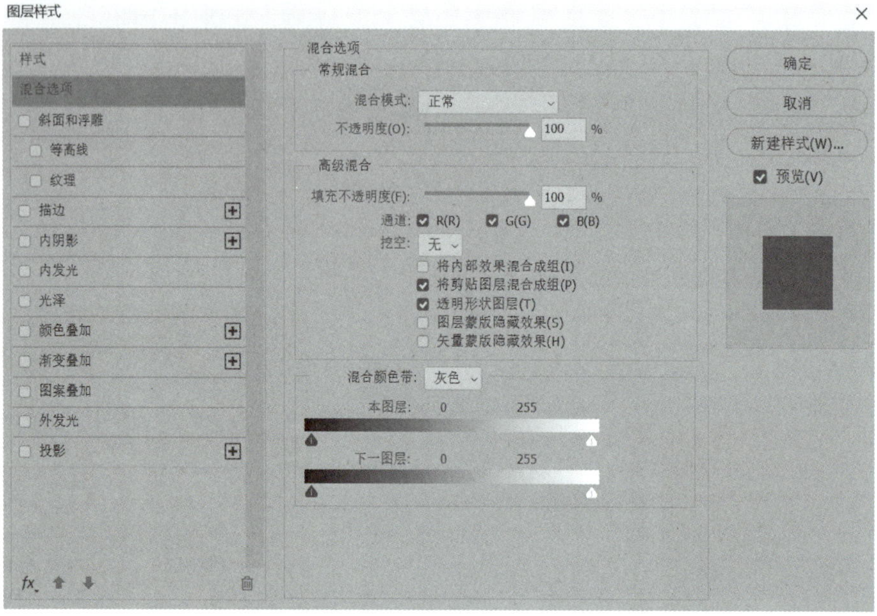

图 2-5-15 "图层样式"对话框

任务实施

【效果文件所在位置】资源总包\Ch02\任务 2.5 图片特效处理\2.5.2 设置图层样式\工程文件

（1）打开"资源总包→Ch02→任务 2.5 图片特效处理→2.5.2 设置图层样式→素材"，打开"西瓜.psd"文件（见图 2-5-16），点击"大暑"图层，点击"添加图层样式"按钮 fx，选择"投影"，如图 2-5-17 所示。

图 2-5-16 打开"西瓜"

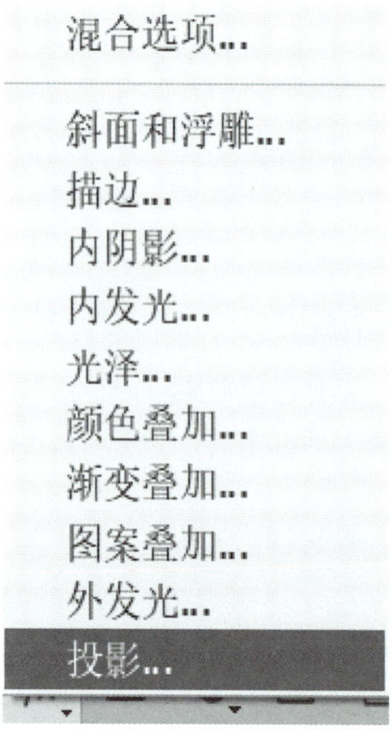

图 2-5-17 选择"投影"

（2）在"图层样式"对话框中设置投影颜色为"黑色"，混合模式为"正片叠底"，不透明度设置为"50%"，距离为"15"像素，大小为"18"像素，如图2-5-18所示。

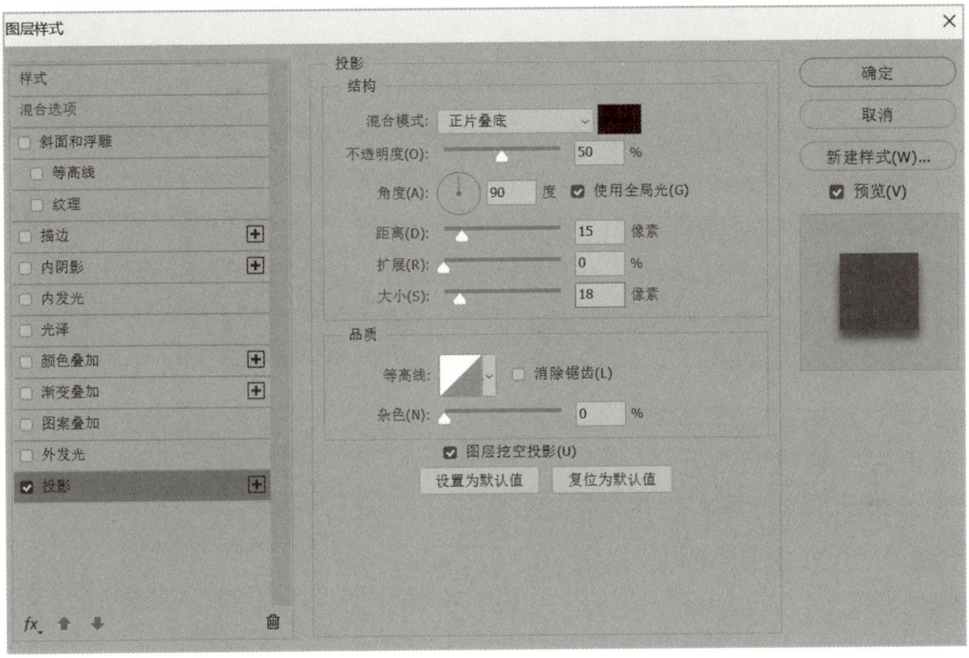

图 2-5-18 "图层样式"对话框"投影"样式参数

（3）勾选"光泽"样式，并设置颜色为淡粉色（RGB为244，185，185），如图2-5-19所示。混合模式为"正片叠底"，不透明度为"50%"，距离为"35"像素，大小为"40"像素，点击"确定"，如图2-5-20所示。

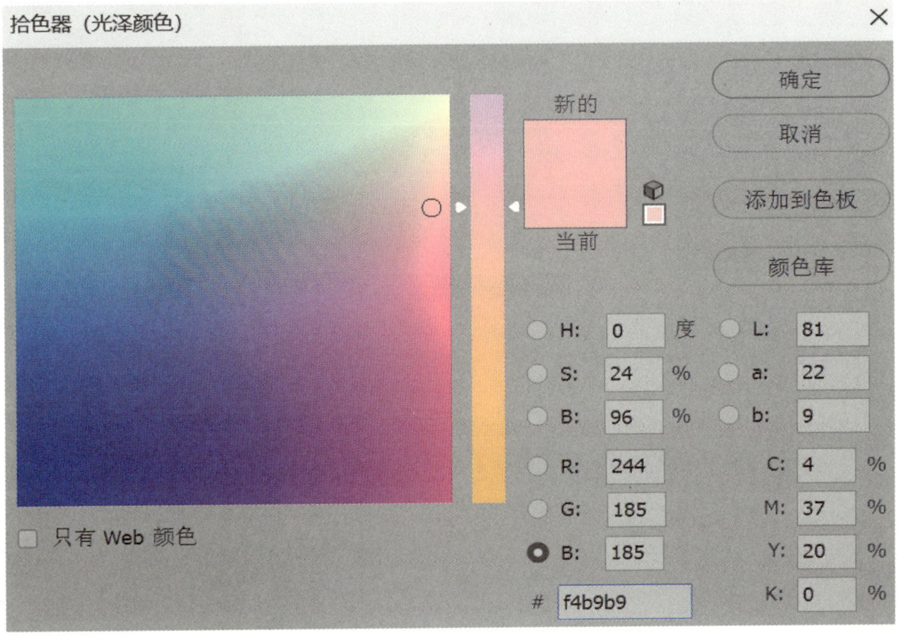

图 2-5-19 设置"光泽"样式颜色

图层样式

样式

混合选项

☐ 斜面和浮雕

  ☐ 等高线

  ☐ 纹理

☐ 描边   +

☐ 内阴影   +

☐ 内发光

☑ 光泽

☐ 颜色叠加   +

☐ 渐变叠加   +

☐ 图案叠加

☐ 外发光

☑ 投影   +

光泽

结构

混合模式: 正片叠底

不透明度(O):   50 %

角度(N):   90 度

距离(D):   35 像素

大小(S):   40 像素

等高线: ☑ 消除锯齿(L) ☑ 反相(I)

设置为默认值   复位为默认值

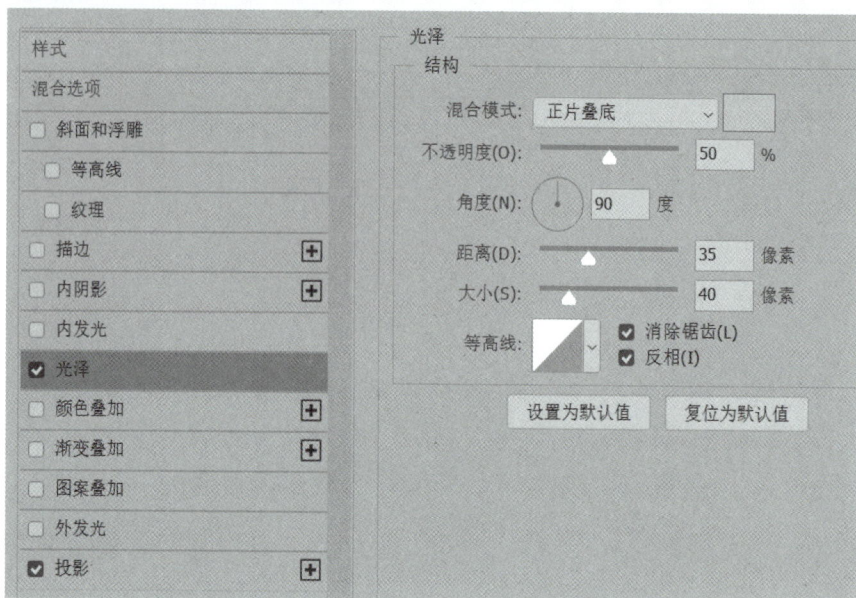

图 2-5-20　设置"光泽"样式参数

（4）点击"大暑"字体图层，右键单击，选择"拷贝图层样式"，如图 2-5-21 所示。选择其他文字图层，分别右键单击，选择"粘贴图层样式"，如图 2-5-22 所示。完成后最终效果如图 2-5-23 所示。

无
锐利
犀利
浑厚
平滑

Windows LCD
Windows

转换为段落文本

文字变形...

从隔离图层释放

拷贝图层样式
粘贴图层样式
清除图层样式

无颜色
红色
橙色
黄色
绿色
蓝色
紫色
灰色

明信片
从所选图层新建 3D 模型

无
锐利
犀利
浑厚
平滑

Windows LCD
Windows

转换为段落文本

文字变形...

从隔离图层释放

拷贝图层样式
粘贴图层样式
清除图层样式

无颜色
红色
橙色
黄色
绿色
蓝色
紫色
灰色

明信片
从所选图层新建 3D 模型

图 2-5-21　选择"拷贝图层样式"　图 2-5-22　选择"粘贴"图层样式　图 2-5-23　最终效果图

2.5.3 添加滤镜特效

🧭**任务引入**

本任务要求读者首先了解"滤镜→滤镜库"命令，然后通过调整滤镜参数来精细控制图片效果，掌握图片滤镜效果添加方法。

🧭**任务知识**

选择"滤镜→滤镜库"命令，弹出"滤镜库"对话框（见图2-5-24），通过设置画笔描边，喷色半径，平滑度等来调整滤镜参数应用滤镜效果。

"移动"工具➕属性栏如图2-5-25所示。

图 2-5-24 "滤镜库"对话框

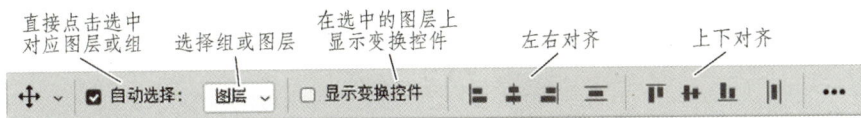

图 2-5-25 "移动"工具属性栏

🧭**任务实施**

【效果文件所在位置】资源总包\Ch02\任务2.5 图片特效处理\2.5.3 添加滤镜特效\工程文件

（1）打开 Adobe Photoshop 2022 主页面，点击"打开"，打开"资源总包→Ch02→任务2.5 图片特效处理→2.5.3 添加滤镜特效→素材"，选择"背景素材.jpg"，如图2-5-26所示。

（2）按"Ctrl+O"组合键，打开"资源总包→Ch02→任务2.5 图片特效处理→2.5.3 添加滤镜特效→素材"，打开"文字.jpg"，如图2-5-27所示。

图 2-5-26 选择"背景素材"

图 2-5-27 打开"文字"

（3）选择"移动工具" ✛，将文字图层移动到背景素材并调整到合适位置（见图 2-5-28），修改图片名称为"文字"，如图 2-5-29 所示。

图 2-5-28 将文字图层移动到背景素材

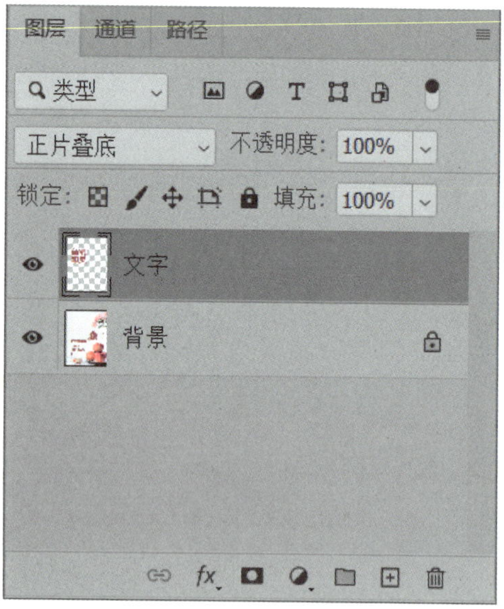

图 2-5-29 修改图片名称为"文字"

（4）选择文字图层，将模式设置为"正片叠底"，操作如图 2-5-30 所示。选择"滤镜→滤镜库"（见图 2-5-31），在弹出的对话框中设置画笔描边为"喷溅"，喷色半径为"15"，平滑度为"5"，操作如图 2-5-32 所示。效果如图 2-5-33 所示。

（5）选择"滤镜→像素化→晶格化"（见图 2-5-34），在弹出的对话框中设置单元格大小为"30"，操作如图 2-5-35 所示。制作完成后效果如图 2-5-36 所示。

图 2-5-30 设置为"正片叠底"

图 2-5-31 选择"滤镜库"

图 2-5-32 设置相关参数

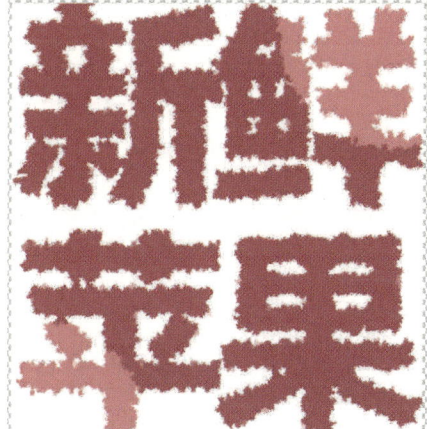

图 2-5-33 效果图

图 2-5-34 选择"晶格化"

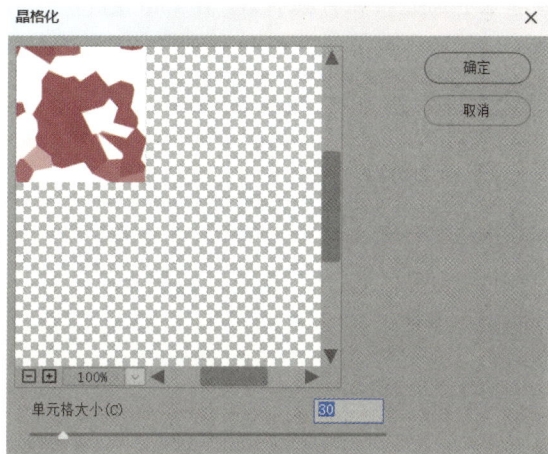

图 2-5-35 设置单元格大小

图 2-5-36　效果图

任务 2.6　水印、边框处理

水印处理指的是在图片上添加一种透明标识或文字，用于保护图片版权、品牌或来源信息的技术。水印通常是在图片的角落或中心位置添加，可以是文字、标志、图案等，透明度较高，不会影响图片主体内容，但可以有效防止图片被盗用或未经授权使用。边框处理指的是在图片周围添加一种装饰性边框，以增强图片的视觉效果和呈现方式。边框可以是简单的线条、图案或装饰性边框，也可以是各种风格的边框样式，如圆角、方角、阴影等，使图片看起来更加完整和有吸引力。在 Photoshop 中，添加水印的方法有添加文字水印、添加图片水印，添加边框的方法有矩形工具或自定义形状工具，修改画布大小等。

2.6.1　添加文字水印

🔘 **任务引入**

本任务要求读者首先了解"横排文字"工具、"定义图案"命令、"图案填充"命令，然后通过给商品图片添加文字水印，掌握文字水印的制作方法。

添加文字水印

🔘 **任务知识**

"横排文字"工具：选择"文字"工具 **T.** →"横排文字"工具，弹出"横排文字"工具对话框，通过对话框设置文字位置和大小，轻松地在图像上输入和编辑横排文字。"横排文字"工具的属性栏如图 2-6-1 所示。

图 2-6-1　"横排文字"工具属性栏

"定义图案"命令，"图案填充"命令：选择"编辑→定义图案"，对设计的图案进行定义，选择"创建新的填充或调整图层→图案填充"，选择定义的图案进行填充，如图 2-6-2 所示。

（a）　　　　　　　　　　　　　　（b）

图 2-6-2　定义图案与图案填充

🔵 **任务实施**

【效果文件所在位置】资源总包\Ch02\任务 2.6 水印、边框处理\2.6.1 添加文字水印\工程文件

（1）打开 Adobe Photoshop 2022 主页面，点击"打开"，打开"资源总包→Ch02→任务 2.6 水印、边框处理→2.6.1 添加文字水印→素材"，选择"护肤品.jpg"，如图 2-6-3 所示。

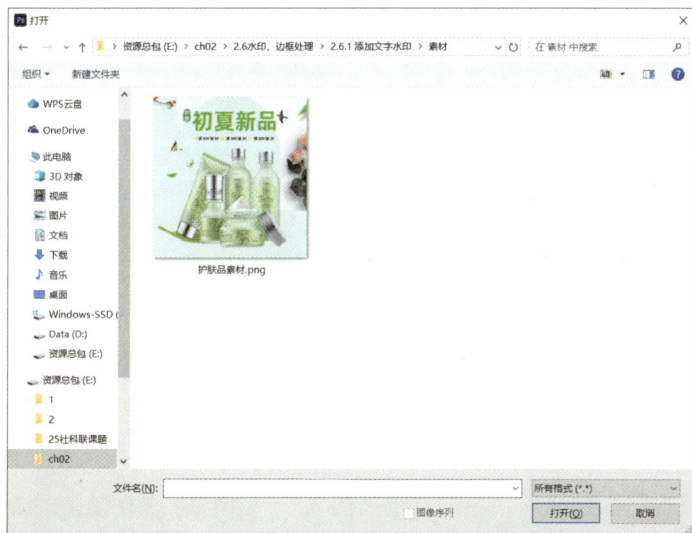

图 2-6-3　打开"护肤品"

（2）按"Ctrl+N"组合键，弹出"新建文档"对话框，设置宽度为"800"像素，高度为"800"像素，分辨率为"72 像素/英寸"，颜色模式为"RGB 颜色"，背景内容为"白色"，单击"创建"按钮，如图 2-6-4 所示。

图 2-6-4　设置"新建文档"对话框

（3）选择"文字"工具 **T** →"横排文字工具"，设置字体为"阿里巴巴普惠体 3.0"，粗细设置为"85 Bold"，字体大小设置为"120 点"，设置文字颜色为"纯黑"，如图 2-6-5 所示。

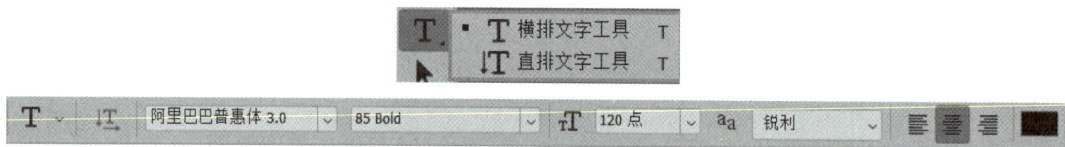

图 2-6-5　设置"横排文字工具"

（4）在画布中添加文字"禁止盗图"，选择"移动"工具 **✛**，将文字移动到画布中心，如图 2-6-6 所示。取消背景图的可视化，如图 2-6-7、图 2-6-8 所示。

图 2-6-6　添加文字　　　　　图 2-6-7　取消背景图可视化　　　　　图 2-6-8　效果图

（5）选择"编辑"下拉选项，单击"定义图案"（见图 2-6-9），在对话框中将图案名称命名为"文字水印"，如图 2-6-10 所示。

图 2-6-9　单击"定义图案"

图 2-6-10　名称命名为"文字水印"

（6）单击回到护肤品素材图层，选择右下角的"填充"工具 →"图案"，选择图案填充对话框中"文字水印"，设置文字角度为"45"，缩放为"35"，如图 2-6-11 所示。

图 2-6-11　选择"文字水印"图案并设置参数

（7）将填充图案不透明度设置为"45%"，如图 2-6-12 所示。制作完成后效果如图 2-6-13 所示。

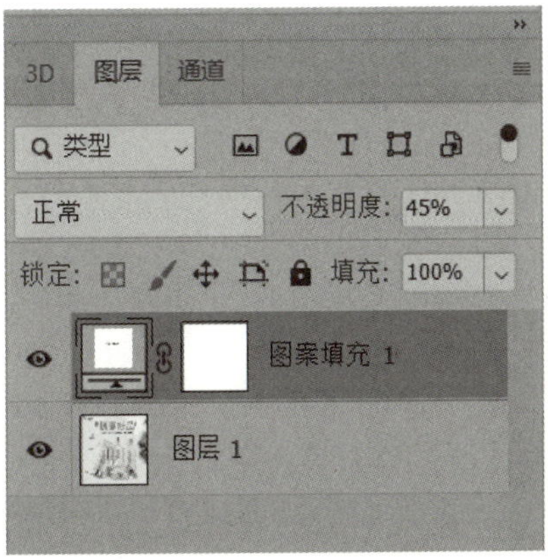

图 2-6-12　设置不透明度

图 2-6-13　效果图

2.6.2　添加图片水印

任务引入

本任务要求读者首先认识"矩形"工具和"横排文字"工具，然后通过对矩形图形的绘制以及文字大小样式的修改，掌握对"矩形"工具和"横排文字"工具的应用。

添加图片水印

任务知识

选择工具栏上的"矩形"工具 ▢ 命令，点击空白处，弹出"创建矩形"对话框，如图 2-6-14 所示。可通过设置对话框中的各个参数调整图形大小及圆角。

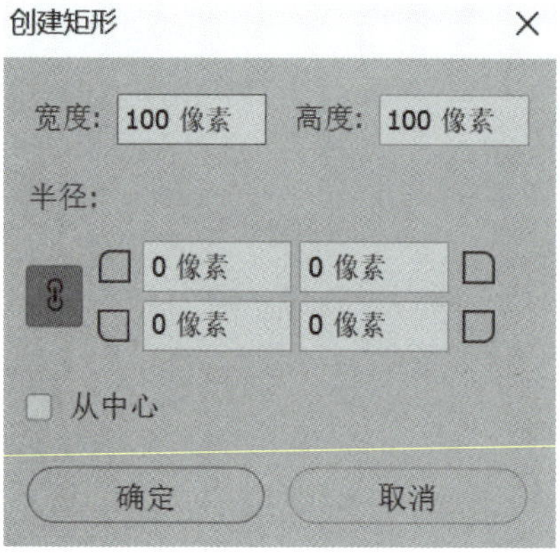

图 2-6-14　"创建矩形"对话框

"矩形"工具 ▢ 的属性栏如图 2-6-15 所示。

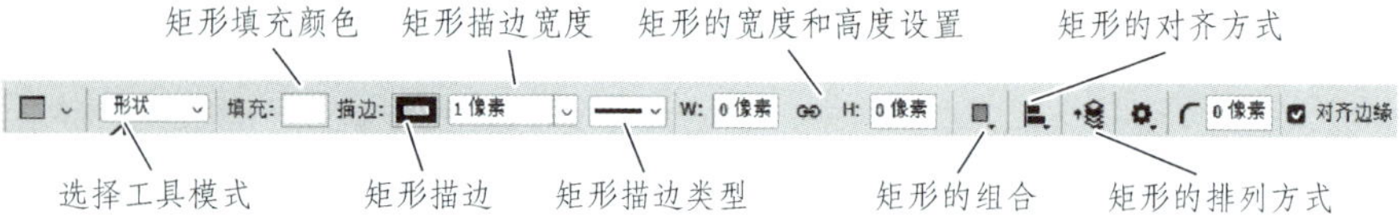

图 2-6-15　"矩形"工具属性栏

任务实施

【效果文件所在位置】资源总包\Ch02\任务 2.6 水印、边框处理\2.6.2 添加图片水印\工程文件

（1）打开"资源总包→Ch02→任务 2.6 水印、边框处理→2.6.2 添加图片水印→素材"，打开素材"紫色包.jpg"图片文件。选择"矩形工具" ▢ ，设置填充为白色，无描述。在画布的适当位置绘制圆角矩形，设置适当的圆角弧度，并移动到相应的位置，如图 2-6-16 所示。

图 2-6-16 打开"紫色包"并添加矩形工具

（2）双击"矩形 1"图层，重命名为"圆角矩形"，设置不透明度为"45%"，并锁定"圆角矩形"图层，如图 2-6-17 所示。

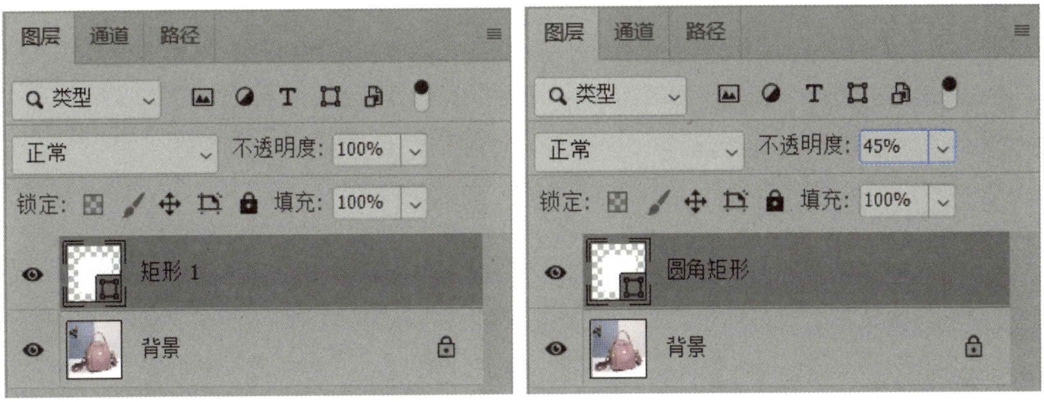

图 2-6-17 重命名图层、设置不透明度并锁定图层

（3）选择"横排文字工具" ，将字体设置为"阿里巴巴普惠体 3.0"，字号为"60 点"（见图 2-6-18），字体颜色设置为深红色（RGB 为 168，7，7，见图 2-6-19），在画布的适当位置，输入"禁止转载"，把光标移动到"止"字后面，按"Enter"键，点击工具属性栏"提交"按钮，选择"移动工具" ，移动文字到适当位置，如图 2-6-20 所示。

（4）选择"禁止转载"文字图层，单击右键，点击"栅格化文字"，选择"圆角矩形"图层，取消锁定，按住"Ctrl"键，选择文字图层，单击右键，点击"合并图层"，如图 2-6-21 所示。

图 2-6-18 设置"横排文字工具"

图 2-6-19　设置字体颜色

图 2-6-20　移动文字

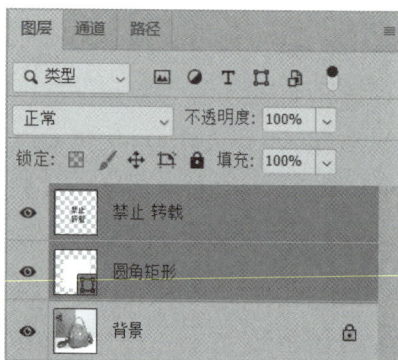

图 2-6-21　"栅格化文字"并"合并图层"

（5）双击图层，修改图层名字为"图片水印"，效果如图 2-6-22 所示。

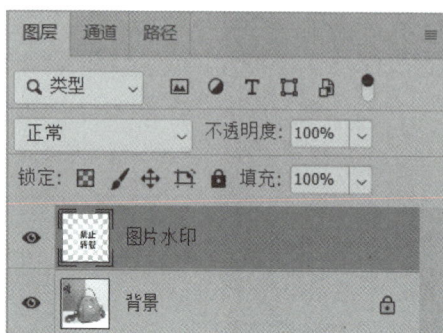

图 2-6-22　修改图层名字及效果图展示

2.6.3　添加边框

📡 **任务引入**

本任务要求读者首先认识"图像→画布大小"命令，然后对商品图片的画布大小进行设置，最后用背景色自动填充。

📡 **任务知识**

选择"图像→画布大小"命令，弹出"画布大小"对话框，通过设置画布的宽度和高度等参数来改变画布的大小，如图 2-6-23 所示。

图 2-6-23　"画布大小"对话框

📡 **任务实施**

【效果文件所在位置】资源总包\Ch02\任务 2.6 水印、边框处理\2.6.3 添加边框\工程文件

（1）打开"背景"素材。单击"打开"，打开"资源总包→Ch02→任务 2.6 水印、边框处理→2.6.3 添加边框→素材→背景素材"，单击"打开"，如图 2-6-24 所示。

图 2-6-24　打开"背景素材"

添加边框

（2）更换背景色。选择"背景色"，在弹出的拾色器中设置需要的颜色数值（RGB 为 128，6，6），点击"确定"，如图 2-6-25 所示。

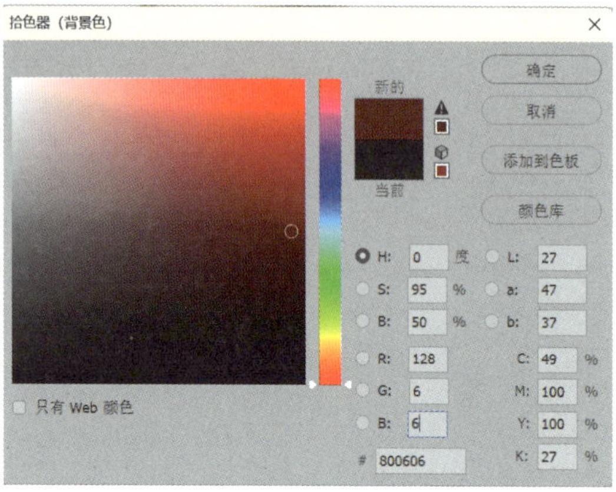

图 2-6-25　设置背景色

（3）点击"图像→画布大小"命令（见图 2-6-26），在弹出的对话框中调整，设置宽度为 "900"像素，高度为"900"像素，点击"确定"，效果如图 2-6-27 所示。

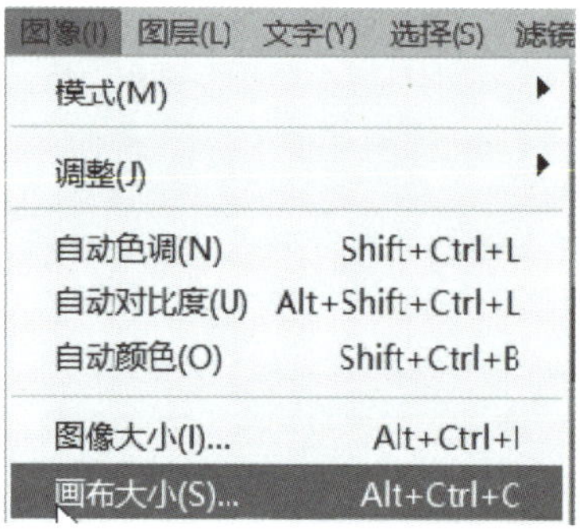

图 2-6-26　选择"画布大小"

图 2-6-27　设置"画布大小"对话框及效果图展示

任务 2.7　项目实战——去除商品图片文字水印

🚀 任务引入

本任务要求读者通过去除商品图片上的文字水印，熟练掌握"选择→颜色范围"命令和"填充→内容识别"命令的使用方法。

🚀 任务实施

本任务最终效果如图 2-7-1 所示。

【素材文件所在位置】资源总包\Ch02\任务 2.7 项目实战——去除商品图片文字水印\素材文件

【效果文件所在位置】资源总包\Ch02\任务 2.7 项目实战——去除商品图片文字水印\工程文件

图 2-7-1　效果图

项目 3

商品主图设计与制作

在当今电商竞争日益激烈的背景下，网店主图设计与制作已成为吸引顾客、提升销量的关键环节。本项目将聚焦于网店主图的设计与制作，从设计原则出发，深入讲解如何构建视觉焦点，运用创意元素与风格，以及掌握高效的制作流程与工具。通过实际案例分析与实战演练，学生将学会如何创作出既符合平台规范又能凸显商品特色的高质量主图，从而有效提高商品点击率与转化率，为店铺带来更佳的销售业绩。

本项目的思维导图如图 3-0-1 所示。

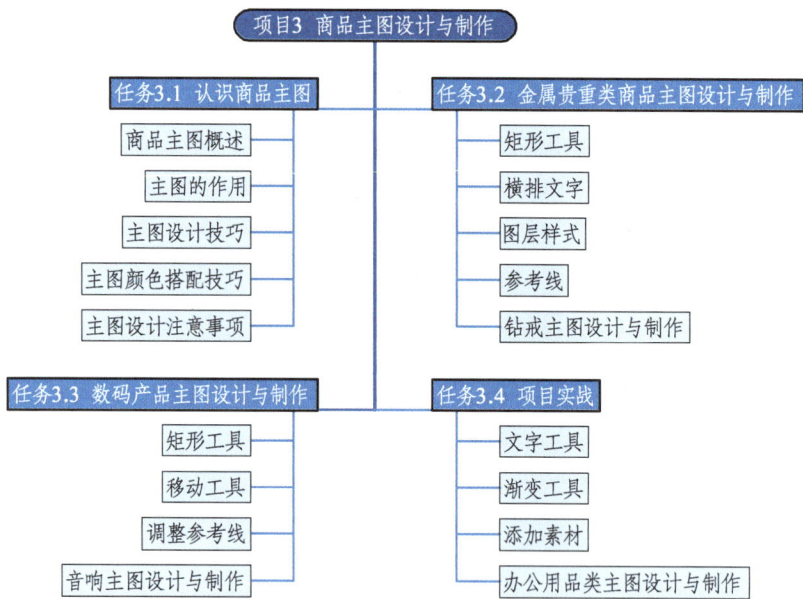

图 3-0-1　项目 3 思维导图

学习引导

知识目标

掌握网店商品主图设计与制作基础知识。

掌握网店商品主图设计与制作的方法。

素养目标

培养对网店商品主图的审美鉴赏能力。

培养对网店商品主图的设计创作能力。

📡 能力目标

运用设计软件和工具进行商品主图设计与制作，包括排版、配色、构图等方面。
根据商品属性和定位，设计出符合品牌形象和市场定位的商品主图。

📡 思政目标

培养正确的商业伦理观。
强化社会责任意识。
弘扬创新精神与工匠精神。

📡 实训任务

金属贵重类商品主图设计与制作。
数码产品类主图设计与制作。
办公用品类主图设计与制作。

📡 考核评价

如表 3-0-1 所示，项目 3 商品主图设计与制作考核评价表根据学生自评、组内互评和教师评价来计算总分，全面反映学生教材知识点掌握程度、课堂参与度、作业完成情况以及实操表现。

表 3-0-1　考核评价表

考核维度	评价指标	分值	学生自评	组内互评	教师评价
知识点掌握（10 分）	商品主图设计与制作基础知识	2			
	商品主图设计与制作方法	2			
	主图设计技巧（尺寸、构图、文字层级、背景设计、颜色搭配）	2			
	主图设计注意事项	2			
	不同品类主图设计特点（金属贵重类、数码产品类、办公用品类）	2			
课堂参与（15 分）	出勤情况	5			
	课堂互动（提问、回答、小组讨论）	5			
	学习态度（专注度、积极性）	5			
作业完成（45 分）	作业完成度（是否按时完成、完成任务量）	5			
	作业质量（设计规范性，视觉效果，创意与创新，细节处理等评价）	40			
实操表现（30 分）	实操熟练度（操作是否流畅、是否需要多次修正）	10			
	实操效果（是否达到预期效果、是否具有创新性）	10			
	实操规范性（是否遵循操作流程、是否符合行业规范）	10			
总计					

任务 3.1 认识商品主图

商品主图作为消费者与商品初次邂逅的媒介，其视觉冲击力的强弱直接关系到能否瞬间抓住顾客眼球，以及能否激发进一步探索的兴趣。优质主图需要精准传达商品特性，兼具美观与实用性，在严格遵守平台规定的同时，巧妙融合创意与细节，以提升点击率为核心目标，引领消费者步入商品选购流程。掌握主图设计精髓，即是掌握开启高销量大门的钥匙。

3.1.1 商品主图概述

在电商领域，商品主图是展示商品特色的关键图片之一。通常，每个商品可设置 1～5 张主图进行展示，其中第 1 张主图在搜索结果页中展示，其余主图则在商品详情页中呈现。因此，网店美工需要着重设计这些主图，以确保吸引消费者的关注，提升商品的点击率和销售效果。某平台搜索的商品主图如图 3-1-1 所示。

（a）某平台搜索页香雪海米粉主图展示

（b）某平台详情页香雪海米粉主图展示

（c）移动端某平台搜索页香雪海米粉主图展示　　（d）移动端某平台详情页香雪海米粉主图展示

图 3-1-1　商品主图展示

3.1.2　主图的作用

在电商行业，一个高质量的主图具有如下 3 个重要作用：

（1）吸引眼球：主图的设计需要引人注目。

（2）激发购买兴趣：主图应突出商品特点和优势，展示促销信息。

（3）提高点击率：点击率的提升可增加店铺流量，促进转化率的提高。

3.1.3　主图设计技巧

1. 主图的设计尺寸

电商主图设计时需考虑两种尺寸：正常主图为 800×800 像素，适合在商品详情页展示；另一种竖向主图为 750×1 000 像素，方便移动端观看。此外，主图文件大小应限制在 500 KB 以内，以确保速度和用户体验。商品主图设计尺寸如图 3-1-2 所示。

（a）800×800 像素　　　　　　　　　　（b）750×1 000 像素

图 3-1-2　主图的设计尺寸

2. 主图的版式构图

在电商主图设计中，常见的构图方式包括左右构图、上下构图和对角线构图。文字和图片在左右构图和对角线构图中的位置可以根据美学考量进行调整，前提是不影响构图效果。此外，主图上有时会添加标识，用于推广目的。

3. 主图的文字层级

在进行电商主图设计时，文字的层级应清晰明了，通常分为三个层级：第一层体现品牌形象，常使用网店 LOGO 展现品牌特征，以深化消费者印象并防止盗图；第二层突出商品卖点，包括款式、功能、材质和价格等，直接吸引消费者；第三层展示销售活动，通过"狂欢"等促销文案传达促销信息，文案应简洁有力、清晰易懂。

4. 主图的背景设计

电商主图通常采用图片场景或纯色背景。图片场景常为生活场景，能让消费者产生共鸣；纯色背景应选用简洁干净的颜色，避免过度花哨，以突出商品的特点。商品主图背景设计如图 3-1-3 所示。

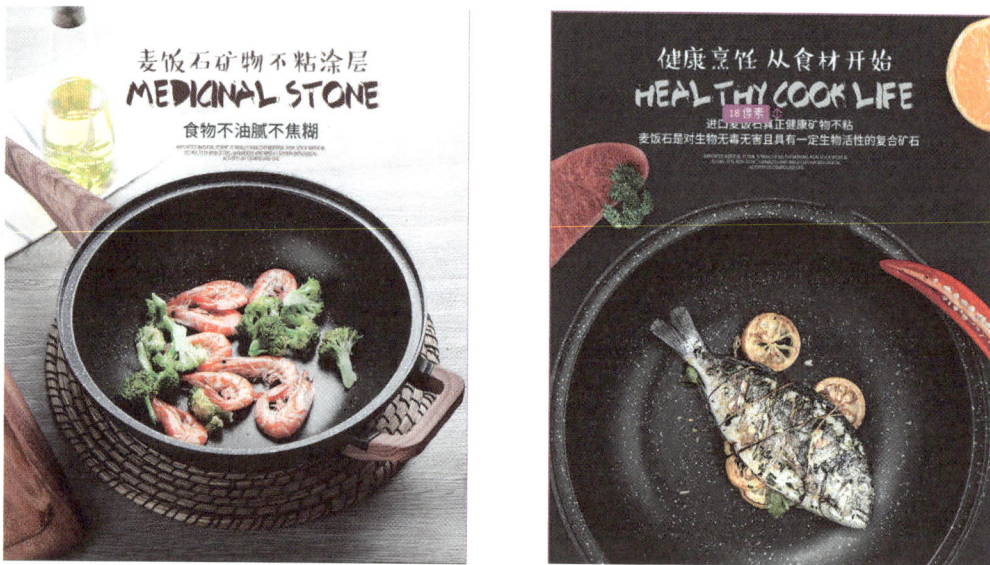

图 3-1-3　主图的背景设计

3.1.4　主图颜色搭配技巧

在商品主图设计中，配色是突出产品、吸引消费者关注的重要因素。以下是主图颜色搭配选择的 3 种技巧。

1. 根据节日活动选择

根据不同节日进行配色可以吸引更多目光，这对于线上电商平台尤为重要。例如，春节、中秋等家庭团聚的节日可选用红色、米黄色；端午节可选用粽叶绿色；七夕节常用紫色、粉色；情人节多用玫瑰红色；圣诞节适合红+绿+白配色。

2. 根据店铺风格选择

在电商主图设计中，独特的店铺风格可以增强品牌识别度。主图配色应与店铺风格相一致，以保持统一感和平衡感。这种风格一致性不仅有助于提升品牌形象，还能够吸引更多目光，增加点击率，加深商品印象。根据店铺风格配色的商品如图 3-1-4 所示。

图 3-1-4　根据店铺风格配色的商品

3. 根据产品类型选择

如果店铺品牌有一定知名度，主图可以根据产品类型选择配色。例如，甜品可选用调动食欲的颜色；空调可根据季节选择冷暖色调；水果可根据其颜色或代表天然无污染的绿色来选择配色。根据产品类型配色的商品如图 3-1-5 所示。

图 3-1-5　根据产品类型配色的商品

3.1.5　主图设计注意事项

在设计电商主图时，需要考虑以下几点：

（1）保持干净、整洁，文字简洁明了，避免造成视觉疲劳。

（2）严格遵循淘宝平台规定的主图尺寸大小，避免过大或过小，以避免变形。

（3）注意主图的颜色和风格应与店铺整体风格相匹配，避免颜色过多而杂乱。

（4）主图中只应呈现一个主体，避免出现多个相同主体。

（5）主图需要突出产品的属性特点，以吸引更多的目标客户。

（6）避免往主图中添加过多文字，确保图片清晰。主图举例如图 3-1-6 所示。

图 3-1-6　主图展示

任务 3.2　金属贵重类商品主图设计与制作

🚀 任务引入

本任务要求读者首先认识"矩形工具""横排文字"工具，了解图层样式各种效果的添加，以及文件参考线的建立；然后通过金属贵重类商品主图设计与制作，熟练掌握"图层样式"的添加效果，"横排文字工具"使用方法，以及如何建立图片参考线，进而学会贵重金属类商品主图设计与制作的基本步骤与方法。

钻戒主图
设计与制作

🚀 设计理念

设计过程围绕主体物结婚对戒进行创作。主图背景为有光泽的香槟色丝绸和暗红色渐变背景，给消费者一种高端有价值的商品质感，以接近香槟色的浅黄色以及红色的文字和各种板块背景，使主图画面更丰富的情况下，让画面更协调，色彩包含白色、红色和黄色，分别表现纯洁、喜庆和高贵。字体选用阿里巴巴普惠体，体现了庄重，呼应了主题。采用合理的上下构图展现美感。主图的整体设计符合消费者的审美需求，最终效果如图 3-2-1 所示。

🚀 任务知识

（1）"矩形工具"属性栏如图 3-2-2 所示。

（2）"横排文字工具" T 属性栏如图 3-2-3 所示。

（3）在"图层"面板中单击"添加图层样式按钮" fx，选择"混合模式"，弹出"图层样式"对话框（见图 3-2-4），可以在对话框内设置想要的图层效果；单击"视图"下拉选项，选择"新建参考线",弹出"新建参考线"对话框（见图 3-2-5），可以设置需要的参考线数据，单击"确定"按钮即可建立参考线。

图 3-2-1　钻戒主图设计

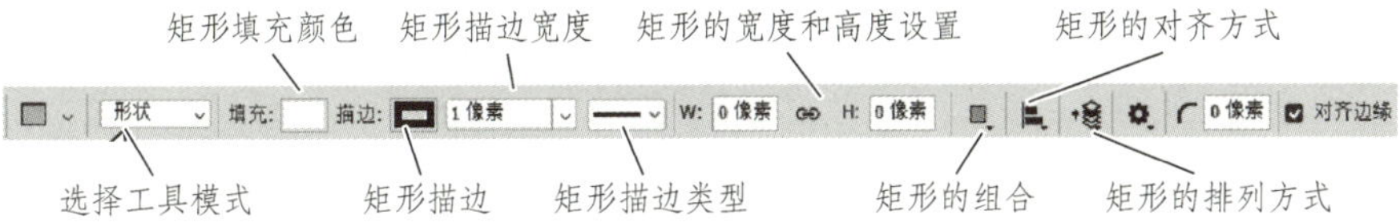

图 3-2-2　"矩形工具"属性栏

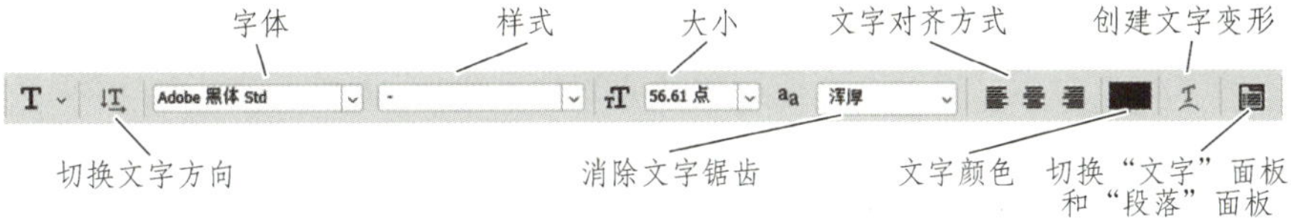

图 3-2-3　"横排文字工具"属性栏

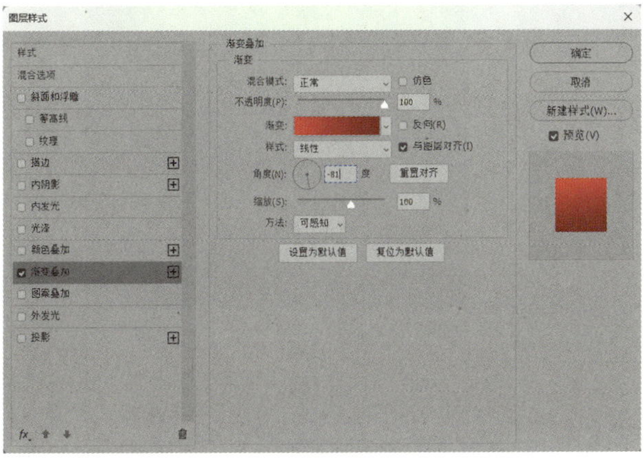

图 3-2-4　"图层样式"对话框

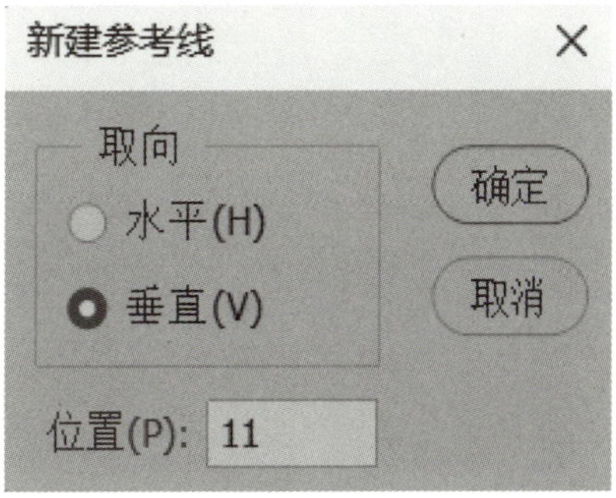

图 3-2-5　"新建参考线"对话框

⚡ **任务实施**

【效果文件所在位置】资源总包\Ch03\任务 3.2 金属贵重类商品主图设计\工程文件

（1）打开 Adobe Photoshop 2022 主页面（见图 3-2-6），单击"新建"，弹出"新建文档"对话框，选择自定义文档，"宽度"设置为"750 像素"，高度设置为"1000 像素"，"分辨率"设置为"72"，其他为默认（见图 3-2-7），设置完成后，单击"创建"按钮。

图 3-2-6　Adobe Photoshop 2022

图 3-2-7　设置"新建文档"对话框

（2）创建矩形，点击"矩形工具" ▭，单击背景弹出"创建矩形"对话框，宽度设置为"750 像素"，高度设置为"753 像素"，其他默认（见图 3-2-8），单击"确定"按钮。矩形颜色设置为黑色，无描边。

（3）选择"移动"工具✛，将黑色矩形向上对齐白色背景，如图 3-2-9 所示。在"图层"面板中，鼠标左键双击"矩形 1"，弹出"图层样式"对话框，添加图层样式。点击添加"渐变叠加"，单击"渐变"下拉列表框▬▬，弹出"渐变编辑器"对话框，双击第 1 个色标，弹出"拾色器"对话框，颜色设置为红色（RGB 为 217，35，50），单击"确定"按钮；双击第 2 个色标，弹出"拾色器"对话框，颜色设置为暗红色（RGB 为 152，2，3），单击"确定"按钮。设置完成后，单击"确定"按钮结束渐变颜色编辑，"角度"设置为"-81"，其他保持不变（见图 3-2-10），单击"确定"按钮。添加效果后，图片效果如图 3-2-11 所示。

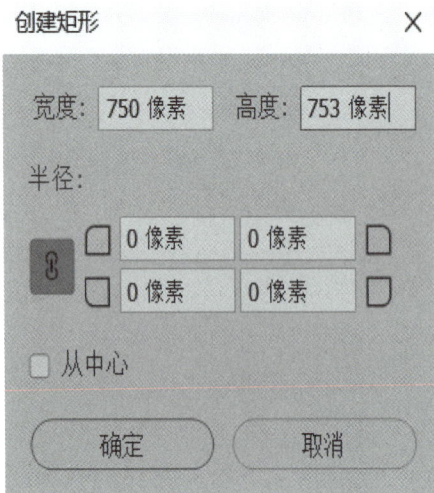

图 3-2-8　设置"创建矩形"对话框

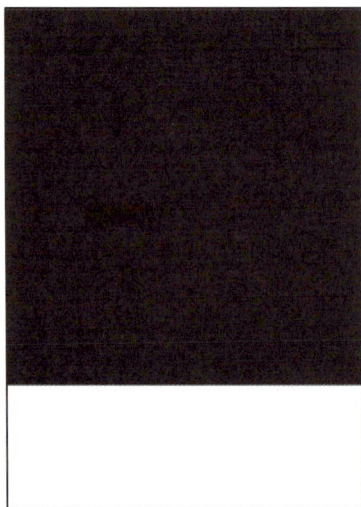

图 3-2-9　黑色矩形向上对齐

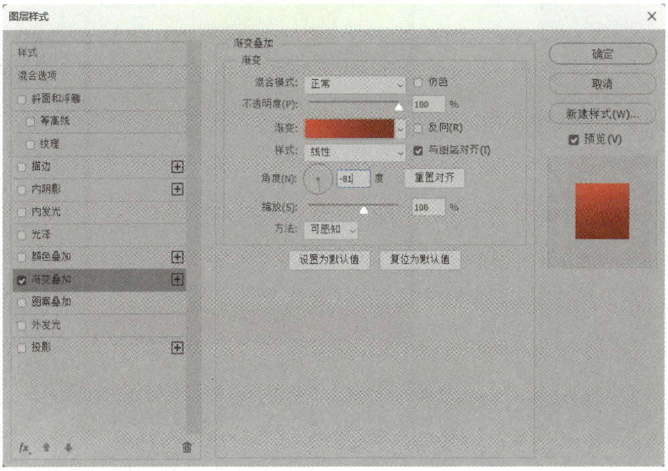

图 3-2-10　设置"图层样式"对话框

图 3-2-11　效果图

（4）单击"视图"下拉选项，选择"新建参考线"，弹出"新建参考线"对话框，设置"取向"为"垂直"，"位置"设置为"11"像素（见图 3-2-12）。单击"确定"按钮；使用相同的方法再次新建 2 条参考线，分别为 739 像素垂直参考线，664 像素水平参考线，参考线设置最终效果如图 3-2-13 所示。

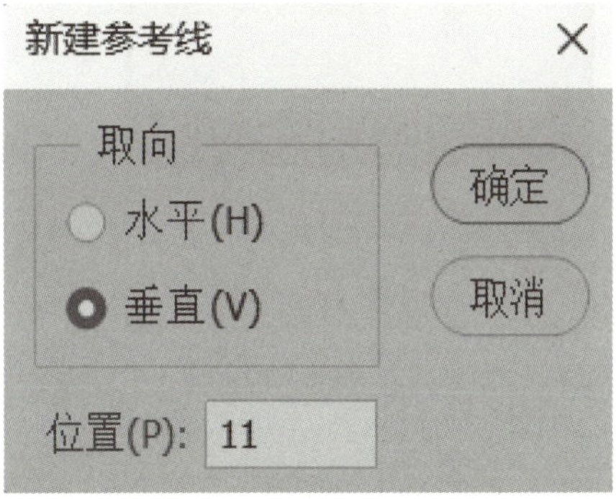

图 3-2-12　设置"新建参考线"对话框

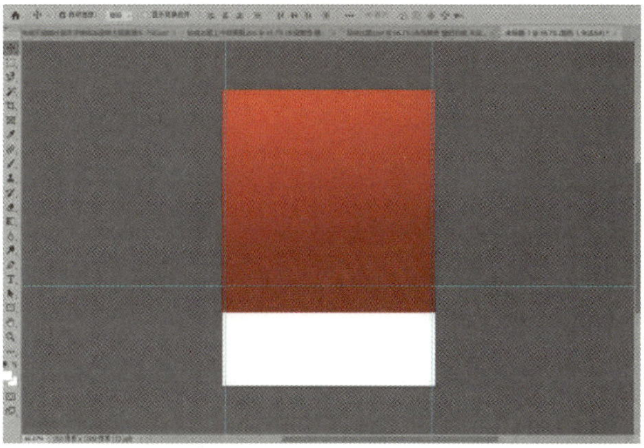

图 3-2-13　参考线设置最终效果

（5）按住"Ctrl+O"组合键，打开"资源总包→Ch03→任务 3.2 金属贵重类商品主图设计→素材→白色凹面背景.png"（见图 3-2-14），选择后，单击"打开"按钮导入文件。选择"移动工具" ✛，选择"白色凹面背景.png"，鼠标左键按住拖动，将其移动到矩形内，使白色凹面背景左右，下端分别对齐参考线，如图 3-2-15 所示。在"图层"面板中，修改"图层 1"名称为"凹面背景"。

（6）按住"Ctrl+O"组合键，打开"资源总包→Ch03→任务 3.2 金属贵重类商品主图设计→素材→钻戒.png"（见图 3-2-16），选择后，单击"打开"按钮导入文件，选择"移动工具" ✛，选择"钻戒.png"素材，鼠标左键按住拖动，将其移动到项目内，调整到合适位置。在"图层"面板中，修改"图层 1"名称为"钻戒"。选择"钻戒"图层，单击鼠标右键，选择"创建剪贴蒙版"。选择"移动"工具 ✛，调整"钻戒"图层到合适的位置，如图 3-2-17 所示。

图 3-2-14　"白色凹面背景"图片

图 3-2-15　将图片对齐参考线

图 3-2-16　"钻戒"图片

图 3-2-17　调整"钻戒"图层位置

（7）在"图层"面板中，右键单击"钻戒"图层，选择"转换为智能对象"。单击"图像"下拉选项，依次选择"调整→曲线"，弹出"曲线"对话框，在曲线上点击一个点，设置其"输入"为"184"，"输出"为"208"，单击"确定"按钮，如图 3-2-18 所示。

（8）在"图层"面板中，单击"创建新组" 📁，新建一个组，修改其名称为"钻戒背景"，按住"Ctrl"键，选择"凹面背景"图层、"钻戒"图层、矩形图层，一起拖入"钻戒背景"组中，点击左侧向下箭头 ˅📁收起图层。

（9）单击"文件"下拉选项，单击"打开"选项，按住"Ctrl"键，选择"资源总包→Ch03→任务 3.2 金属贵重类商品主图设计→素材→红条.png 和黄条.png"两个素材（见图 3-2-19、图 3-2-20），单击"打开"。单击"视图"下拉选项，选择"新建参考线"，弹出"新建参考线"对话框，设置"取向"为"水平"，"位置"为"754 像素"，单击"确定"按钮，参考线效果如图 3-2-21 所示。

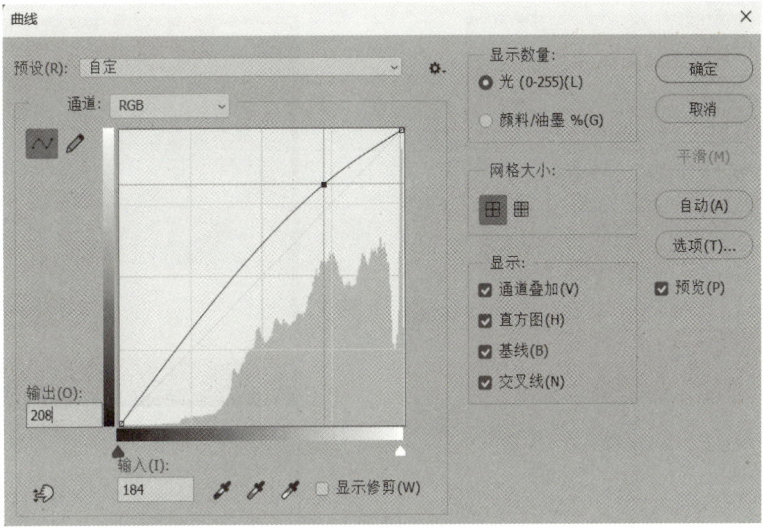

图 3-2-18 设置"曲线"对话框

图 3-2-19 "红条"图片

图 3-2-20 "黄条"图片

图 3-2-21 参考线效果

（10）选择"移动工具" ，选择"红条.png"素材，鼠标左键按住拖动，将其移动到钻戒主图内，左右对齐背景边缘，下端对齐第二条水平参考线，如图 3-2-22 所示。选择"移动工具" ，选择"黄条.png"素材，鼠标左键按住拖动，将其移动到钻戒主图内，左右对齐背景边缘，上端对齐第一条水平参考线，如图 3-2-23 所示。

图 3-2-22　将"红条"移到主图并对齐

图 3-2-23　将"黄条"移到主图并对齐

（11）选择"横排文字工具" T ，设置字体为"阿里巴巴普惠体 3.0"，设置字体粗细为"105 Heavy"，设置字体大小为"56.61 点"，颜色为"黑色"。在红条上输入文字"领券下单立减 30 元"，点击右上角"确定" ✓ 按钮。选择"移动工具" ✛ ，将此段文字左对齐第一条垂直参考线，下端对齐第二条水平参考线，如图 3-2-24 所示。

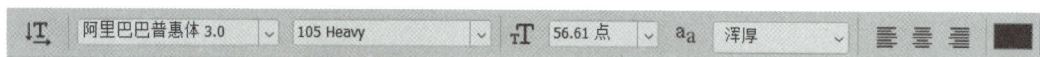

图 3-2-24　在"红条"上输入文字并对齐

（12）在"图层"面板中，鼠标左键双击文字图层，弹出"图层样式"对话框。添加图层样式，点击勾选添加"渐变叠加"，"渐变叠加"中，"混合模式"设置为"正常"，单击"渐变"下拉列表框▬▬，弹出"渐变编辑器"对话框。双击第 1 个色标，弹出"拾色器"对话框，颜色设置为浅黄色（RGB 为 235，207，151）；双击第 2 个色标，弹出"拾色器"对话框，颜色设置为黄色（RGB 为 255，246，221），设置完成后，单击"确定"按钮结束渐变颜色编辑，"角度"设置为 90°，其他保持不变，如图 3-2-25 所示。

（13）勾选添加"投影"效果，"混合模式"设置为"叠加"，颜色为黑色，"不透明度"设置为"20%"，"角度"设置为"90°"，"距离"设置为"5 像素"，"扩展"设置为"0%"，"大小"设置为"4 像素"，单击"确定"按钮，如图 3-2-26 所示。效果添加后，文字效果如图 3-2-27 所示。

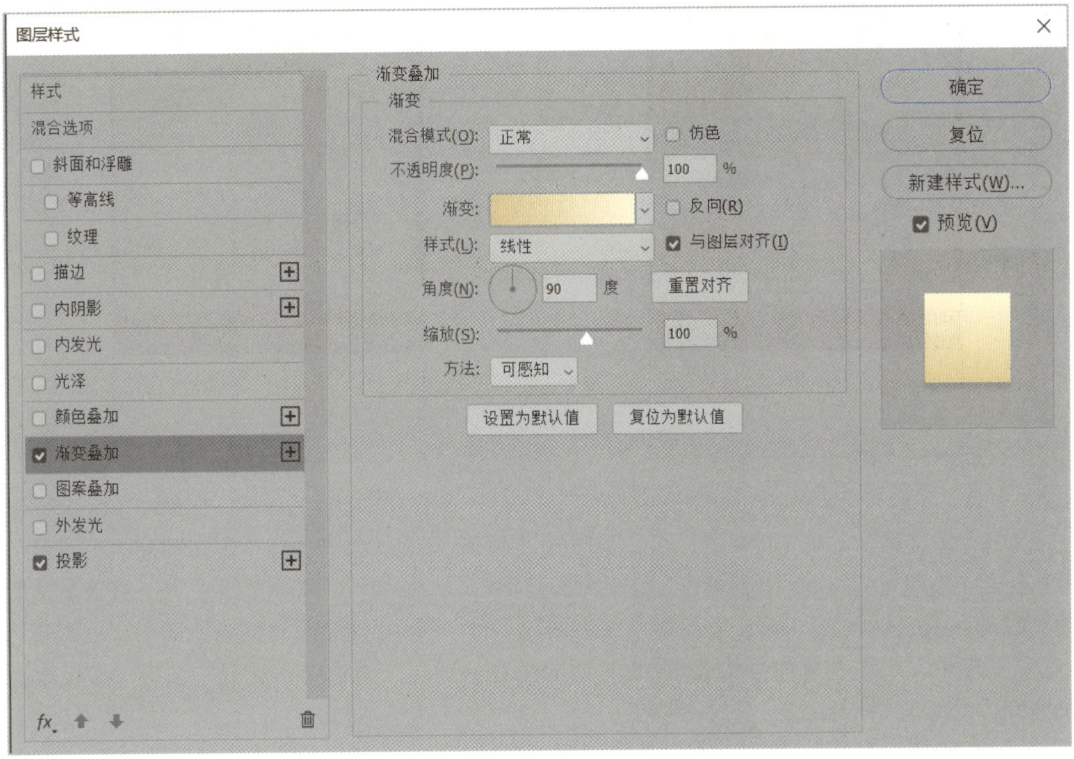

图 3-2-25 设置"渐变叠加"效果

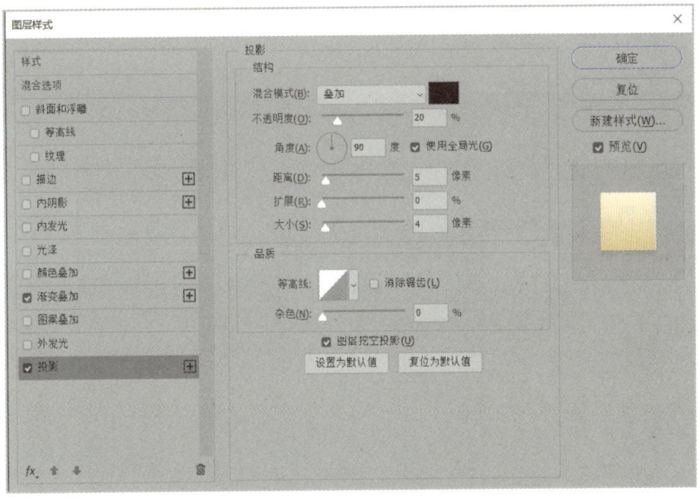

图 3-2-26 设置"投影"效果

图 3-2-27 文字效果

（14）选择"横排文字工具" T，设置字体为"阿里巴巴普惠体 3.0"，设置字体粗细为"65 Medium"，设置字体大小为"33.97 点"，颜色为"黑色"。在黄条上输入文字"官方正品 顺丰包邮 跨店满减"，点击右上角"确定" ✓按钮。选择"移动工具" ✛，移动此文字到合适位置，如图 3-2-28 所示。

（15）点击"领券下单立减 30 元"文字图层，选择"横排文字工具" T，设置字体粗细为"105 Heavy"，设置字体大小为"55.61 点"，效果如图 3-2-29 所示。

图 3-2-28　在"黄条"上输入文字并调整位置 　　　图 3-2-29　修改"红条"上文字大小

（16）将"黄条.png"所在图层名称修改为"黄条"，将"红条.png"所在图层名称修改为"红条"，在"图层"面板中，单击"创建新组" 📁，新建一个组并移至最上方，修改其名称为"底部"，按住"Ctrl"键，选择两个文字图层，即"黄条"图层、"红条"图层，一起拖入"底部"组中，点击左侧向下箭头 📁收起图层。在"图层"面板中，点击"锁定"按钮🔒分别将组"底部""钻石背景"进行锁定。

（17）单击"视图"下拉选项，选择"新建参考线"，弹出"新建参考线"对话框，设置"取向"为"垂直"，"位置"设置为"86 像素"，单击"确定"按钮；单击"视图"下拉选项，选择"新建参考线"，弹出"新建参考线"对话框，设置"取向"为"水平"，"位置"设置为"212 像素"，单击"确定"按钮，参考线设置效果如图 3-2-30 所示。

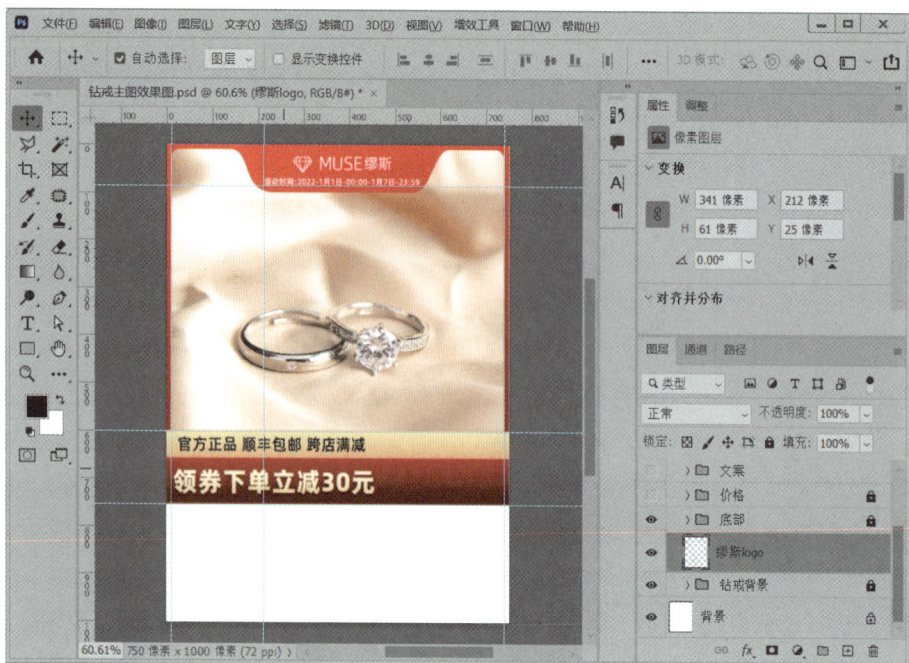

图 3-2-30　参考线设置效果

（18）按住"Ctrl+O"组合键，打开并选择"资源总包→Ch03→任务 3.2 金属贵重类商品主图设计→素材→缪斯 logo.png"，单击"打开"按钮导入文件。选择"移动工具"，选择"缪斯 logo.png"素材，鼠标左键按住拖动，将其移动到钻戒主图内，调整位置，将 LOGO 左下角与两条参考线交界处对齐，如图 3-2-31 所示。在"图层"面板中，将图层 1 名称修改为"缪斯 logo"。

（19）按住"Ctrl+O"组合键，打开并选择"资源总包→Ch03→任务 3.2 金属贵重类商品主图设计→素材→价格背景素材.png"，单击"打开"按钮导入文件。选择"移动工具" ✛，选择"价格背景素材.png"素材，鼠标左键按住拖动，将其移动到钻戒主图内，调整至合适位置，如图 3-2-32 所示。

（20）按住"Ctrl+O"组合键，打开并选择"资源总包→Ch03→任务 3.2 金属贵重类商品主图设计→素材→活动价 299.png"，单击"打开"按钮导入文件。选择"移动工具" ✛，选择"活动价 299.png"素材，鼠标左键按住拖动，将其移动到钻戒主图内，调整至合适位置，如图 3-2-33 所示。

（21）将图层 1 重命名为"价格背景"，将图层 2 重命名为"活动价格"。

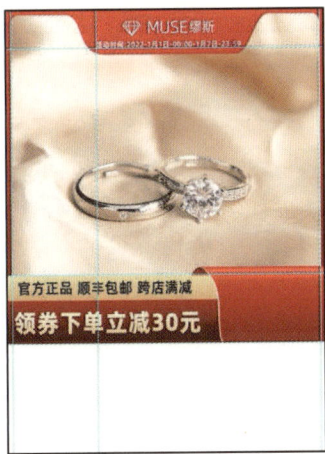

图 3-2-31 创建"缪斯 logo"　图 3-2-32 创建"价格背景素材"　图 3-2-33 创建"活动价 299"

（22）在"图层"面板中，鼠标左键双击"活动价格"图层，弹出"图层样式"对话框，勾选"渐变叠加"效果，"混合模式"设置为"正常"，单击"渐变"下拉列表框▬▬▬，弹出"渐变编辑器"对话框。双击第 1 个色标，弹出"拾色器"对话框，颜色设置为浅黄色（RGB 为 235，207，151），单击"确定"按钮；双击第 2 个色标，弹出"拾色器"对话框，颜色设置为黄色（RGB 为 255，246，221），设置完成后，单击"确定"按钮结束渐变颜色编辑，设置"角度"为"90°"，设置"样式"为"线性"，其他保持不变，如图 3-2-34 所示。

（23）勾选添加"投影"效果，"混合模式"设置为"叠加"，颜色为"黑色"，"不透明度"设置为"40%"，"角度"设置为"90°"，"距离"设置为"8 像素"，"扩展"设置为"0%"，"大小"设置为"8 像素"，单击"确定"按钮，如图 3-2-35 所示。

（24）在"图层"面板中，单击"创建新组" ▭，新建一个组，修改其名称为"价格"，按住"Ctrl"键，选择"活动价格"图层、"价格背景"图层，并一起拖入"价格"组中，点击左侧向下箭头 ⌄▭ 收起图层，点击"锁定"按钮 🔒 将组"价格"进行锁定。

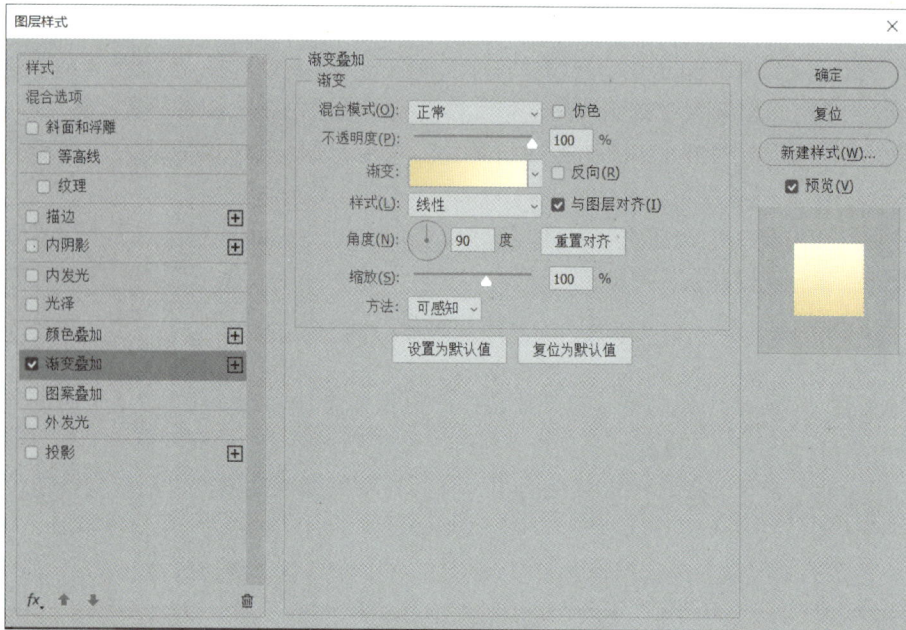

图 3-2-34 设置"活动价格"图层"渐变叠加"效果

图 3-2-35 设置"活动价格"图层"投影"效果

（25）单击"视图"下拉选项，选择"新建参考线"，弹出"新建参考线"对话框，设置"取向"为"水平"，"位置"设置为"259 像素"，单击"确定"按钮；再次单击"视图"下拉选项，选择"新建参考线"，弹出"新建参考线"对话框，设置"取向"为"垂直"，"位置"设置为 150 像素，单击"确定"按钮，如图 3-2-36 所示。

图 3-2-36 新建参考线效果

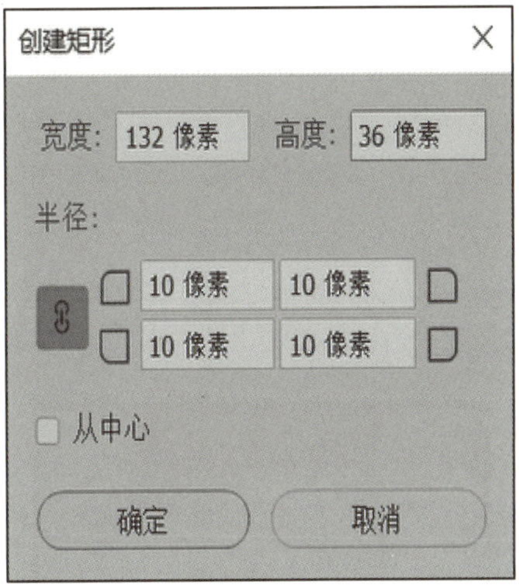

图 3-2-37 设置"创建矩形"对话框

图 3-2-38 将矩形移动到合适位置

（26）选择"矩形工具" ，颜色填充为黑色，设置无描边，在空白处单击，弹出"创建矩形"对话框，"宽度"设置为"132 像素"，"高度"设置为"36 像素"，"圆角半径"设置为"10 像素"，单击"确定"按钮，如图 3-2-37 所示。选择"移动工具" ，将矩形移动到合适位置，如图 3-2-38 所示。

（27）在"图层"面板中，鼠标左键双击矩形 2 图层，弹出"图层样式"对话框，勾选"渐变叠加"效果，"混合模式"设置为"正常"，单击"渐变"下拉列表框 ，弹出"渐变编辑器"对话框。双击第 1 个色标，弹出"拾色器"对话框，颜色设置为暗红色（RGB 为 217，35，50），单击"确定"按钮；双击第 2 个色标，弹出"拾色器"对话框，颜色设置为红色（RGB 为 152，2，3），设置完成后，单击"确定"按钮结束渐变颜色编辑，设置"角度"为"-81°"，设置"样式"为"线性"，其他保持不变，单击"确定"按钮，如图 3-2-39 所示。设置后，效果如图 3-2-40 所示。

（28）选择"横排文字工具" T,设置字体为"阿里巴巴普惠体 3.0",设置字体粗细为"65 Medium",设置字体大小为"24.53 点",颜色为"白色"。在矩形框内上输入文字"纯银保障",点击右上角"确定" ✓ 按钮确定,调整到合适位置。选择"移动工具" ✛,按住"Ctrl"键,在"图层"面板选中"矩形 2"图层和"纯银保障"文字图层,选择水平居中 ⬍,垂直居中 ⬌,如图 3-2-41 所示。

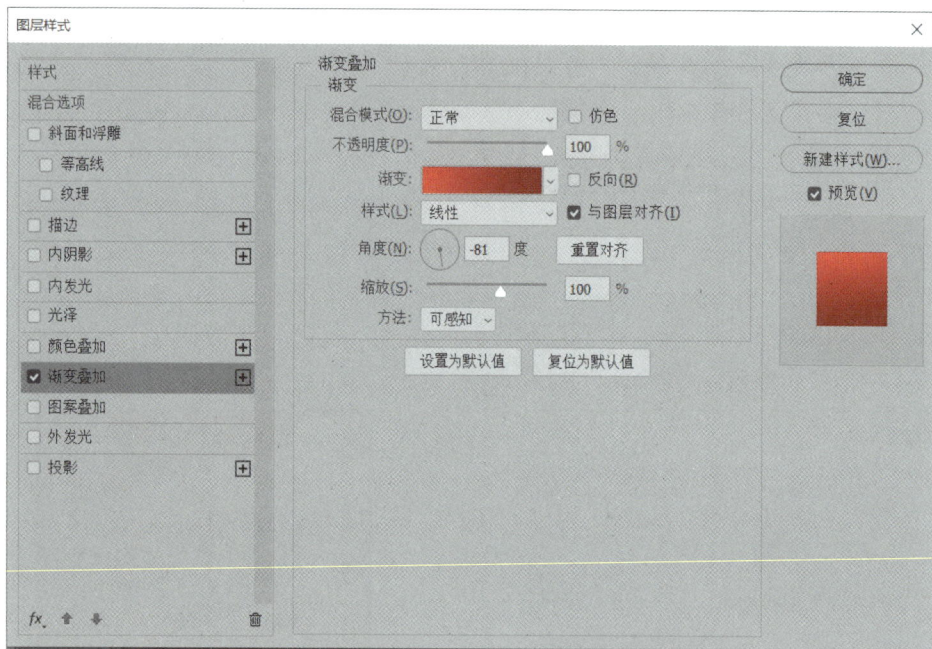

图 3-2-39　设置矩形 2 图层"渐变叠加"效果

图 3-2-40　设置后效果

图 3-2-41　在矩形框内输入文字

（29）在"图层"面板选中"矩形 2"图层和"纯银保障"文字图层,单击"创建新组" ▢,新建一个组将两个图层放置在内,修改其名称为"纯银保障",点击左侧向下箭头 ⌄▢收起图层。

（30）在"图层"面板中，选中"纯银保障"组，按住"Ctrl+V"组合键复制2个组，修改"纯银保障 拷贝1"名称为"支持复检"，修改"纯银保障 拷贝2"名称为"低至8折"。

（31）单击"视图"下拉选项，选择"新建参考线"，弹出"新建参考线"对话框，设置"取向"为"垂直"，"位置"设置为"603像素"，单击"确定"按钮，如图3-2-42所示。

图 3-2-42　新建参考线

（32）选择"移动工具" ，在"图层"面板中，选择"低至8折"组，按住"Shift"键，将此组拖动至新建的垂直参考线处，如图3-2-43所示。同理，将"支持复检"组也拖动进来。在"图层"面板中，按住"Ctrl"键选中"低至8折"组、"支持复检"组、"纯银保障"组，点击"水平分布" ，如图3-2-44所示。

图 3-2-43　拖动"低至8折"组至垂直参考线

图 3-2-44　将3个组水平分布

（33）在"图层"面板中，打开"低至8折"组，选择"横排文字工具" ，将文字图层修改为"低至 8 折",点击右上角"确定" ✓ 按钮确定;打开"支持复检"组,修改文字图层为"支持复检",点击右上角"确定" ✓ 按钮确定,如图 3-2-45 所示。

(34)选择"横排文字工具" T,在合适位置输入"永恒誓言 情侣对戒",选中此段文字,设置字体为"阿里巴巴普惠体 3.0",设置字体粗细为"65 Medium",设置字体大小为"56.61点",颜色为"黑色",点击右上角"确定" ✓ 按钮确定。选择"移动工具" ✛,将此段文字移动到合适位置,如图 3-2-46 所示。

图 3-2-45　修改文字

图 3-2-46　创建"永恒誓言 情侣对戒"文字

(35)在"图层"面板,点击"创建新组"命令 ▢,新建一个组,双击"组 1",重命名为"文案",按住"Ctrl"键将"永恒誓言 情侣对戒"图层、"低至 8 折"图层、"支持复检"图层、"纯银保障"图层一起选中(见图 3-2-47)。并一起拖入"文案"组,将"文案"组收起来,如图 3-2-48 所示。

图 3-2-47　新建"文案"组

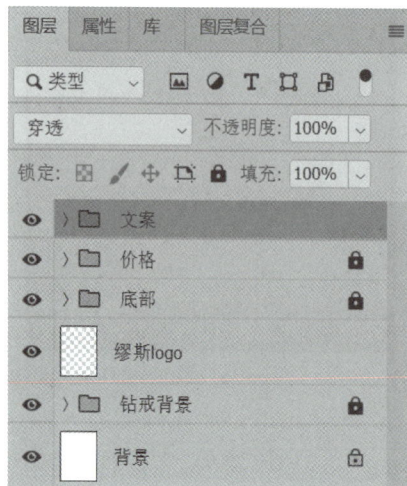

图 3-2-48　收起"文案"组

（36）使用上述方法再次新建一个组，将其更名为"戒指主图"，如图 3-2-49 所示。按住"Ctrl"键将"文案"图层、"价格"图层、"底部"图层、"缪斯 logo"图层、"钻戒背景"图层一起选中，将其拖入"戒指主图"组中，再将"戒指主图"组收起来，如图 3-2-50 所示。

图 3-2-49　新建"戒指主图"　　　　图 3-2-50　将图层放入"戒指主图"并收起

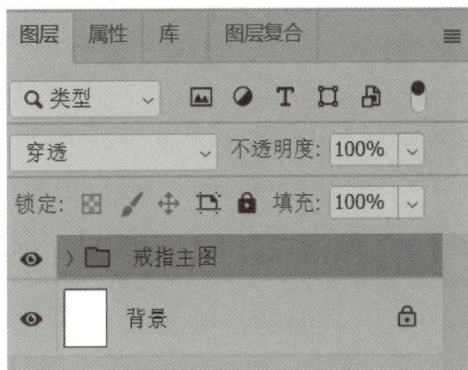

（37）选择"矩形工具" ▭，设置填充颜色（RGB 为 114，9，10），设置无描边，点击"确定"，如图 3-2-51 所示。

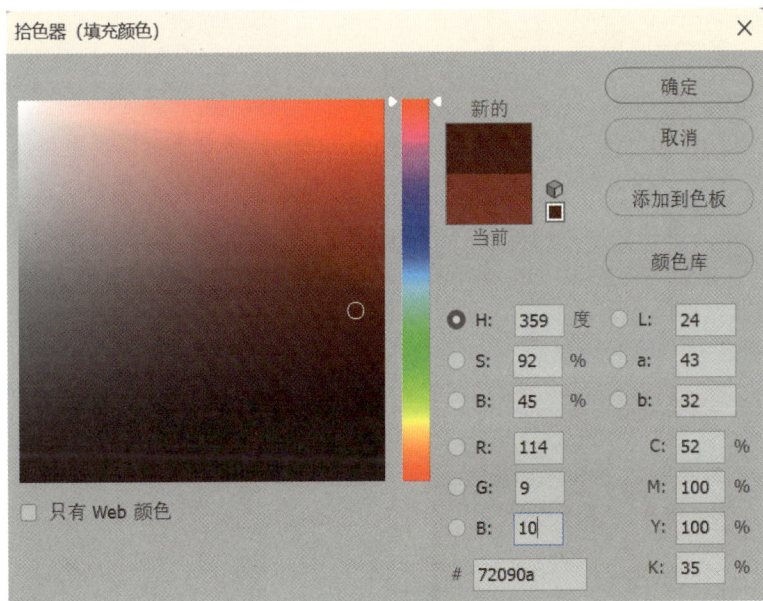

图 3-2-51　创建矩形框

（38）点击空白处，在弹出的设置框进行设置，宽度为"750 像素"，高度为"260 像素"，点击"确定"，如图 3-2-52 所示。选择"移动工具" ✛，将矩形拖拽到合适位置，如图 3-2-53 所示。

（39）新建参考线，点击"视图→新建参考线"，在弹出的设置框中设置取向（水平）、位置（957 像素），点击"确定"，如图 3-2-54 所示。再按照上述方式新建一条参考线，在弹出对话框设置取向（垂直），位置（26 像素），点击"确定"，如图 3-2-55 所示。

图 3-2-52 设置矩形参数

图 3-2-53 拖拽矩形到合适位置

图 3-2-54 新建水平参考线

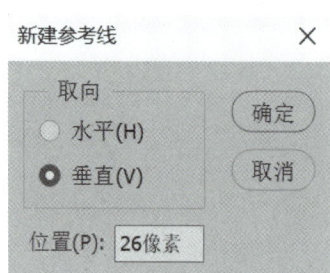

图 3-2-55 新建垂直参考线

（40）按住"Ctrl+O"键，打开"资源总包→Ch03→任务 3.2 金属贵重类商品主图设计→素材"，并按住"Ctrl"键，选中"优惠券背景"素材、"立即领取"素材、"满 599 使用"素材，点击打开。分别拖出这些素材，并放大"钻戒主图"窗口。选择"移动工具"，将"优惠券背景""立即领取""满 599 使用"素材拖拽到合适位置，可以选择键盘上的"↑""↓""←""→"键进行微调，如图 3-2-56 所示。对"优惠券背景""立即领取""满 599 使用"素材所在的图层分别重命名为"优惠券背景""立即领取""满 599 使用"，如图 3-2-57 所示。

图 3-2-56 打开"优惠券""立即领取""满 599 使用"

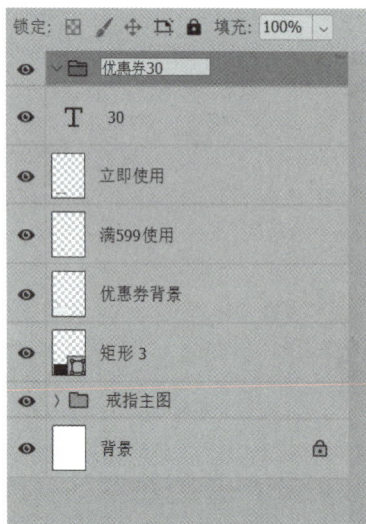

图 3-2-57 重命名图层

（41）选择"文字工具"，将字体改为"阿里巴巴普惠体 3.0"，粗细设置为"85 Bold"，字体大小设置为"92.75 点"，再设置颜色为 RGB（224，36，30），点击"确定"，如图 3-2-58 所示。

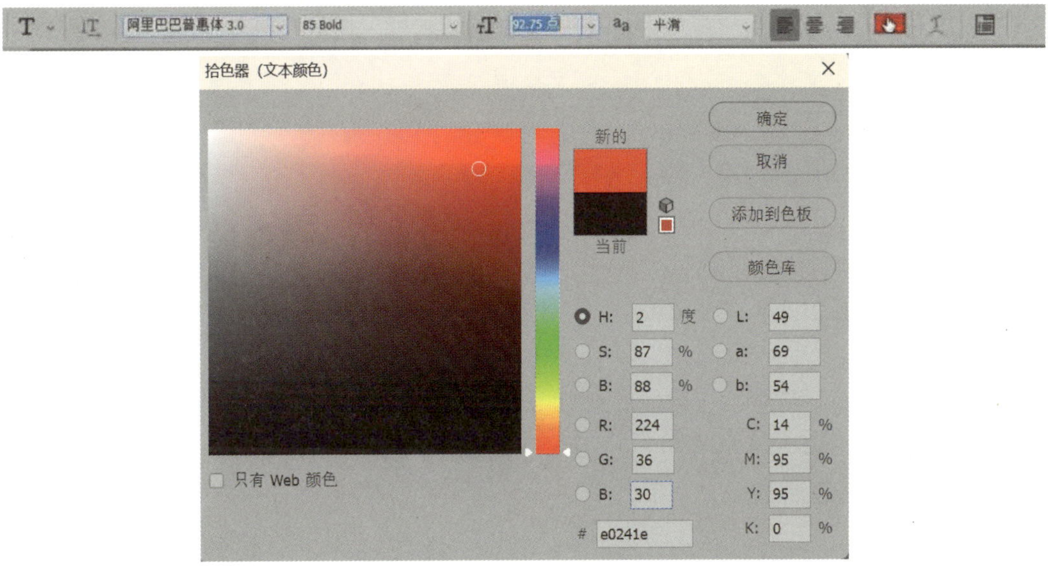

图 3-2-58　设置"拾色器（文本颜色）"对话框

（42）在适当位置输入"30"，再将其移动到合适位置，可以选择键盘上的"↑""↓""←""→"键进行微调，如图 3-2-59 所示。用上述方法，新建一个组，将其重命名为"优惠券 30"。按住"Ctrl"键，依次选择"文字 30""立即领取""满 599 使用""优惠券背景"，将其拖拽到"优惠券 30"组中，将该组收起来，如图 3-2-60 所示。

图 3-2-59　在适当位置创建"30"

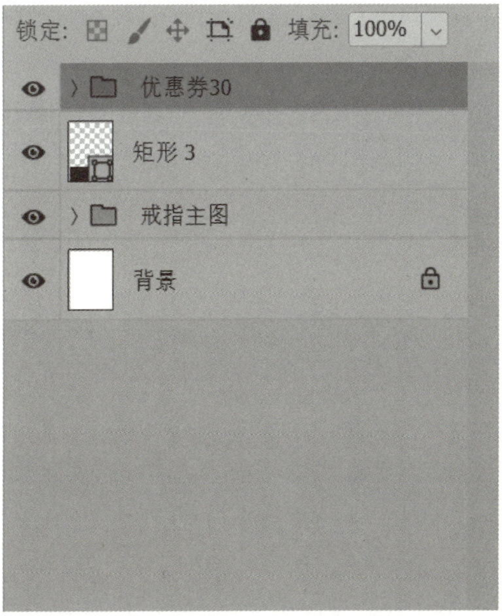

图 3-2-60　新建"优惠券 30"组并收起

（43）双击"优惠券 30"组，添加"投影"更改颜色为 RGB（153，7，15），如图 3-2-61 所示。设置模式为"正片叠底"，不透明度为"75%"，角度为"90"，距离为"3"，扩展为"0"，大小为"1"，点击"确定"，如图 3-2-62 所示。

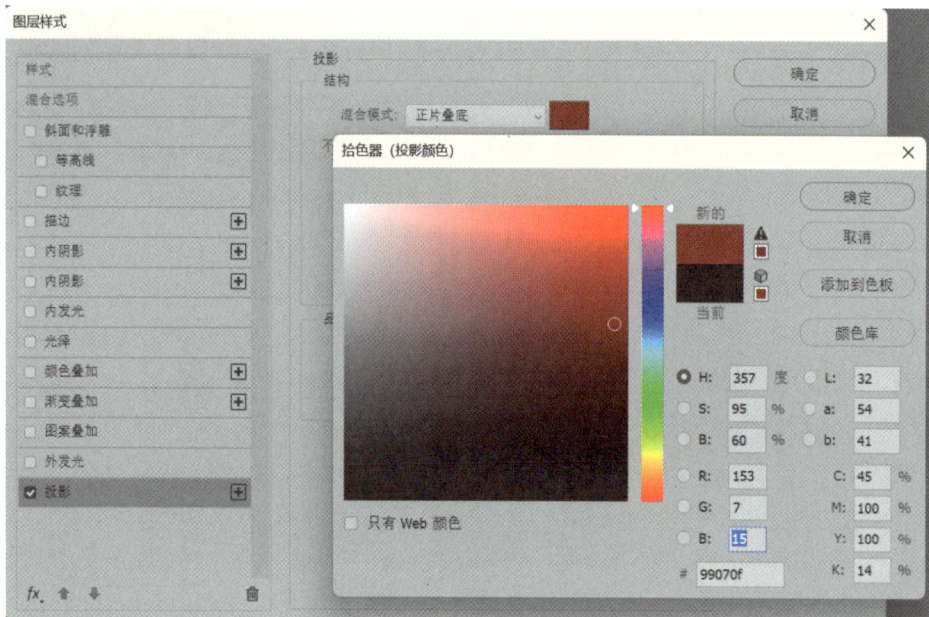

图 3-2-61　更改颜色

图 3-2-62　更改"投影"效果

（44）在图层面板中，选择"优惠券 30"组，按住"Ctrl+J"键进行拷贝，如图 3-2-63 所示。双击"优惠券 30 拷贝"，将其重命名为"优惠券 60"，如图 3-2-64 所示。

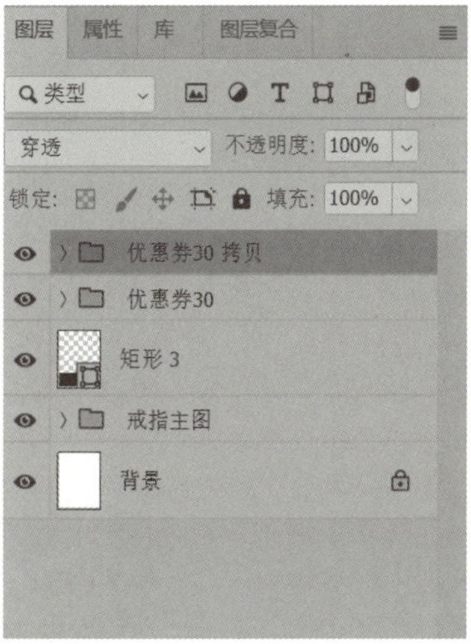

图 3-2-63　拷贝"优惠券 30"

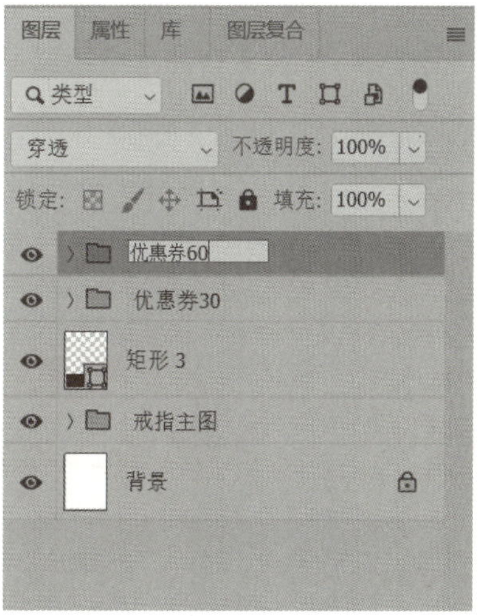

图 3-2-64　重命名"优惠券 60"

（45）新建参考线，在弹出的设置框中进行设置取向（垂直）、位置（411 像素），点击"确定"，如图 3-2-65 所示。

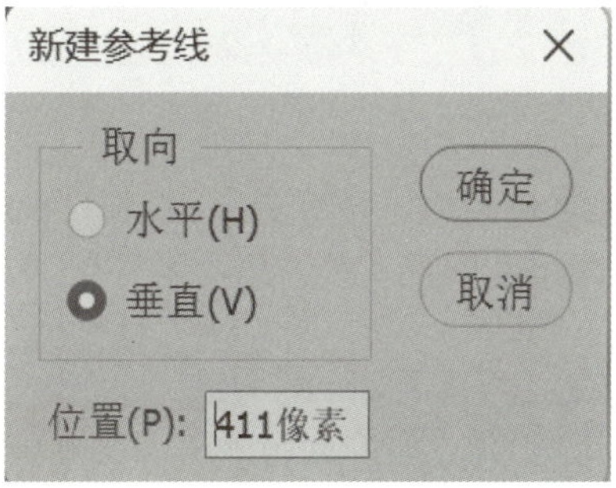

图 3-2-65　新建参考线并设置参数

（46）选择"优惠券 60"组，按住"Shift"键拖动到合适位置，如图 3-2-66 所示。点开"优惠券 60"组展开，选择文字工具，将"30"改为"60"，点击"确定"，如图 3-2-67 所示。

图 3-2-66　选择"优惠券 60"并拖动到合适位置

图 3-2-67　修改文字

（47）选择"直线工具" ，设置填充为"无"，描边为"白色"，像素大小为"1"，虚线为"第二个样式"，然后在图片中绘制一条直线，将其重命名为"虚线"，如图 3-2-68 所示。

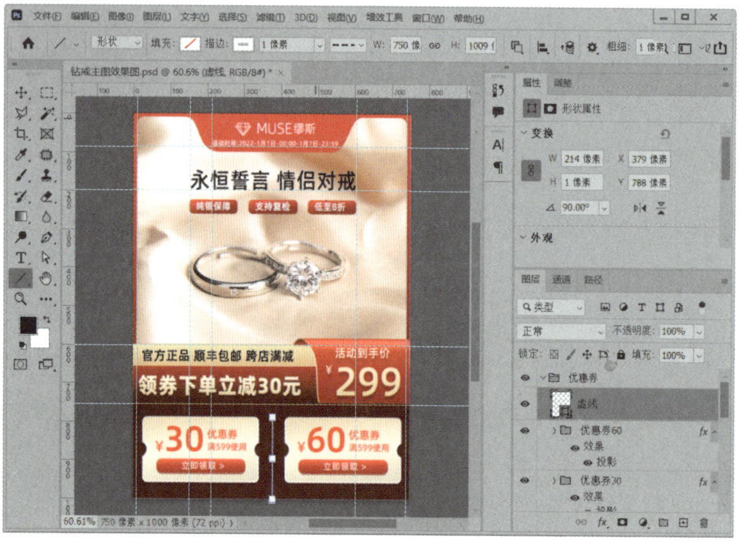

图 3-2-68　绘制一条直虚线并重命名

（48）新建组，双击组将其重命名为"优惠券"，按住"Ctrl"键，将"虚线"图层、"优惠券 30"图层、"优惠券 60"图层拖拽到"优惠券"组中，再将其收起，如图 3-2-69 所示。最终完成效果如图 3-2-70 所示。

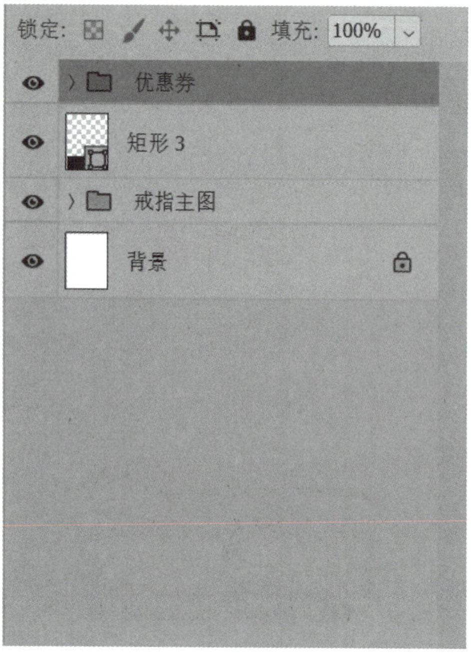

图 3-2-69　新建"优惠券"组并收起

图 3-2-70　最终完成效果图

任务 3.3 数码产品类主图设计与制作

📡 任务引入

本任务要求读者首先认识"矩形工具","移动工具"和视图中的"新建参考线";然后通过数码产品类商品主图设计与制作,掌握绘制图形,移动图形位置,添加调整参考线的使用方法,学会数码产品类商品主图设计与制作的基本步骤与方法。

音响主图
设计与制作

📡 设计理念

设计过程围绕主体物音响进行创作。

色彩主要选取蓝色、红色和白色,对比强烈,与音响的价格和效果相呼应。字体选用阿里巴巴普惠体 3.0,展现了音响的特点。将音响产品放置在画面的中心位置,使其成为视觉焦点,突出音响主体地位,主图的整体设计效果突出,契合主题。最终效果如图 3-3-1 所示。

图 3-3-1 最终效果图

📡 任务知识

"矩形工具""移动工具"和"新建参考线"。

(1)选择工具栏上的"矩形工具" ▢ 命令,点击空白处,弹出"创建矩形"对话框,通过设置对话框中的各个参数调整图形大小及圆角度。"矩形工具" ▢ 属性栏如图 3-3-2 所示。

(2)选择工具栏上的"移动工具" ✛ 命令,点击要移动的图片、图形或文字并拖到合适位置。"移动工具" ✛ 属性栏如图 3-3-3 所示。

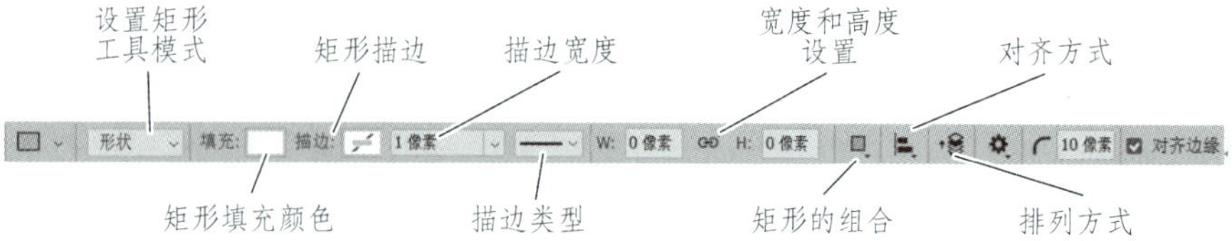
设置矩形
工具模式
矩形描边
描边宽度
宽度和高度
设置
对齐方式
矩形填充颜色
描边类型
矩形的组合
排列方式

图 3-3-2 “矩形工具”属性栏

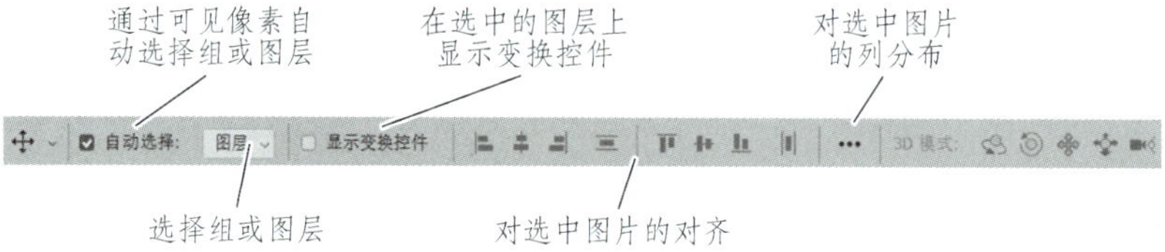
通过可见像素自
动选择组或图层
在选中的图层上
显示变换控件
对选中图片
的列分布
选择组或图层
对选中图片的对齐

图 3-3-3 “移动工具”属性栏

（3）选择“视图→新建参考线”命令，弹出“新建参考线”对话框，可通过设置对话框中的各个参数调整参考线取向和位置，如图 3-3-4 所示。

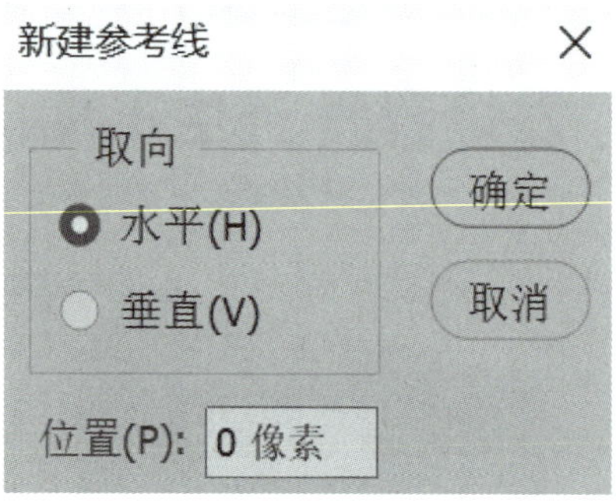
新建参考线
取向
水平(H)
垂直(V)
确定
取消
位置(P):
0 像素

图 3-3-4 “新建参考线”对话框

任务实施

【效果文件所在位置】资源总包\Ch03\任务 3.3 数码产品主图设计\工程文件

（1）新建文档，设置标题为“音响主图”，宽度为“750 像素”，高度为“1000 像素”，分辨率为“150 像素”，点击“创建”，如图 3-3-5 所示。

（2）选择“矩形工具”，将填充颜色改为蓝色（RGB 为 0，78，255），描边为“无”，如图 3-3-6 所示。

（3）在空白处单击，在弹出的“创建矩形”对话框中，设置宽度为“750 像素”，高度为“1000 像素”，半径为“0 像素”，如图 3-3-7 所示。

（4）选择“移动工具”，调整到匹配画布大小，如图 3-3-8 所示。选择“矩形”图层，改名为“蓝色背景”，如图 3-3-9 所示。

图 3-3-5　新建"音响主图"文档

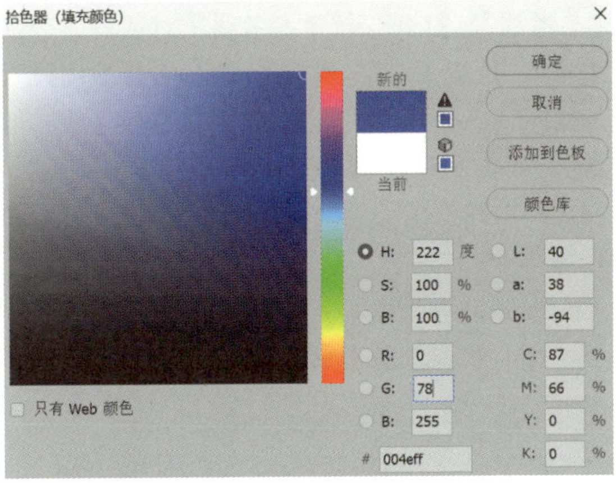

图 3-3-6　修改矩形颜色

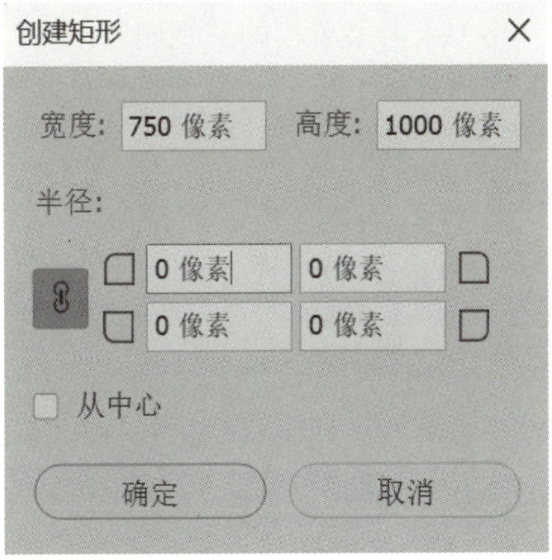

图 3-3-7　设置矩形参数

图 3-3-8　调整矩形到匹配画布大小

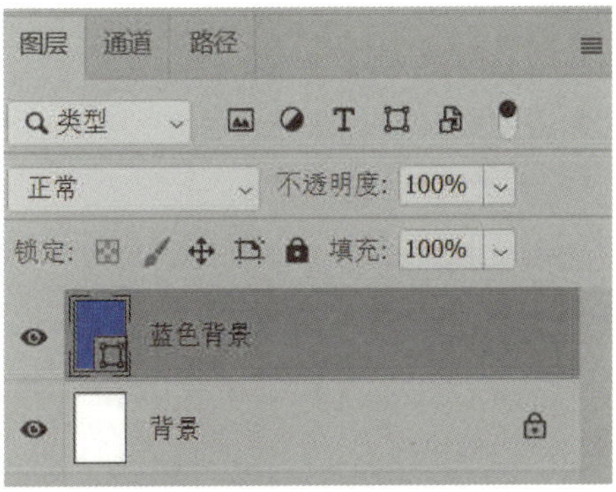

图 3-3-9　改名为"蓝色背景"

（5）按"Ctrl+O"，打开"资源总包→Ch03→任务 3.3 数码产品主图设计→素材→白光.png"素材，如图 3-3-10 所示。点击"移动工具"🔛移动"白光"到音响主图，调整到合适的位置，如图 3-3-11 所示。选择"图层 1"，重命名为"白光"，设置图层"混合模式"为"叠加"，如图 3-3-12 所示。

图 3-3-10　打开"白光"　　图 3-3-11　移动"白光"到
音响主图并调整位置　　　　　图 3-3-12　重命名图层

（6）点击菜单栏的"视图"，选择"新建参考线"，打开"新建参考线"对话框，分别设置上下两条参考线，上参考线取向设置为"水平"，位置为"25 像素"，下参考线取向设置为"水平"，位置为"938 像素"，点击"确定"，如图 3-3-13 所示。再次设置左右参考线，取向为"垂直"，位置分别为"12 像素""738 像素"，如图 3-3-14 所示。

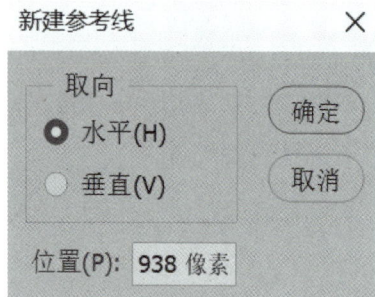

图 3-3-13　设置上下参考线

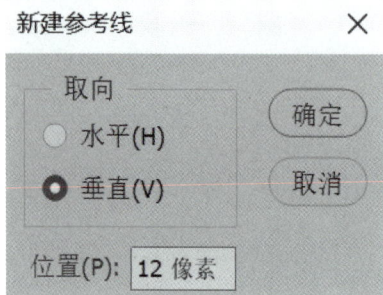

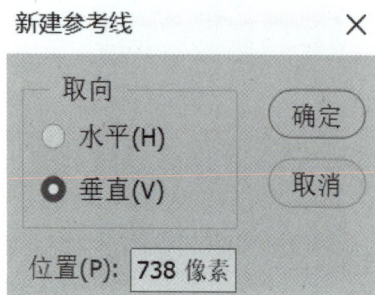

图 3-3-14　设置左右参考线

（7）绘制圆角矩形，选择"矩形工具" ，设置填充为"白色"，描边"无"。点击空白处，弹出"创建矩形"对话框，设置宽度为"726 像素"，高度为"913 像素"，半径为"35 像素"，设置完成，点击"确定"，如图 3-3-15 所示。选择"移动工具" ，移动到参考线框里合适位置，如图 3-3-16 所示。双击"矩形 1"图层名称，更名为"白色圆角"。

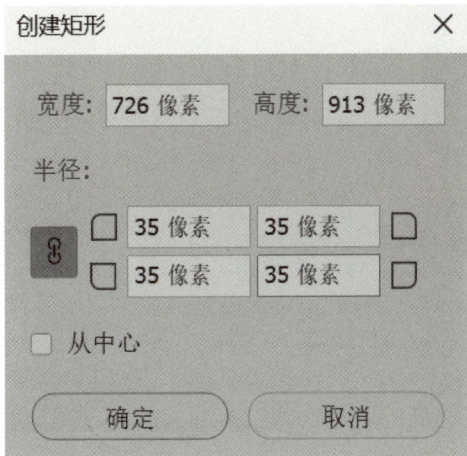

图 3-3-15　创建矩形并设置参数

图 3-3-16　移动矩形到参考线框里

（8）点击"视图"，选择"新建参考线"，在弹出的对话框中，设置取向为"水平"，位置为"889 像素"，点击"确定"按钮，如图 3-3-17 所示。设置效果如图 3-3-18 所示。

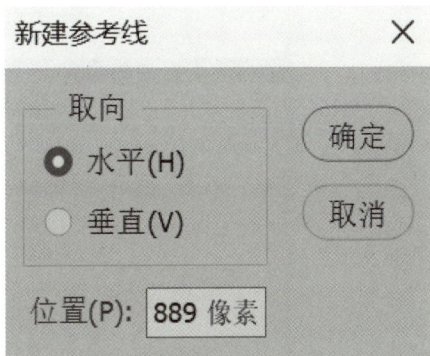

图 3-3-17　新建参考线

图 3-3-18　参考线设置效果

（9）选择"矩形工具" ，设置颜色为灰色（RGB 为 234，234，234），描边为"无"，如图 3-3-19 所示。点击画布，在弹出的对话框中，设置宽度为"760 像素"，高度为"172 像素"，半径为"0 像素"，点击"确定"，选择"移动工具" ，移动到合适位置，如图 3-3-20 所示。双击"矩形 1"图层，更名为"灰色"。选择"灰色"图层，右键单击，选择"创建剪切蒙版"，如图 3-3-21 所示。

图 3-3-19　创建矩形并设置颜色

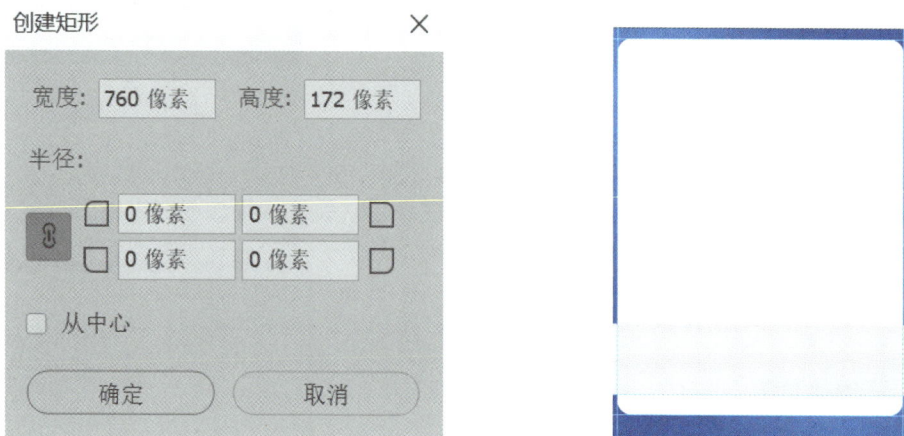

图 3-3-20　设置矩形参数并移动到合适位置

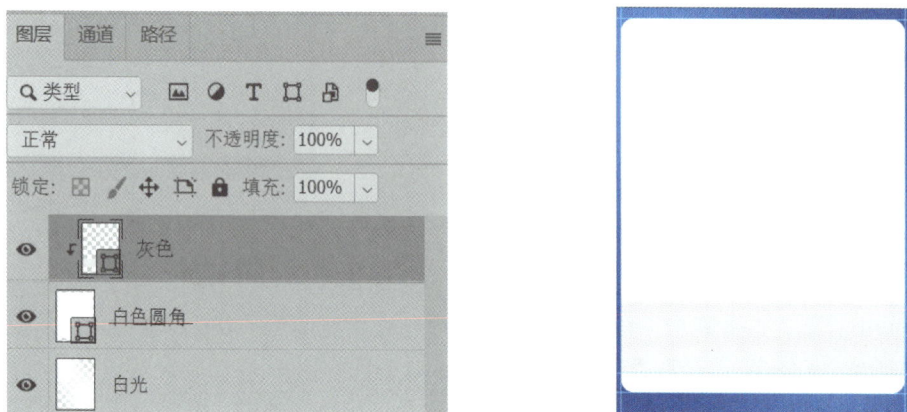

图 3-3-21　更名"矩形 1"图层并选择"创建剪切蒙版"

（10）选择"矩形工具" ，选择填充颜色为"黑色"，点击画板，在弹出的对话框中，设置宽度为"653 像素"，高度为"76 像素"，半径为"0 像素"，点击"确定"，如图 3-3-22 所示。选择"移动工具" ，将其移动到合适位置，如图 3-3-23 所示。

图 3-3-22　创建矩形并设置参数　　　　图 3-3-23　移动矩形到合适位置

（11）双击"矩形 1"图层名称，更名为"粉色矩形"。双击图层，弹出"图层样式"对话框，勾选"渐变叠加"样式，混合模式选择"正常"，点击"渐变"，打开"渐变编辑器"，双击第 1 个色标，位置为"0%"，设置颜色为玫红色（RGB 为 255，0，108），如图 3-3-24 所示。双击第 2 个色标，位置为"100%"，设置颜色为紫红色（RGB 为 255，0，252），点击"确定"，如图 3-3-25 所示。设置样式为"线性"，角度为"180 度"，如图 3-3-26 所示。

（12）勾选"投影"样式，混合模式选择"正片叠底"，颜色为深蓝色（RGB 为 0，76，114）（见图 3-3-27），不透明度为"35%"，角度为"108 度"，距离为"3 像素"，扩展为"13%"，大小为"3 像素"，点击"确定"，如图 3-3-28 所示。

图 3-3-24　设置第 1 个色标为玫红色　　　　图 3-3-25　设置第 2 个色标为紫红色

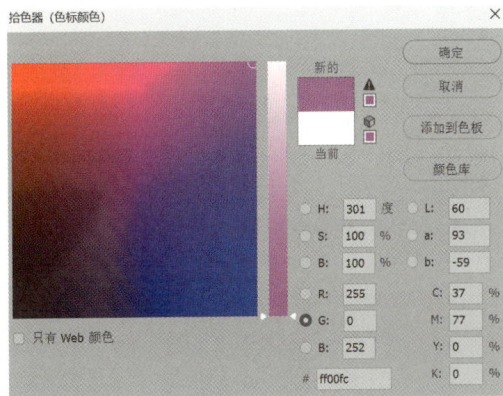

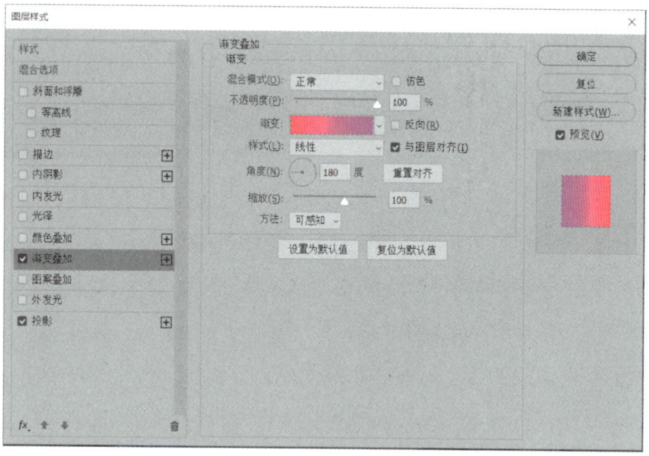

图 3-3-26　设置"渐变叠加"其他参数

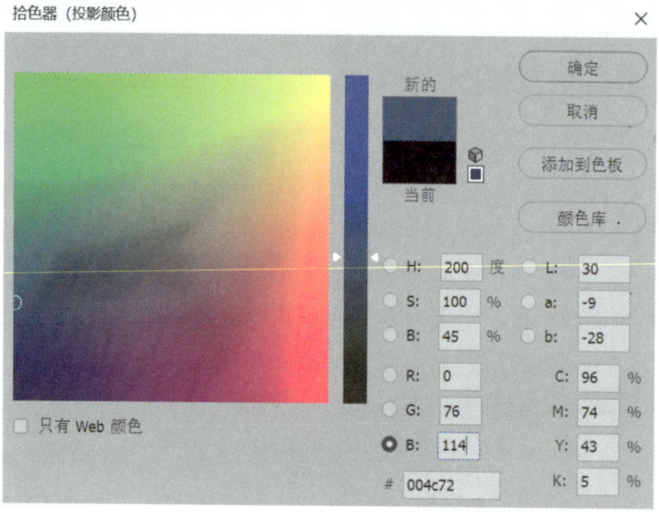

图 3-3-27　设置"投影"样式颜色

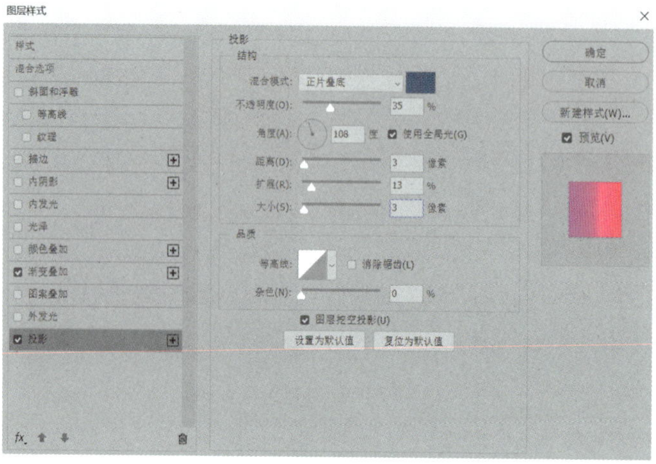

图 3-3-28　设置"投影"样式

（13）点击菜单栏的"视图"，选择"新建参考线"，打开"新建参考线"对话框，设置取向为"水平"，位置为"856 像素"，点击"确定"，如图 3-3-29 所示。再次点击菜单栏的"视图"，选择"新建参考线"，打开"新建参考线"对话框，设置取向为"垂直"，位置为"631 像素"，点击"确定"，如图 3-3-30 所示。

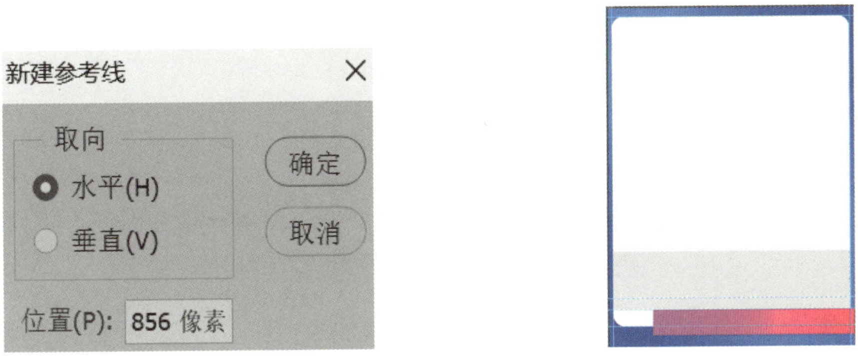

图 3-3-29　新建水平参考线

图 3-3-30　新建垂直参考线

（14）按"Ctrl+O"组合键，打开"资源总包→Ch03→任务 3.3 数码产品主图设计→素材→音响.png"素材，如图 3-3-31 所示。选择"移动工具" ⊕ ，拖动音响到"音响主图"，并调整到合适位置，如图 3-3-32 所示。点击"创建新的填充或调整图层"按钮 ◑ ，选择"亮度/对比度"，设置亮度为"29"，对比度为"12"，如图 3-3-33 所示。右键单击图层，选择"创建剪切蒙版"。

图 3-3-31　打开"音响"素材

图 3-3-32　拖动"音响"到主图

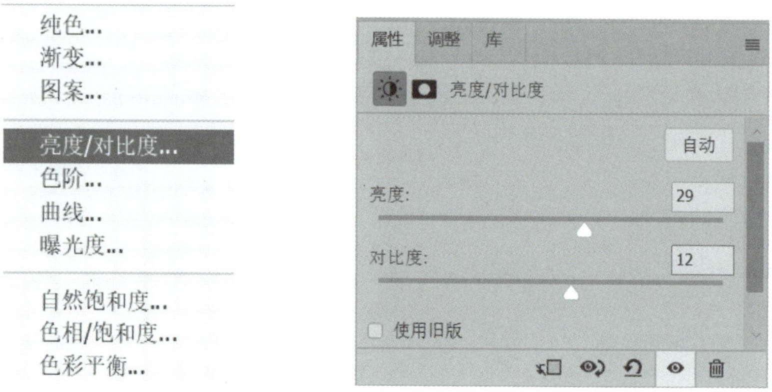

图 3-3-33　设置"亮度/对比度"

（15）按"Ctrl+O"组合键，打开"资源总包→Ch03→任务 3.3 数码产品主图设计→素材→粉色斜角.png 和蓝色斜角.png"素材，如图 3-3-34 所示。选择"移动工具" ，将"蓝色斜角"和"粉色斜角"分别移动到"音响主图"，并调整到合适位置，如图 3-3-35 所示。将"蓝色斜角"图层放于"粉色斜角"图层上方，将"图层 2"改名为"蓝色斜角"，"图层 3"改名为"粉色斜角"。

图 3-3-34　打开"粉色斜角"和"蓝色斜角"

图 3-3-35　将"粉色斜角"和"蓝色斜角"分别移到主图

（16）点击"视图"，选择"新建参考线"，在弹出的对话框中，设置取向为"水平"，位置为"826 像素"，点击"确定"按钮，如图 3-3-36 所示。再次点击"视图"，选择"新建参考线"，打开"新建参考线"对话框，设置取向为"垂直"，位置为"197 像素"，点击"确定"按钮，如图 3-3-37 所示。

图 3-3-36　新建水平参考线

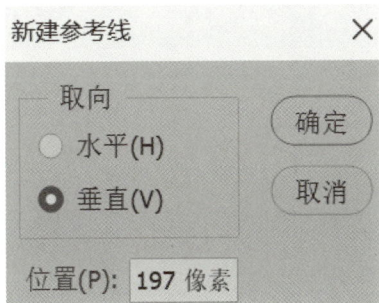

图 3-3-37　新建垂直参考线

（17）选择"椭圆工具" ⬭，设置填充为"黑色"，描边"无"。点击空白处，在弹出的对话框中，设置宽度为"233 像素"，高度为"233 像素"，点击"确定"，如图 3-3-38 所示。选择"移动工具" ✛，将图形移动到合适位置，如图 3-3-39 所示。

图 3-3-38　创建椭圆并设置参数

图 3-3-39　将椭圆移到合适位置

（18）双击"椭圆 1"图层，在"图层样式"对话框中勾选"渐变叠加"，点击"渐变"，打开"渐变编辑器"，双击第 1 个色标，位置为"0%"，设置颜色为湛蓝色（RGB 为 0，105，255），如图 3-3-40 所示。双击第 2 个色标，位置为"100%"，设置颜色为蓝色（RGB 为 0，

192，255），点击"确定"，如图 3-3-41 所示。设置样式为"线性"，角度为"56 度"，如图 3-3-42 所示。勾选"投影"样式，混合模式选择"正片叠底"，颜色为深蓝色（RGB 为 0，76，114）（见图 3-3-43），不透明度为"35%"，角度为"108 度"，距离为"3 像素"，扩展为"13%"，大小为"3 像素"，点击"确定"，如图 3-3-44 所示。

图 3-3-40　设置第 1 个色标为湛蓝色

图 3-3-41　设置第 2 个色标为蓝色

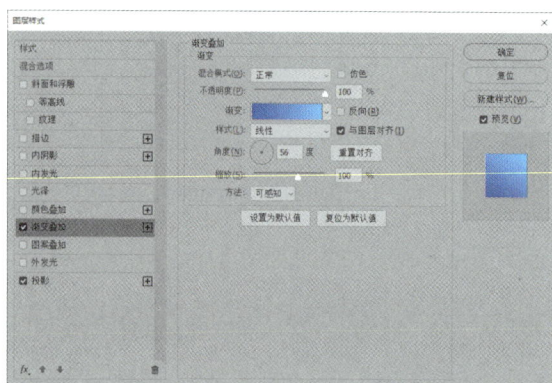

图 3-3-42　设置"渐变叠加"其他参数

图 3-3-43　设置"投影"样式颜色

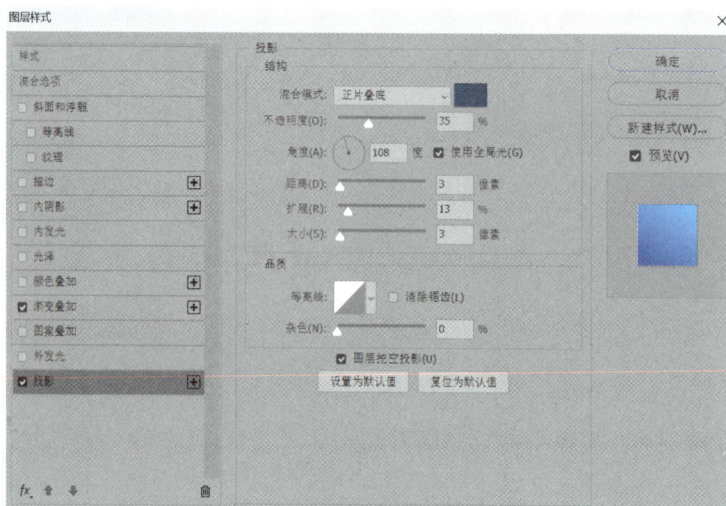

图 3-3-44　设置"样式"其他参数

（19）按"Ctrl+O"组合键，打开"资源总包→Ch03→任务 3.3 数码产品主图设计→素材→下单即送精美礼品一份.png"素材，选择"移动工具" ，将素材移动到"音响主图"，并调整到合适位置，如图 3-3-45 所示。

（20）按"Ctrl+O"组合键，打开"资源总包→Ch03→任务 3.3 数码产品主图设计→素材→活动价 3999.png"素材。选择"移动工具" ，将素材移动到"音响主图"合适位置，如图 3-3-46 所示。双击"图层 3"，改名为"活动价"。

图 3-3-45　将"下单即送精美礼品一份"移到主图　　图 3-3-46　将"活动价 3999"移到主图

（21）点击"视图"，选择"新建参考线"，分别设置两条参考线，取向为"水平"，位置分别为"204 像素""257 像素"，如图 3-3-47 所示。设置效果如图 3-3-48 所示。再次点击"视图"，设置参考线取向为"垂直"，位置为"86 像素"，如图 3-3-49 所示。设置效果如图 3-3-50 所示。

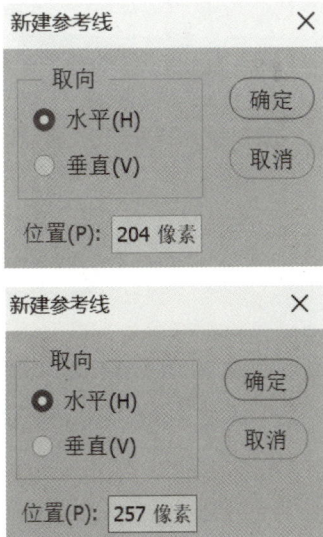

图 3-3-47　设置两条水平参考线参数　　　　图 3-3-48　设置效果图

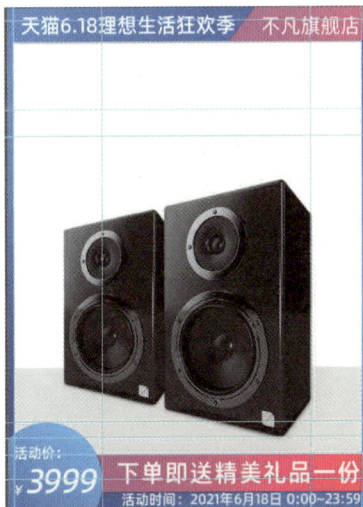

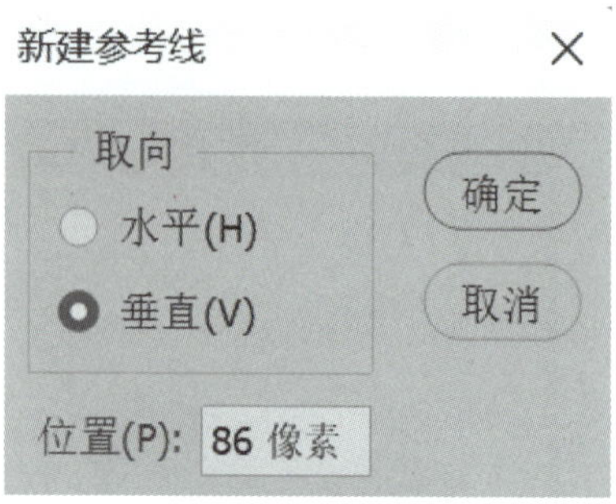

图 3-3-49　设置一条垂直参考线参数

图 3-3-50　设置效果图

（22）按"Ctrl+O"组合键，打开"资源总包→Ch03→任务 3.3 数码产品主图设计→素材→文字素材.png"。选择"移动工具" ＋，将文字素材移动到"音响主图"合适位置，如图 3-3-51 所示。双击"图层 3"，改名为"文字素材"。

（23）选择"横排文字工具" T，设置字体为"阿里巴巴普惠体"，字体样式为"105 heavy"，字体大小为"36 点"。在空白处单击，输入文字"发烧音质　天生不凡"。选择"移动工具" ＋，将文字移动到合适位置，如图 3-3-52 所示。

图 3-3-51　将"文字素材"移到主图

图 3-3-52　输入文字"发烧音质　天生不凡"

（24）双击文字图层，在"图层样式"对话框中勾选"渐变叠加"，模式为"正常"，点击"渐变"，打开"渐变编辑器"。双击第 1 个色标，位置为"0%"，设置颜色为蓝黑色（RGB 为 0，32，77），如图 3-3-53 所示，双击第 2 个色标，位置为"47%"，设置颜色为深蓝色（RGB 为 0，60，134），如图 3-3-54 所示；双击第 3 个色标，位置为"100%"，设置颜色为蓝黑色（RGB

为 0，32，77），点击"确定"，图 3-3-55 所示；设置样式为"线性"，角度为"0 度"，其余数值默认，如图 3-3-56 所示。

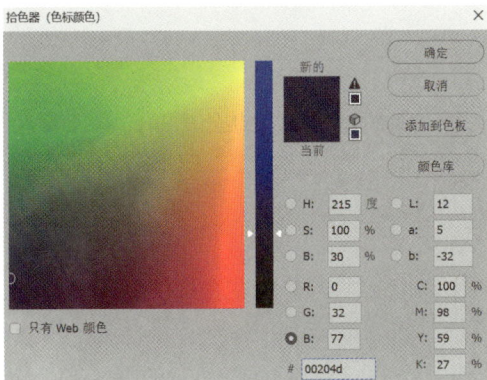

图 3-3-53　设置第 1 个色标颜色

图 3-3-54　设置第 2 个色标颜色

图 3-3-55　设置第 3 个色标颜色

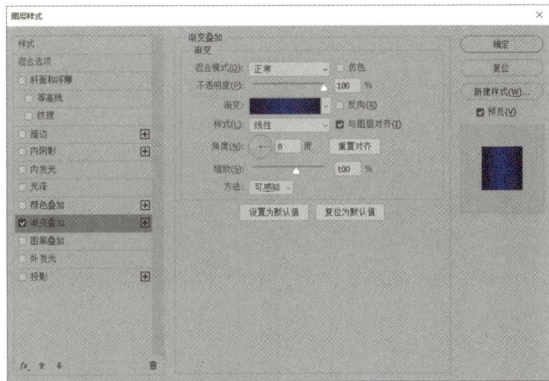

图 3-3-56　设置"渐变叠加"其余参数

（25）点击"创建新组" ▢，双击更改组名为"广告语"，按住"Ctrl"键，选择"发烧音质 天生不凡"文字层和"文字素材"图层，将其拖入"广告语"文件组，如图 3-3-57 所示。

（26）完成效果如图 3-3-58 所示。

图 3-3-57　创建"广告语"组

图 3-3-58　最终效果图

任务 3.4 项目实战——办公用品类主图设计与制作

📡任务引入

本任务要求读者通过设计与制作办公用品类主图，掌握淘宝平台办公商品的设计要点与制作方法。

📡设计理念

在设计过程中，围绕主体物打印机碳粉进行创作。商品主图采用左右构图，画面规整，文字与碳粉图片和谐统一；背景为虚化的办公室场景，强调碳粉使用场景特色；文字背景色选用黑、蓝、白，使宣传内容更加醒目，最终效果如图 3-4-1 所示。

【素材文件所在位置】资源总包\Ch03\任务 3.4 项目实战——办公用品类主图设计\素材

【效果文件所在位置】资源总包\Ch03\任务 3.4 项目实战——办公用品类主图设计\工程文件

图 3-4-1 打印机碳粉主图设计

项目 4

推广图设计与制作

在当今的电子商务时代，网店美工设计与制作中的推广图设计与制作显得尤为重要。这是因为推广图不仅是吸引消费者的第一媒介，更是提升产品形象、增加销量的关键因素。本项目将围绕智钻图与直通车图设计与制作，运用实战项目让读者迅速掌握智钻图与直通车图的设计要求与制作方法，为网店美工设计打下基础。

本项目的思维导图如图 4-0-1 所示。

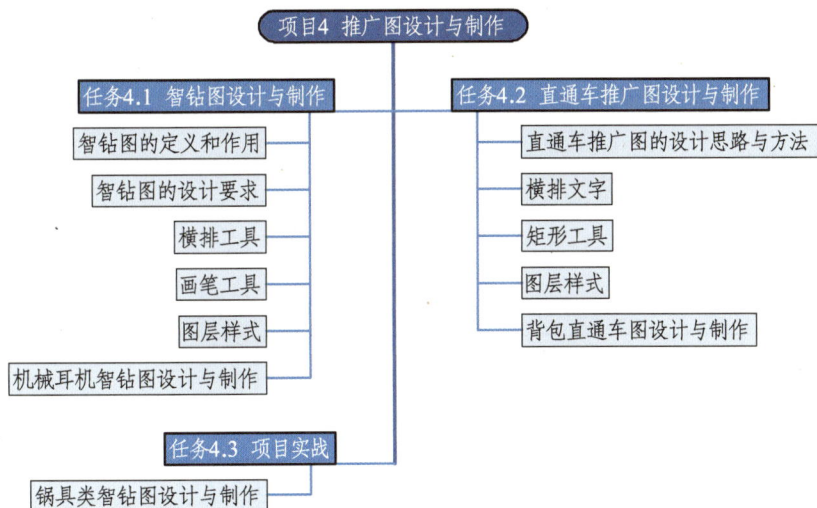

图 4-0-1　项目 4 思维导图

学习引导

知识目标

掌握智钻图的设计与制作基础知识。
掌握直通车图的设计与制作基础知识。

素养目标

培养对网店智钻图与直通车图的审美能力。
培养对网店智钻图与直通车图的创作设计能力。

🧭 能力目标

理解色彩基本概念，掌握色彩搭配原则。

根据设计要求，选择相关联的图片素材，突出主题，保证清晰度，注重质感。

掌握网店智钻图与直通车图的设计要求。

掌握网店智钻图的制作方法。

掌握网店直通车图的制作方法。

🧭 思政目标

弘扬社会主义核心价值观。

坚定文化自信。

倡导绿色消费理念。

激发创新精神。

🧭 实训任务

电子产品类智钻图设计与制作。

箱包类直通车图设计与制作。

锅具类智钻图设计与制作。

🧭 考核评价

如表 4-0-1 所示，项目 4 推广图设计与制作考核评价表根据学生自评、组内互评和教师评价来计算总分，全面反映学生教材知识点掌握程度、课堂参与度、作业完成情况以及实操表现。

表 4-0-1　考核评价表

考核维度	评价指标	分值	学生自评	组内互评	教师评价
知识点掌握（30 分）	智钻图设计与制作方法	15			
	直通车推广图设计与制作方法	15			
课堂参与（20 分）	出勤情况	5			
	课堂互动（提问、回答、小组讨论）	10			
	学习态度（专注度、积极性）	5			
作业完成（20 分）	作业完成度（是否按时完成、完成任务量）	10			
	作业质量（是否达到任务要求、是否存在错误）	10			
实操表现（30 分）	实操熟练度（操作是否流畅、是否需要多次修正）	10			
	实操效果（是否达到预期效果、是否具有创新性）	10			
	实操规范性（是否遵循操作流程、是否符合行业规范）	10			
总计					

任务 4.1　智钻图设计与制作

智钻图是网店营销中的一种智能化广告投放形式，主要用于提升产品或店铺的曝光率和点击率。智钻图为卖家提供了丰富的数据，让卖家可以了解店铺的情况，制定好的销售策略和营销方案。

4.1.1　智钻图的定义和作用

智钻图即钻石展位图，是网店运营者强有力的一种营销方式，展示位需要商家付费购买，以此达到商品、活动或品牌的推广，吸引消费者点击购买。智钻图一般显示在电商平台首页显著的位置，如图 4-1-1 所示。

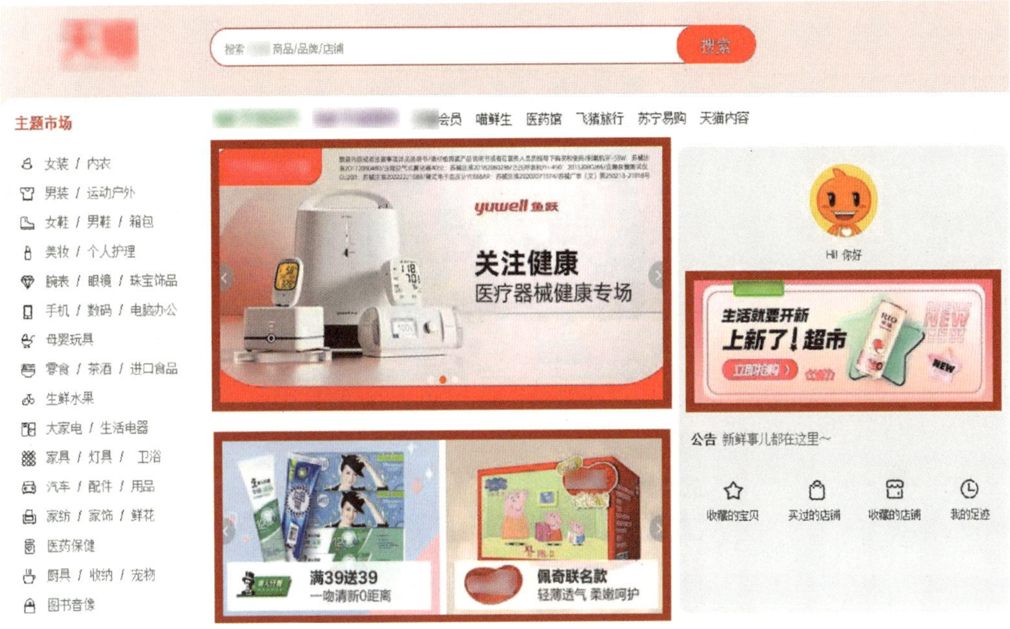

图 4-1-1　某平台首页智钻图展示

4.1.2　智钻图的设计要求

智钻图的设计要求主要包括主图突出、目标明确、形式美观、排版合理和文案配图等，每一个细节都需要精心考虑，确保广告效果最大化，吸引消费者实施购买行为。

（1）主图突出：智钻的主图可以是产品图片，也可以是创意方案或卖家诉求的呈现。

（2）目标明确：设计师在选择排版、配色、字体和标签时，应确保这些元素符合营销目标。

（3）形式美观：智钻图需要具备美感，才能赢得用户好感并提升点击率。

（4）排版合理：智钻图的排版应具有结构和层次感。

（5）文案配图：文案应简洁明了，传递产品信息和促销内容。

智钻图的常见尺寸有 520×280 像素（见图 4-1-2），160×200 像素（见图 4-1-3），375×130 像素（见图 4-1-4）。

图 4-1-2　某品牌智钻图（520×280 像素）

图 4-1-3　某品牌智钻图（160×200 像素）

图 4-1-4　某品牌智钻图（375×130 像素）

4.1.3　电子产品类智钻图——机械耳机智钻图设计与制作

🛈 任务引入

　　本任务要求读者首先认识"横排文字"工具、"画笔"工具，然后通过设计机械耳机的智钻图，掌握网店智钻图的设计要点与制作方法。

机械耳机智钻图
设计与制作

🛈 任务理念

　　设计与制作过程围绕主体物机械耳机进行创作。智钻图的背景为红色与灰色，凸显科技感；以机械耳机作为设计主体，制作点缀效果；采用左右构图，吸引消费者的目光。整体设计在于凸显科技感，切合主题。最终效果如图 4-1-5 所示。

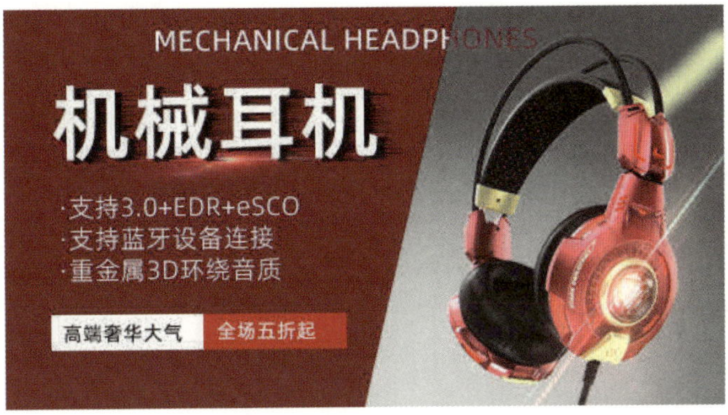

图 4-1-5 机械耳机智钻图

📡 **任务知识**

"横排文字"工具和"画笔"工具的属性栏如图 4-1-6 所示。

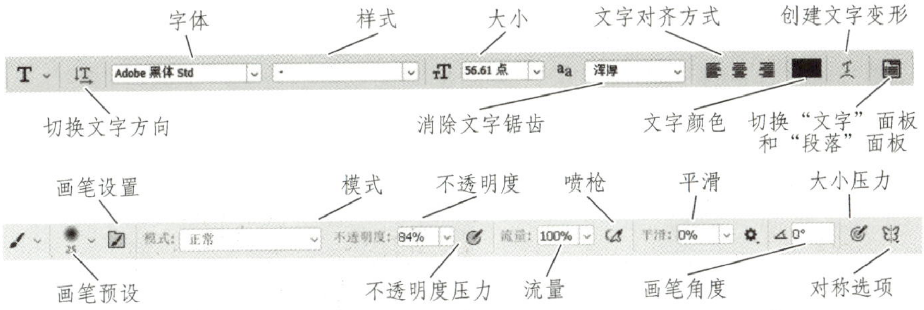

图 4-1-6 "横排文字"工具和"画笔"工具属性栏

📡 **任务实施**

【效果文件所在位置】资源总包\Ch04\任务 4.1.3 电子产品类智钻图\工程文件

（1）按住"Ctrl+N"组合键，弹出"新建文档"对话框，设置名称为"机械耳机智钻图"，设置宽度为"520 像素"，高度为"280 像素"，分辨率为"72 像素/英寸"，颜色模式为"RGB"，背景颜色为"白色"，单击"创建"按钮，新建一个文档，如图 4-1-7 所示。

图 4-1-7 设置"新建文档"对话框

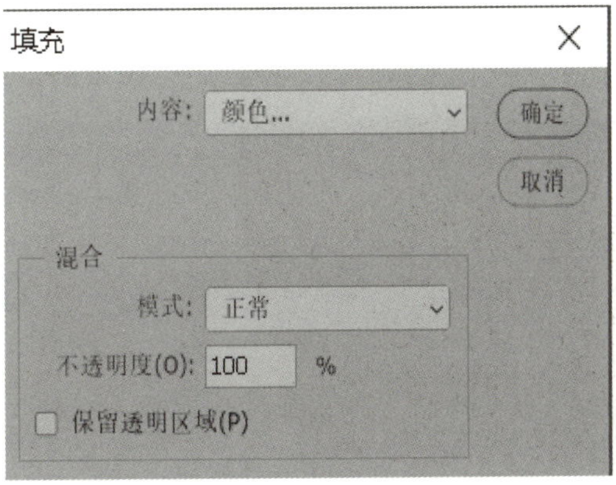

图 4-1-8 "填充"对话框

（2）选择"编辑→填充"命令，弹出"填充"对话框，如图 4-1-8 所示。设置填充内容为颜色，设置填充颜色 RGB 值为"109，109，109"，如图 4-1-9 所示。

图 4-1-9　设置填充颜色

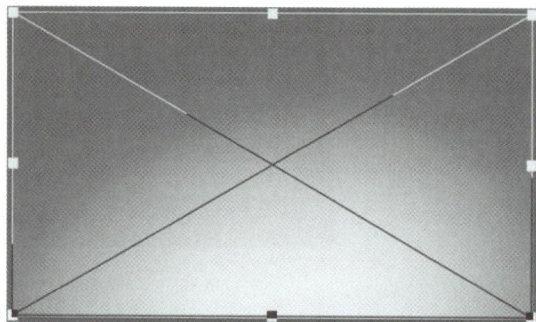

图 4-1-10　将"背景图"素材拖拽至文件

（3）打开"资源总包\Ch04\任务 4.1.3 电子产品类智钻图"文件夹，将"背景图"素材拖拽至文件中，如图 4-1-10 所示。

（4）选择钢笔工具 ，设置填充颜色 RGB 值为"138，0，33"，如图 4-1-11 所示。描边选择"无" ，绘制图形，如图 4-1-12 所示，重命名图层为"红色背景"。

图 4-1-11　设置填充颜色

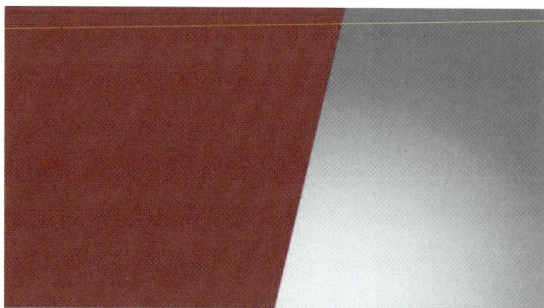

图 4-1-12　绘制图形

（5）将"机械耳机"素材拖拽至文件中，调整图片至合适位置，如图 4-1-13 所示。将"滤色素材 1"拖拽至文件中，调整图片位置与尺寸，如图 4-1-14 所示。选择"滤色素材 1"图层，将图层类型设置为滤色，如图 4-1-15 所示。

图 4-1-13　将"机械耳机"拖拽至文件

图 4-1-14　将"滤色素材 1"拖拽至文件

图 4-1-15　设置图层类型为"滤色"

（6）选择"画笔"工具 ，选择"柔边圆"笔刷（见图 4-1-16），用吸管工具 吸取耳机上的黄色亮部（见图 4-1-17），在耳机图层下新建图层（见图 4-1-18），绘制光束，如图 4-1-19 所示。

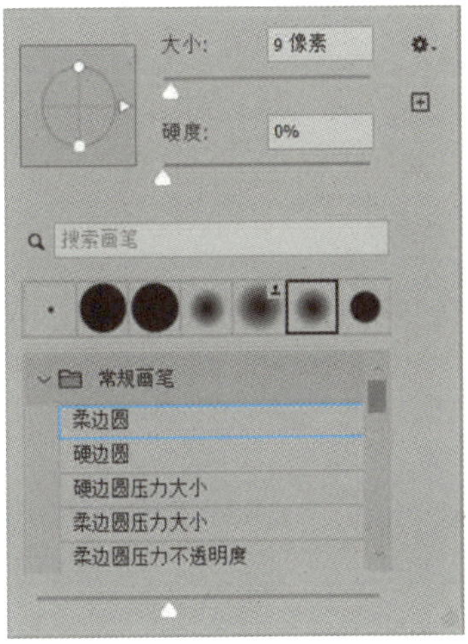

图 4-1-16　选择"柔边圆"笔刷

图 4-1-17　吸取黄色亮部

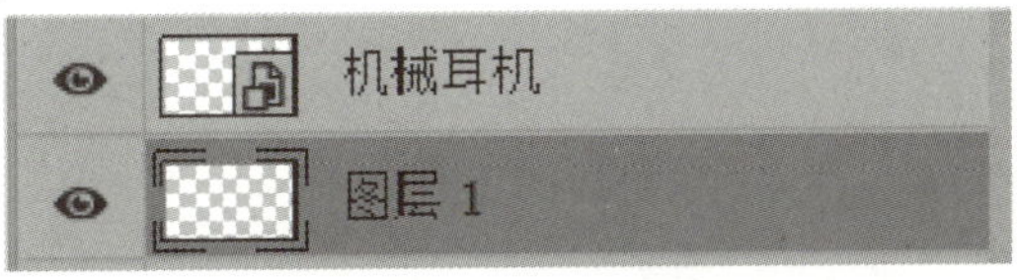

图 4-1-18　新建图层

图 4-1-19　绘制光束

（7）选择"横排文字"工具 ，设置字体为 阿里巴巴普惠体 3.0，字体粗细为"75" 75 SemiBold，大小为"58 点" 58 点，颜色为"白色" ，输入文字"机械耳机"，调整文字至合适位置，如图 4-1-20 所示。复制文字图层，并拖拽至"机

械耳机"文字图层下一层（见图 4-1-21），选中拷贝图层，点击"栅格化文字"，如图 4-1-22
所示。选择"滤镜→风格化→风"命令（见图 4-1-23），在弹出对话框中设置滤镜参数，如图
4-1-24 所示。

图 4-1-20　输入文字"机械耳机"

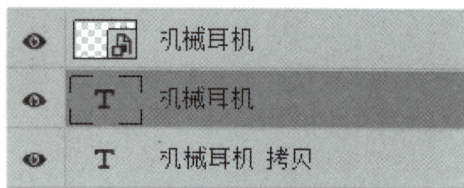

图 4-1-21　复制文字图层

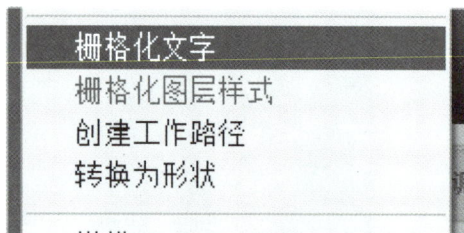

图 4-1-22　点击"栅格化文字"

图 4-1-23　点击"风"命令

图 4-1-24　设置"风"对话框

（8）单击"图层"面板下方的"添加图层样式"按钮 **fx.**，在弹出的菜单中选择"颜色叠加"命令（见图 4-1-25），弹出"图层样式"对话框，设置颜色为"纯黑色"（见图 4-1-26），点击"确定"，调整至合适位置（见图 4-1-27），将图层不透明度改为 70%，如图 4-1-28 所示。

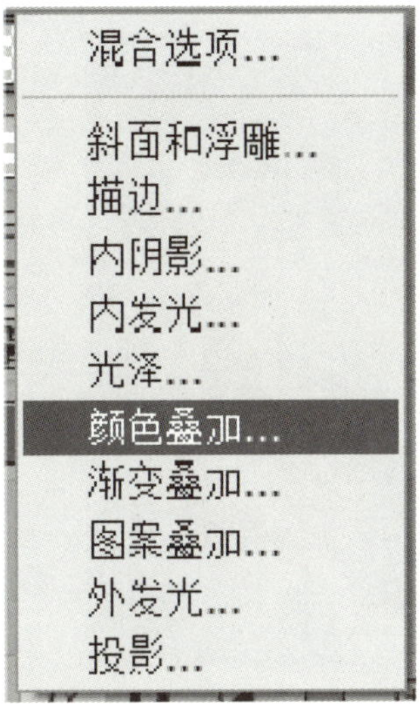

图 4-1-25　选择"颜色叠加"命令

图 4-1-26　设置颜色为纯黑色

图 4-1-27　调整至合适位置

图 4-1-28　设置不透明度为 70%

（9）将"滤色素材 2"拖拽至文件中，置于"机械耳机拷贝"图层下方，调整图片位置与尺寸（见图 4-1-29），将该图层类型设置为"滤色"，如图 4-1-30 所示。

图 4-1-29　将"滤色素材 2"拖拽至文件并调整

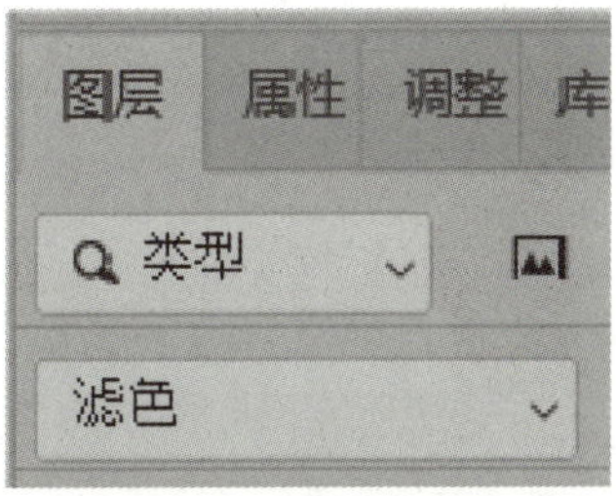

图 4-1-30　设置图层类型为"滤色"

（10）选择"横排文字"工具 **T.**，设置字体为 ↓T 阿里巴巴普惠体 3.0，粗细为

"75" 75 SemiBold ⌄ ，大小为"58 点" ᴛ̲T̲ 58 点 ⌄ ，颜色为"白色" □，输入文字，调整文字位置，如图 4-1-31 所示。打开"字符"面板 A̲⎸，调整间距为 22 点 ⎯A̲ 22 点 ⌄ 。

图 4-1-31　输入文字并调整位置

（11）选择"矩形"工具 □̲ ，设置填充色为"白色" 填充:□，描边为"无" 描边:╱̲ ，绘制矩形并调整至合适位置，如图 4-1-32 所示。在图层面板中，点击鼠标右键，选择"栅格化图层"，选择"矩形选框工具" ⸋̲ ̇ ，框选合适区域，如图 4-1-33 所示。选择"油漆桶工具" ◇̲（见图 4-1-34），设置前景色 ◲，设置填充颜色 RGB 值为"198，17，27"，填充颜色，如图 4-1-35 所示。

图 4-1-32　创建矩形框

图 4-1-33 框选合适区域

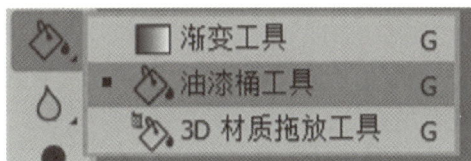

图 4-1-34 选择"油漆桶工具"

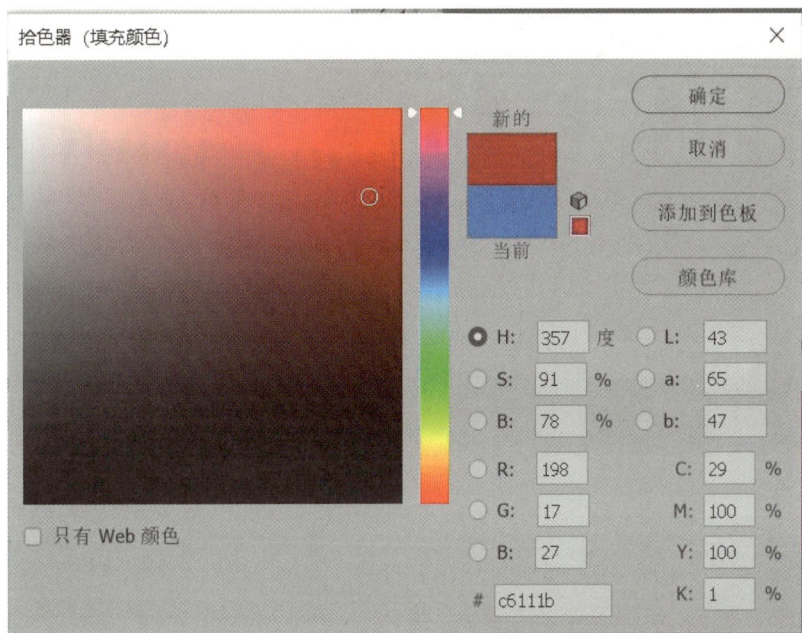

图 4-1-35 设置填充颜色

（12）选择"横排文字"工具 **T**，设置字体为 阿里巴巴普惠体 3.0，粗细为"65" 65 Medium，颜色为"黑色" ，输入文字"高端奢华大气"，如图 4-1-36 所示。复制文字图层，调整位置至红色填色部分，更改文字内容为"全场五折起"（见图 4-1-37），打开"字符"面板 **A|**，设置红色部分文字颜色为白色，如图 4-1-38 所示。

图 4-1-36 创建文字"高端奢华大气"

图 4-1-37　创建文字"全场五折起"

颜色：

图 4-1-38　设置红色部分文字颜色为白色

（13）选择"红色背景"图层，按住"Ctrl"键与鼠标左键，创建选区（见图4-1-39），按住"Ctrl+Shift+I"进行反选，如图4-1-40所示。新建图层，选择渐变工具（见图4-1-41），打开"渐变编辑器"，设置渐变色填充值，自上而下绘制渐变色图层，绘制完成后按"Ctrl+D"取消选区，如图4-1-42所示。

图 4-1-39　创建选区

图 4-1-40　进行反选

图 4-1-41　选择"渐变工具"

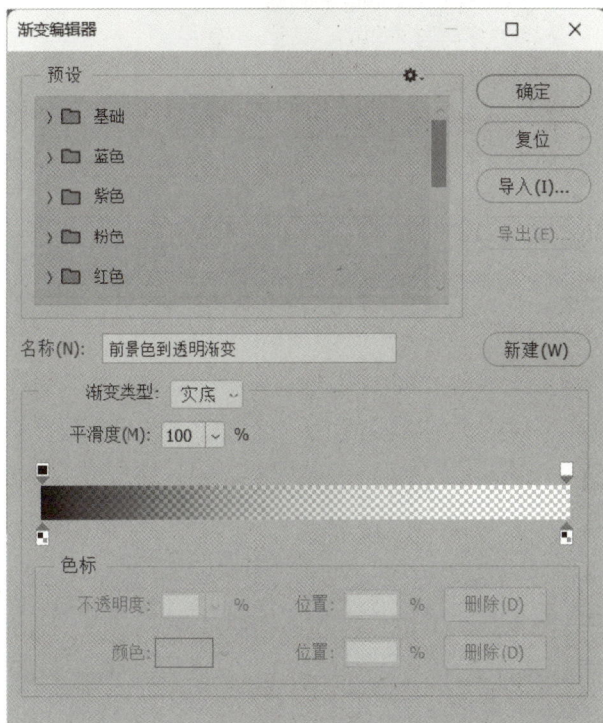

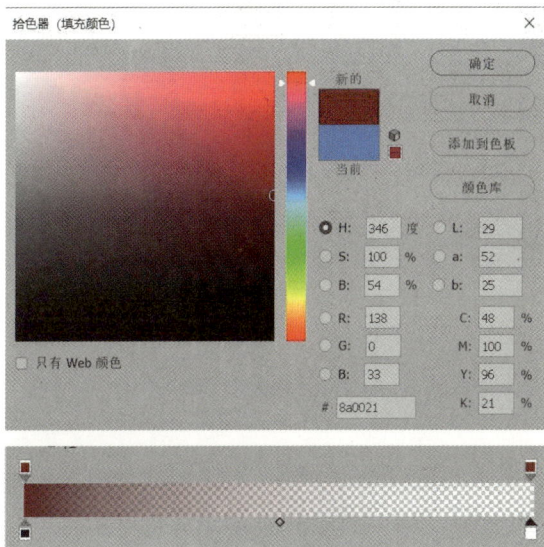

图 4-1-42　自上而下绘制渐变色图层

（14）在渐变层下方新建图层，选择"横排文字"工具 T ，设置字体 阿里巴巴普惠体 3.0 ，字体粗细为"55" 55 Regular ，字体大小为"20点" 20点 ，颜色为"白色" ，输入文字"MECHANICAL HEADPHONES"，调整至合适位置，选择渐变层，点击鼠标右键，选择"创建剪贴蒙版"，如图 4-1-43 所示。最后完成机械耳机智钻图的制作，如图 4-1-44 所示。

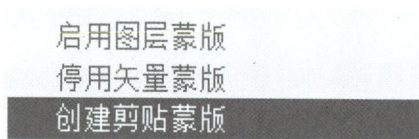

图 4-1-43　选择"创建剪贴蒙版"

图 4-1-44　机械耳机智钻图效果图

任务 4.2　直通车推广图设计与制作

直通车推广图是网店美工的重要设计内容。它是在电商平台直通车推广位上展示的图片，旨在吸引消费者点击，进而提升店铺流量与商品销量。其设计需突出产品卖点、展现优势，搭配吸睛的色彩、清晰的文案和精美的产品图，在有限的展示空间内迅速抓住消费者眼球，激发购买欲望，如图 4-2-1 所示。

（a）首页搜索直通车图　　　　　　　（b）已买到宝贝下方直通车图

图 4-2-1　某平台直通车图案例

4.2.1　直通车推广图的设计思路与方法

直通车推广图设计尺寸与主图一致，其内容会显得更直接。设计直通车图时，需要将商品的活动和价格摆在醒目的位置，以提高消费者的兴趣，引导消费者进行消费活动。在设计直通车图时，可以从以下几个方面进行思考。

（1）确定设计风格：根据产品的市场定位和目标消费群体的喜好，确定推广图的整体设计风格。

（2）明确展示产品：在设计时，确保产品是图片中的焦点。

（3）突出卖点：提取并突出显示产品的核心卖点，如特殊功能、设计亮点或价格优势等。

（4）文案简洁：撰写简洁有力的文案，直接表达产品的优势或促销信息。

（5）合理布局：布局要清晰，确保图片、文案和其他元素之间的空间分布均衡，避免过于拥挤或过于稀疏。

4.2.2　箱包类直通车推广图——背包直通车图设计与制作

🔹**任务引入**

本任务要求读者首先认识"横排文字"工具，"矩形工具"，"添加图层样式"命令，然后通过设计与制作背包直通车图，掌握网店直通车图的设计要点与制作方法。

背包直通车图
设计与制作

🔹**任务理念**

在设计与制作过程中，围绕主体物背包进行创作：直通车图背景为室内台面环境，能让消费者更直接地感受物品；以背包作为设计主体，制作吸引消费者的促销活动；整体设计简洁明了，突出卖点。最终效果如图 4-2-2 所示。

图 4-2-2　背包直通车图效果

🔵 **任务知识**

"横排文字"工具、"矩形"工具的属性栏和图层样式如图 4-2-3 所示。

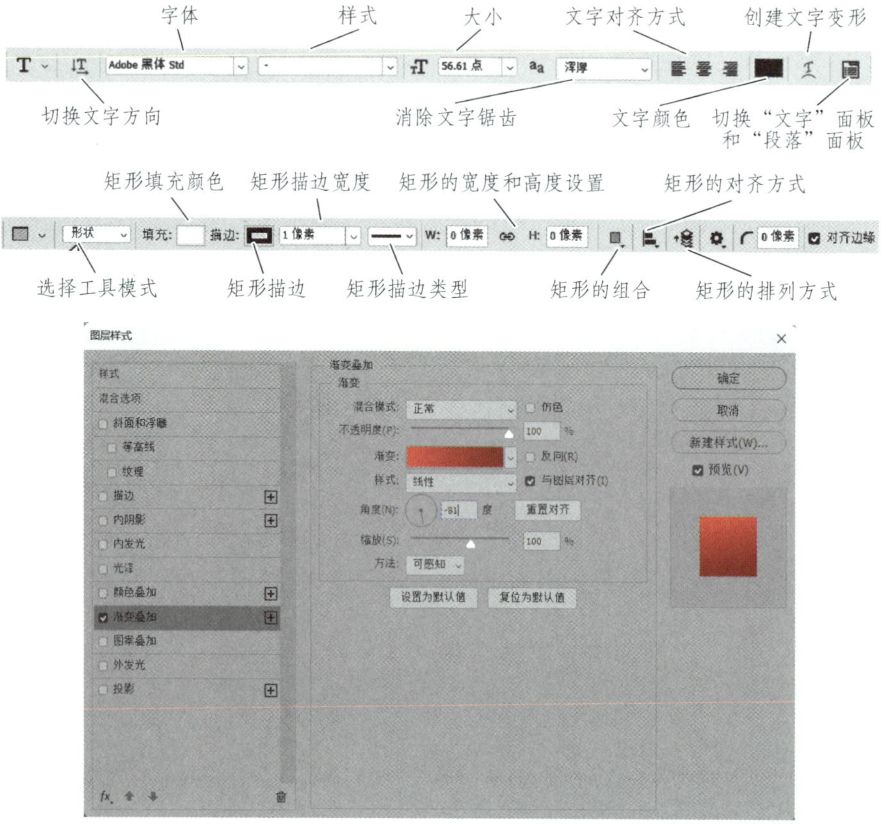

图 4-2-3　"横排文字"工具、"矩形"工具的属性栏和图层样式

任务实施

【效果文件所在位置】资源总包\Ch04\任务 4.2.2 箱包类直通车推广图\工程文件

（1）按住"Ctrl+N"组合键，弹出"新建文档"对话框，设置名称为"背包直通车图"，设置宽度为"800 像素"，高度为"800 像素"，分辨率为"72 像素/英寸"，颜色模式为"RGB"，背景颜色为"白色"，单击"创建"按钮，新建一个文档，如图 4-2-4 所示。

（2）选择"矩形工具" ⬜ ，设置填充颜色 RGB 值为"253，68，38"，描边为"无" ，绘制矩形，如图 4-2-5 所示。新建图层，设置圆角像素为"50 像素" ，再次绘制一个圆角矩形，如图 4-2-6 所示。选择"路径选择工具" ，调整圆角矩形的位置，如图 4-2-7 所示。复制路径到"矩形 1"图层，删除"矩形 2"图层，选择"矩形 1"图层，修改图层叠加模式 ，将叠加模式改为"排除重叠形状"（见图 4-2-8），将"矩形 1"图层重命名为"边框"，如图 4-2-9 所示。

图 4-2-4　设置"新建文档"对话框

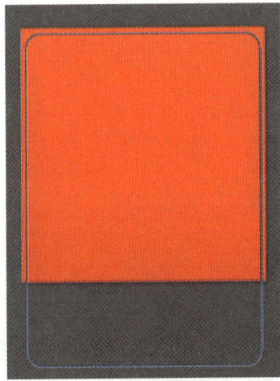

图 4-2-5　绘制矩形　　图 4-2-6　再绘制一个圆角矩形　　图 4-2-7　调整圆角矩形

□ 新建图层
▢ 合并形状
▢ 减去顶层形状
▢ 与形状区域相交
✓ ▢ 排除重叠形状
▢ 合并形状组件

图 4-2-8　选择"排除重叠形状"　　　　　图 4-2-9　重命名为"边框"

（3）单击"图层"面板下方的"添加图层样式"按钮 $fx_{.}$，在弹出的菜单中选择"斜面和浮雕"命令，弹出"图层样式"对话框，设置参数，如图 4-2-10 所示。等高线模式选择"画圆步骤"，如图 4-2-11 所示。

图 4-2-10　设置"斜面和浮雕"样式　　　　图 4-2-11　等高线选择"画圆步骤"

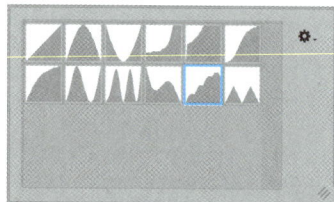

（4）选择"描边"命令，设置描边参数，如图 4-2-12 所示。

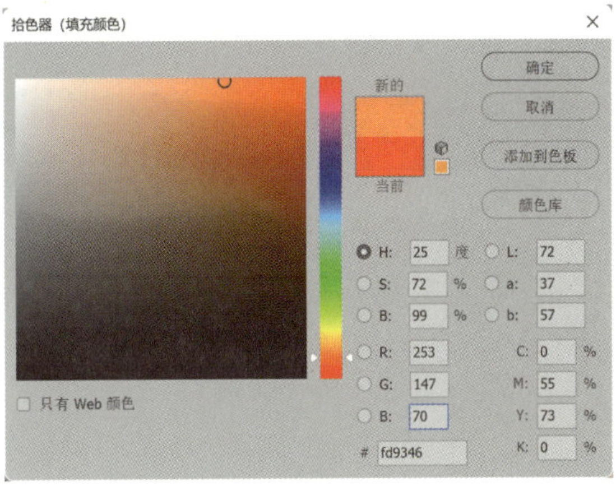

图 4-2-12 设置描边参数

（5）新建图层，重命名为"底部"，选择"矩形工具" ▭，设置填充颜色 RGB 值为"246，106，51"，描边为"无" 描边: ✗ 绘制矩形，如图 4-2-13 所示。单击"图层"面板下方的"添加图层样式"按钮 _fx_，在弹出的菜单中选择"斜面和浮雕"命令，弹出"图层样式"对话框，设置参数，如图 4-2-14 所示。继续添加"内发光"命令和"渐变叠加"样式，设置参数，如图 4-2-15、图 4-2-16 所示。

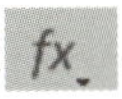

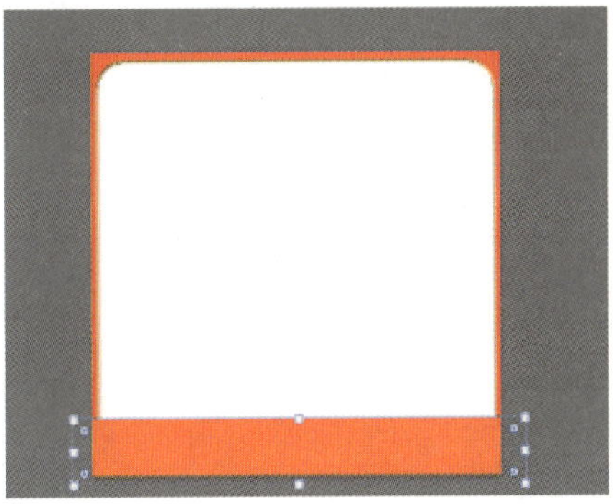

图 4-2-13 创建矩形

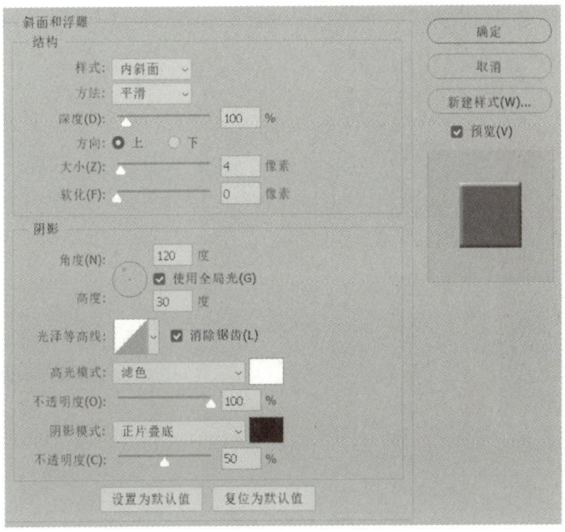

图 4-2-14 设置"斜面和浮雕"样式

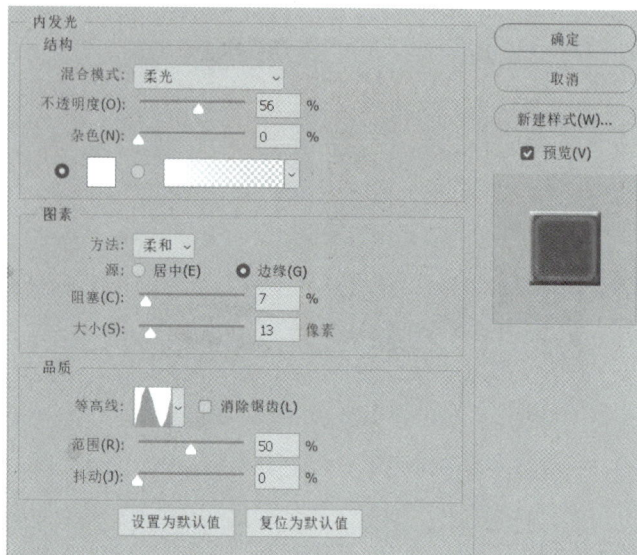

图 4-2-15　设置"内发光"样式

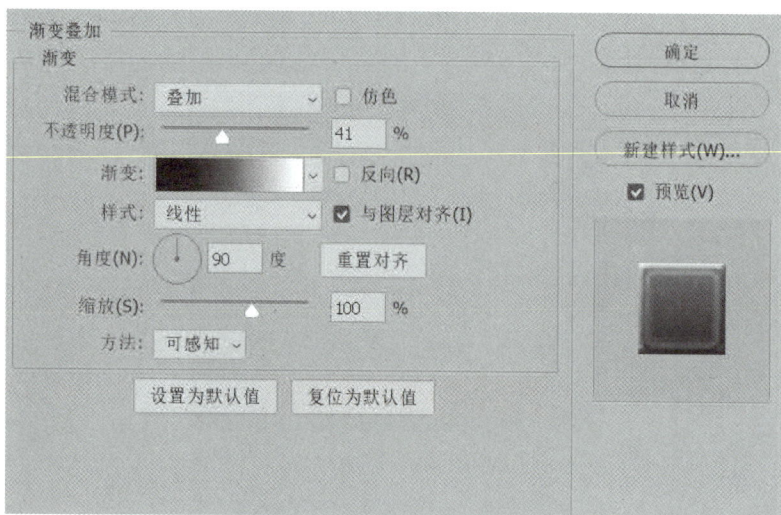

图 4-2-16　设置"渐变叠加"样式

（6）以同样的方式绘制"标价""蓝色矩形""LOGO"等图形，如图 4-2-17 所示。

图 4-2-17　绘制"标价""蓝色矩形""LOGO"等图形

（7）选择"背景"图层，打开"资源总包\Ch04\任务 4.2.2 箱包类直通车推广图"文件夹，将"背包"和"活动牌"素材拖拽至文件中，调整至合适位置，如图 4-2-18 所示。

（8）选择"横排文字"工具 T，设置字体为 阿里巴巴普惠体 3.0，粗细为"75"，颜色为"白色"，输入数字"69"，调整文字至合适位置，如图 4-2-19 所示。以同样的方式制作其他文本内容，如图 4-2-20 所示。最后完成箱包类直通车图的制作。

图 4-2-18　将"背包"和"活动牌"素材拖拽至文件中

图 4-2-19　输入数字"69"

图 4-2-20　输入其他文本内容

任务 4.3　项目实战——锅具类智钻图设计与制作

✈ 任务引入

本任务要求读者通过设计锅具类智钻图，掌握智钻图的设计要点与制作方法。

✈ 设计理念

在设计与制作过程中，围绕主体物锅具进行创作。智钻图采用简洁醒目的构图方式，将锅具置于画面核心位置，突出其外观造型与特色细节。背景选用醒目的色彩，搭配食物等元素，强化锅具的使用场景氛围。文字部分选用与锅具颜色相呼应的色彩，清晰展示产品优势、促销信息等内容，吸引消费者注意力，提升点击转化率。最终效果如图 4-3-1 所示。

【素材文件所在位置】资源总包\Ch04\任务 4.3 项目实战——锅具类智钻图设计\素材

【效果文件所在位置】资源总包\Ch04\任务 4.3 项目实战——锅具类智钻图设计\工程文件

图 4-3-1　锅具类智钻图设计

项目 5

海报创意设计与制作

在电商领域，海报设计如同品牌的视觉语言，是吸引顾客、提升品牌形象的关键。一张精良的海报能够瞬间抓住目光，激发消费者的购买欲望，促进销售转化。本项目将引领你深入探索网店海报设计与制作的方法，从基础理论到实战技巧，全面解析如何创作既美观又高效的海报创意设计。本项目聚焦于色彩、构图、文字三大核心要素，指导读者如何运用这些元素构建视觉焦点，传达商品特性与品牌价值。同时，本项目还将提供实用实操演练，演示如何进行创意构思、细节调整，直至完成高质量的海报制作。学习本项目将帮助读者迅速掌握海报设计与制作的精髓，为推动网店销量增长提供强劲动力。

本项目的思维导图如图 5-0-1 所示。

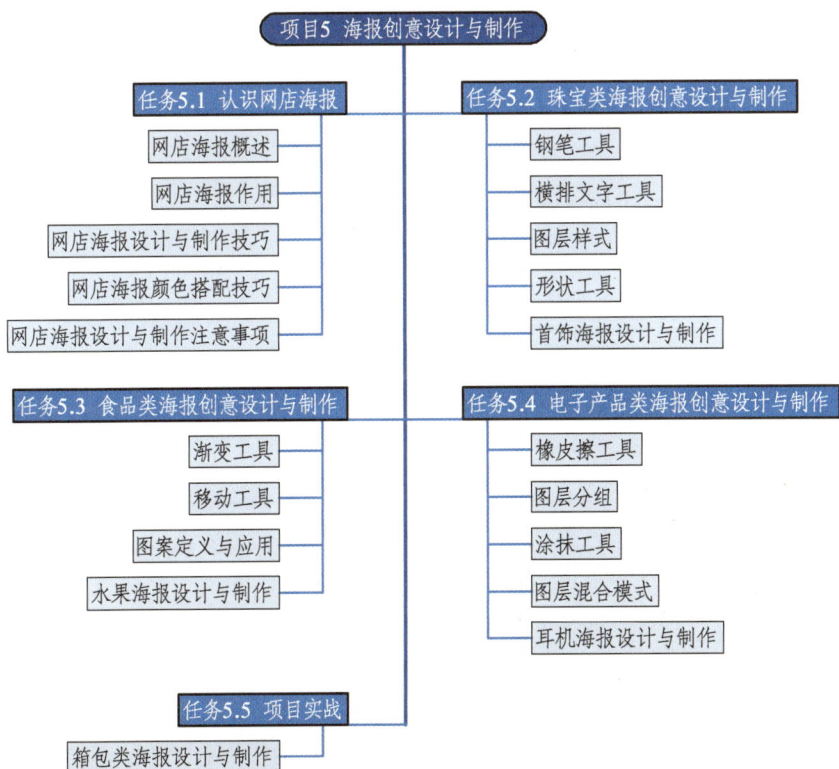

图 5-0-1 项目 5 思维导图

学习引导

知识目标

掌握网店海报设计基础知识。
掌握网店海报设计的方法。

素养目标

培养对网店海报的审美鉴赏能力。
培养对网店海报的设计创作能力。

能力目标

掌握网店海报设计的基础理论与实战技巧。
提升创意构思和细节调整的能力，制作高质量的海报作品。

思政目标

强调设计的社会价值，增强社会责任感。
培养学生持续学习的习惯，提高自己的专业素养和个人竞争力。

实训任务

珠宝类海报创意设计与制作。
食品类海报创意设计与制作。
电子产品类海报创意设计与制作。
箱包类海报创意设计与制作。

考核评价

如表 5-0-1 所示，项目 5 海报创意设计与制作考核评价表根据学生自评、组内互评和教师评价来计算总分，全面反映学生教材知识点掌握程度、课堂参与度、作业完成情况以及实操表现。

表 5-0-1　考核评价表

考核维度	评价指标	分值	学生自评	组内互评	教师评价
知识点掌握 （30分）	图层样式的运用	5			
	图层混合模式的运用	5			
	文字工具的运用	5			
	图案的定义与运用	5			
	钢笔与形状工具的结合运用	5			
	图层分组的运用	5			

考核维度	评价指标	分值	学生自评	组内互评	教师评价
课堂参与 （20分）	出勤情况	5			
	课堂互动（提问、回答、小组讨论）	10			
	学习态度（专注度、积极性）	5			
作业完成 （20分）	作业完成度（是否按时完成、完成任务量）	10			
	作业质量（是否达到任务要求、是否存在错误）	10			
实操表现 （30分）	实操熟练度（操作是否流畅、是否需要多次修正）	10			
	实操效果（是否达到预期效果、是否具有创新性）	10			
	实操规范性（是否遵循操作流程、是否符合行业规范）	10			
总计					

任务 5.1 认识网店海报

5.1.1 网店海报概述

1. 网店海报的定义

网店海报是一种用于在线商店宣传推广的图形设计作品，通常放在网店首页。它通过图像、文字和色彩等元素组合，传达特定的产品信息、促销活动或品牌形象，以吸引顾客的注意力，激发购买兴趣。网店海报示例如图 5-1-1 所示。

2. 网店海报的特点

网店海报具有以下特点：

视觉冲击力：海报设计强调视觉效果，通过强烈的视觉冲击吸引用户。

信息简洁：内容简明扼要，快速传达核心信息。

互动性强：通过链接、二维码等方式引导用户参与互动。

适应性强：适用于不同平台展示，如社交媒体、电子邮件营销、网站主页等。

3. 网店海报的类型

新品上市：用于宣传新产品。

节日促销：围绕特定节日或活动推出促销海报。

品牌形象：强化品牌形象和识别度。

活动预告：预告即将举行的活动或促销，如图 5-1-2 所示。

（a）某购物平台首页海报展示

（b）某购物平台某书桌首页海报展示

（c）移动端某购物平台某水杯
首页海报展示

图 5-1-1　网店海报示例

（a）某购物平台某笔记本电脑新品首发宣传海报展示

（b）某购物平台节日促销海报展示

图 5-1-2　活动或促销海报

5.1.2　网店海报的作用

1. 提升品牌形象

网店海报可以帮助塑造和提升品牌形象，使其更加鲜明和一致。

2. 增强用户吸引力

精心设计的海报能够吸引用户的注意，激发他们的兴趣和好奇心。

3. 促进销售转化

有效的海报能够促使潜在顾客采取行动，如点击链接、参与活动或直接购买产品。

4. 传递重要信息

海报是传达促销信息、限时优惠和特别活动的有效工具。

5.1.3 网店海报设计技巧

1. 构图原则

黄金比例：利用黄金比例分割画面，创造视觉平衡。如图 5-1-3 所示某购物平台某化妆品海报，黄金分割线左侧是文字介绍，右侧是产品。

三分法则：将画面划分为九宫格，将重要元素置于交点上。如图 5-1-4 所示某购物平台某女士包海报，产品和文字都在九宫格交点位置。

图 5-1-3 某购物平台某化妆品海报展示

图 5-1-4 某购物平台某女士包海报展示

2. 文字排版

字体选择：选择易于阅读且符合品牌形象的字体。

字号和行间距：合理设置字号和行间距，确保文字清晰易读，如图 5-1-5 某购物平台某化妆品海报所示。

图 5-1-5 某购物平台某化妆品海报展示

3. 图像处理

高清图像：使用高分辨率的图像以保证视觉质量。

创意合成：结合多种图像元素创造出独特效果，如图 5-1-6 某购物平台某数码产品海报所示。该海报将产品与彩色光晕以及文字介绍合成在一起，更有科技感。

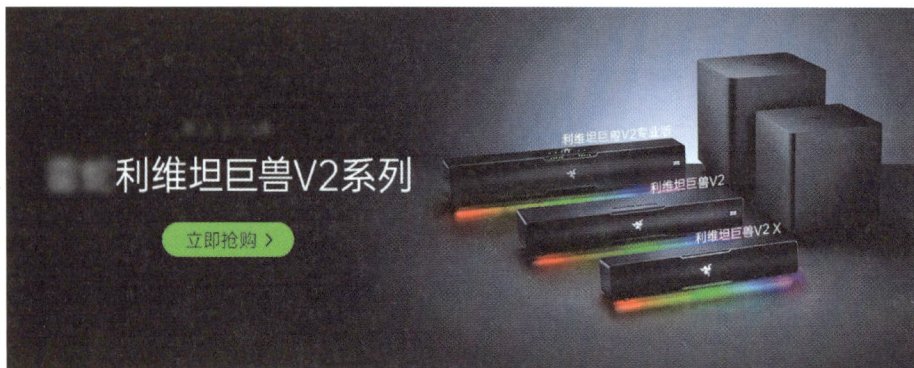

图 5-1-6　某购物平台某数码产品海报展示

5.1.4　网店海报颜色搭配技巧

1. 根据节日活动选择

不同的节日拥有独特的文化和情感色彩，利用这些色彩可以吸引更多目光。例如，在中国传统文化中，春节、中秋节等家庭团聚的节日常常选用红色和米黄色来营造喜庆和团圆的氛围；端午节则适合使用粽叶绿，以呼应节日的传统习俗；七夕节常用浪漫的紫色和粉色，情人节则多采用象征爱情的玫瑰红；圣诞节则适合使用经典的红、绿、白三色组合来营造欢乐的节日气氛。某购物平台某护肤品七夕节海报如图 5-1-7 所示。

图 5-1-7　某购物平台某护肤品七夕节海报展示

2. 根据店铺风格选择

在电商海报设计中，独特的店铺风格可以显著提升品牌识别度。海报的色彩搭配应该与店铺的整体风格保持一致，以保持统一感和平衡感。例如，如果店铺风格偏向简约现代，可以使用黑白灰等中性色作为基调；如果是复古风格，则可以采用棕色、橄榄绿等色彩来营造怀旧感。风格一致的色彩搭配不仅可以增强品牌形象，还能够吸引目标顾客的注意力，增加点击率和转化率。某购物平台某数码产品海报如图 5-1-8 所示，该海报整体采用黑色和绿色为主色调，与产品品牌的标志性颜色相呼应，营造出科技感和游戏氛围。

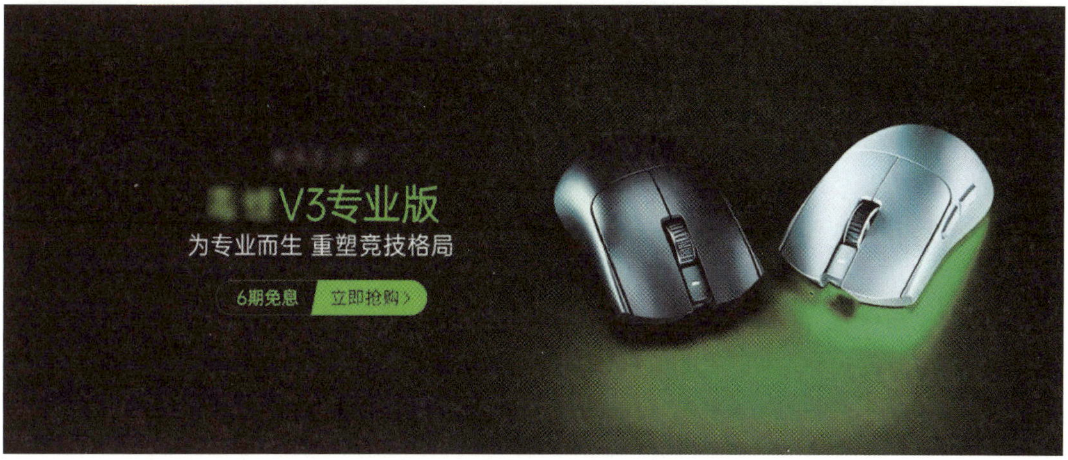

图 5-1-8　某购物平台某数码产品海报展示

3. 根据产品类型选择

根据产品本身的特性选择色彩搭配。例如，甜品类产品可以选用能够调动食欲的颜色，如鲜艳的橙色、红色或黄色；家用电器类产品可以根据季节选择冷暖色调，如夏季可以使用清凉的蓝色调，冬季则可以使用暖色调；新鲜水果类产品可以采用水果本身的自然颜色，或者使用绿色来突出其天然无污染的特点。通过色彩的巧妙运用，可以更好地突出产品的特点，激发消费者的购买欲望，如图 5-1-9 所示。

图 5-1-9　水果海报展示

5.1.5　网店海报设计注意事项

（1）清晰地定义海报的目的和目标受众。
（2）避免过多的文字和复杂的图像，保持设计简洁。
（3）保持海报设计与品牌形象的一致性，包括色彩、字体和风格。
（4）确保海报易于理解和浏览，避免视觉混乱。
（5）使用版权许可的素材，遵守相关法律法规。某购物平台某婴儿服饰海报如图 5-1-10 所示。

图 5-1-10　某购物平台某婴儿服饰海报展示

任务 5.2　珠宝类海报创意设计与制作

🔹任务引入

本任务要求读者首先认识"横排文字"工具 **T.**、"钢笔"工具 **∂.**，然后通过设计首饰海报，掌握海报的设计要点与制作方法。

珠宝类海报创意
设计与制作

🔹设计理念

该海报以浪漫温馨为核心理念，通过细腻的情感表达与精致的产品展示，旨在触动每位观者的内心深处。海报运用柔和的粉红与红色调，构建出一幅爱情的梦幻画卷，旨在唤醒人们对美好情感的向往与追求。"聆听爱的承诺"这一情感饱满的标语以醒目的红色字体呈现，与下方简洁有力的英文"LOVE"相互映衬，讲述着一个关于承诺与真挚情感的故事。画面布局精心构思，项链与戒指置于信封背景之上，象征着珍贵的礼物与情意绵绵的情书，而心形图案与花朵的点缀则进一步强化了浪漫氛围。埃菲尔铁塔的剪影不仅增添了视觉层次，更寓意着巴黎这座爱情之城的浪漫与优雅，使设计富含国际化的浪漫情怀。最终效果如图 5-2-1 所示。

图 5-2-1　首饰海报最终设计效果

任务知识

（1）"横排文字"工具 **T** 的属性栏如图 5-2-2 所示。

字体　　　　样式　　　　大小　　　文字对齐方式　　　　创建文字变形

切换文字方向　　　　消除文字锯齿　　　　文字颜色　切换"文字"面板
和"段落"面板

图 5-2-2　"横排文字"工具属性栏

（2）"钢笔"工具 **∅** 的属性栏如图 5-2-3 所示。

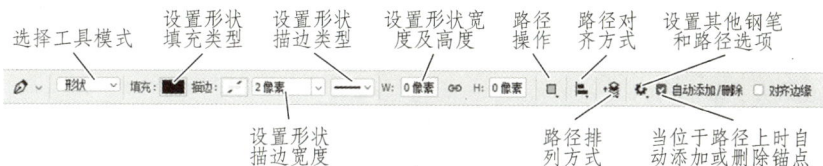

选择工具模式　设置形状　设置形状　设置形状宽　路径　路径对　设置其他钢笔
填充类型　描边类型　度及高度　操作　齐方式　和路径选项

设置形状　　　　　路径排　当位于路径上时自
描边宽度　　　　　列方式　动添加或删除锚点

图 5-2-3　"钢笔"工具属性栏

任务实施

【效果文件所在位置】资源总包\Ch05\任务 5.2 珠宝类海报创意设计\工程文件

（1）打开 Adobe Photoshop 2022 主页面，单击"文件"按钮，选择"新建"命令，在对话框中输入尺寸宽度为"1920 像素"，高度为"600 像素"，单击"创建"按钮，新建一个文件，如图 5-2-4 所示。

图 5-2-4　创建新文档

（2）选择"钢笔工具" **∅**，绘制图形，如图 5-2-5 所示。双击"形状 1"图层，打开"图层样式"，选择"渐变叠加"，修改渐变颜色，如图 5-2-6 所示。单击"渐变"弹出"拾色器（色标颜色）"，分别设置两个位置点的颜色，即 RGB（218，105，116）和 RGB（225，214，218），修改右侧位置点的"位置"为 88%，单击"确定"按钮，如图 5-2-7 所示。

图 5-2-5　选择"钢笔工具"绘制图形

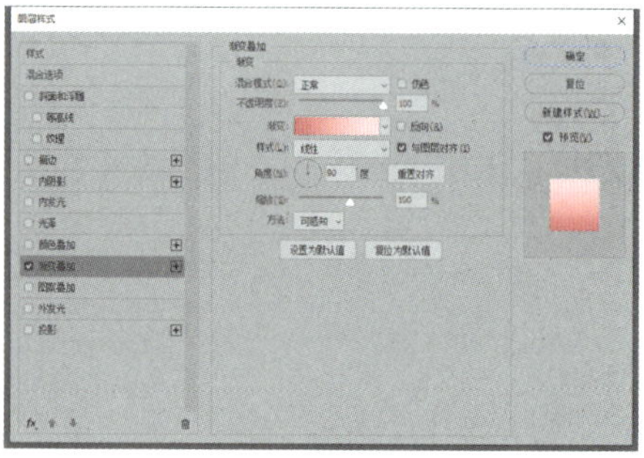

图 5-2-6　设置"渐变叠加"样式

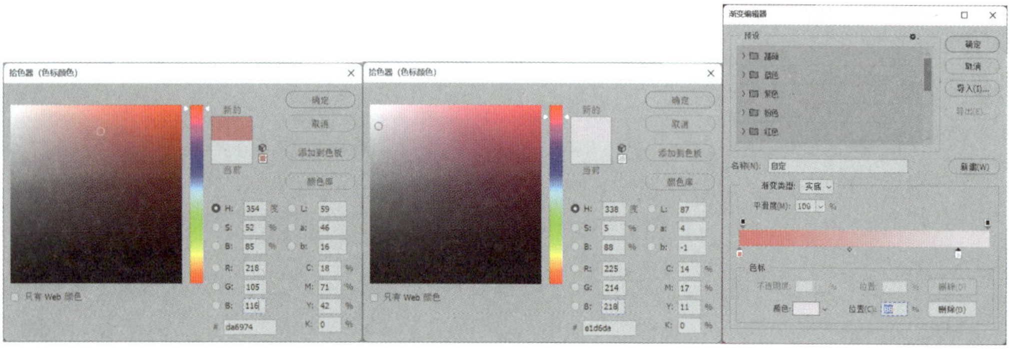

图 5-2-7　设置两个位置点颜色

（3）选择"投影" ，更改投影颜色，设置颜色为 RGB（144，49，89），更改投影距离为"10"像素，大小为"63"像素，单击"确定"按钮，如图 5-2-8 所示。效果图如图 5-2-9 所示。

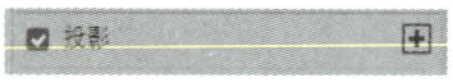

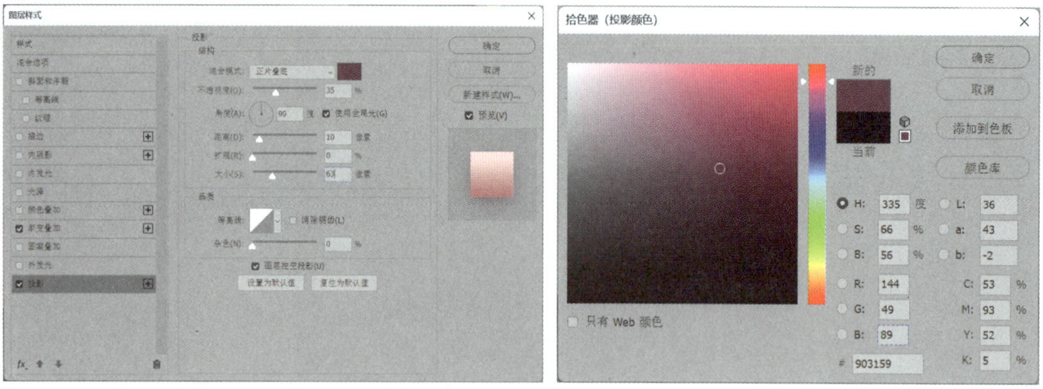

图 5-2-8　设置"投影"样式与颜色

图 5-2-9　效果图

（4）选择"钢笔工具" ，绘制形状 2，如图 5-2-10 所示。选择"形状 1"图层，右击"拷贝图层样式"（见图 5-2-11），选择"形状 2"图层，右击"粘贴图层样式"（见图 5-2-12）。

双击"形状 2"图层，打开"图层样式"，选择"渐变叠加"修改渐变颜色，单击"渐变"
渐变: ▭ 弹出"渐变编辑器"，更改右侧位置点，如图 5-2-13 所示。效果如图 5-2-14 所示。

图 5-2-10 选择"钢笔工具"绘制形状 2

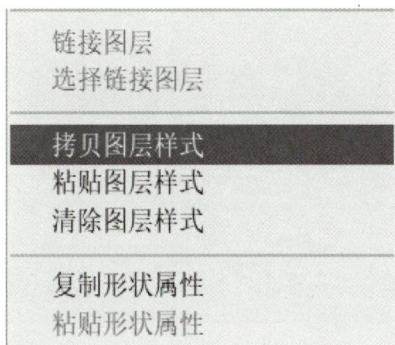

图 5-2-11 选择"拷贝图层样式"

图 5-2-12 选择"粘贴图层样式"

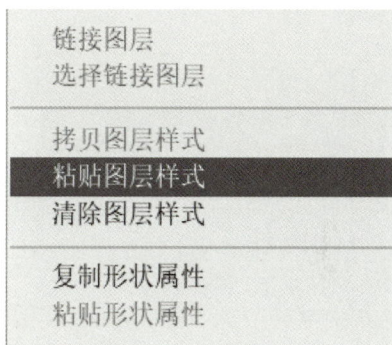

图 5-2-13 设置"渐变编辑器"

图 5-2-14 最终效果

（5）选择"钢笔工具" ▱，绘制形状 3，如图 5-2-15 所示。选择"形状 3"图层，右击
"粘贴图层样式"，如图 5-2-16 所示。双击"形状 3"图层，打开"图层样式"（见图 5-2-17），
选择"渐变叠加" ☑ 渐变叠加 ▭，修改渐变颜色，单击"渐变" 渐变: ▭ ，
弹出"渐变编辑器"，选择左边的位置点，设置"位置"为"27%" 位置(C): 27 %，单击"确定"，

如图 5-2-18 所示。更改 "形状 3" 图层叠放顺序,如图 5-2-19 所示。效果如图 5-2-20 所示。

图 5-2-15　选择 "钢笔工具" 绘制形状 3

图 5-2-16　选择 "粘贴图层样式"

图 5-2-17　打开 "图层样式" 对话框

图 5-2-18　设置 "渐变编辑器"

图 5-2-19　更改 "形状 3" 图层叠放顺序

图 5-2-20　效果图

（6）选择 "钢笔工具" ，绘制形状 4,如图 5-2-21 所示。双击 "形状 4" 图层 "图层缩览图" ，弹出 "拾色器（纯色）" 对话框,更改图形颜色为 RGB（216,73,40）,单击 "确定",如图 5-2-22 所示。

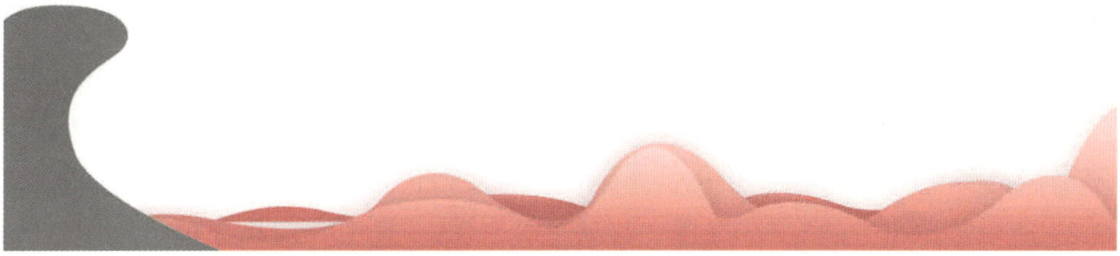

图 5-2-21　选择"钢笔工具"绘制形状 4

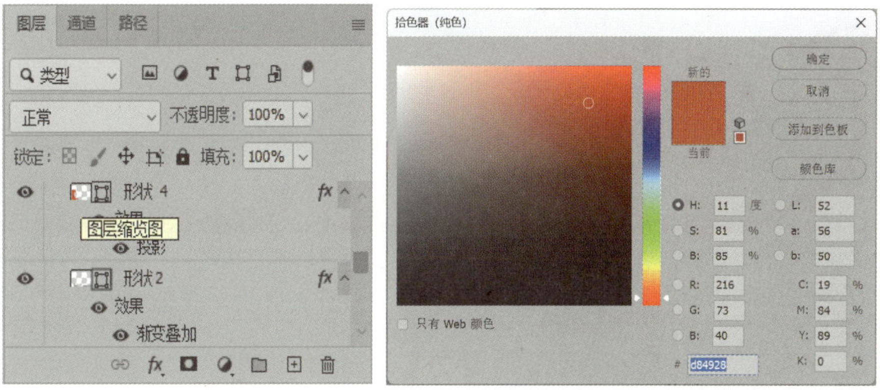

图 5-2-22　更改"形状 4"颜色

（7）选择"形状 4"图层，按"Ctrl+J"组合键复制"形状 4"图层。双击"形状 4 拷贝"图层"图层缩览图" ，弹出"拾色器（纯色）"更改图形颜色为 RGB（248，201，161），单击"确定"，如图 5-2-23 所示。选择"移动工具" ，选中"形状 4 拷贝"图层，向左向下移动，效果图如图 5-2-24 所示。

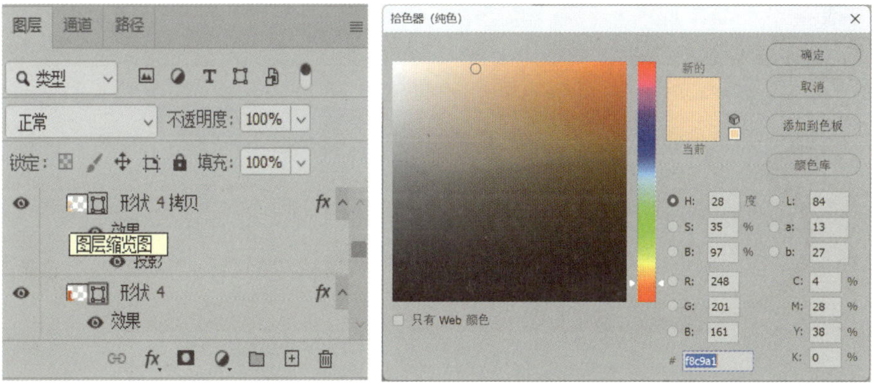

图 5-2-23　更改"形状 4 拷贝"颜色

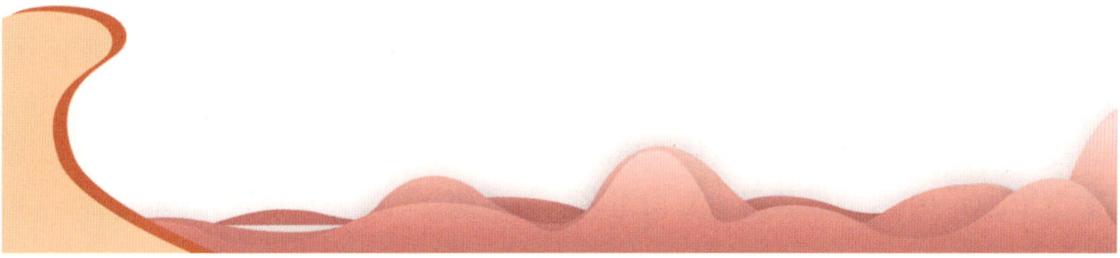

图 5-2-24　更改"形状 4 拷贝"位置

（8）选择"钢笔工具" ✑，绘制形状 5，如图 5-2-25 所示，双击"形状 5"图层"图层缩览图" ▨，弹出"拾色器（纯色）"，更改图形颜色为 RGB（216，73，40），单击"确定"，如图 5-2-26 所示。选择"形状 5"图层，按"Ctrl+J"组合键复制该图层。双击"形状 5 拷贝"图层"图层缩览图" ▨，弹出"拾色器（纯色）"，更改图形颜色为 RGB（248，201，161），如图 5-2-27 所示，单击"确定"。选择"移动工具" ✥，选中"形状 5 拷贝"图层，向左向下移动，效果图如图 5-2-28 所示。

图 5-2-25　选择"钢笔工具"绘制形状 5

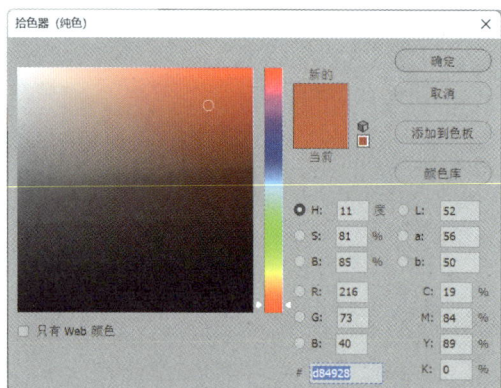

图 5-2-26　更改"形状 5"图层颜色

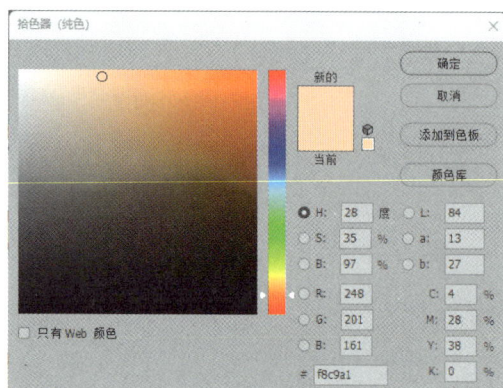

图 5-2-27　更改"形状 5 拷贝"图层颜色

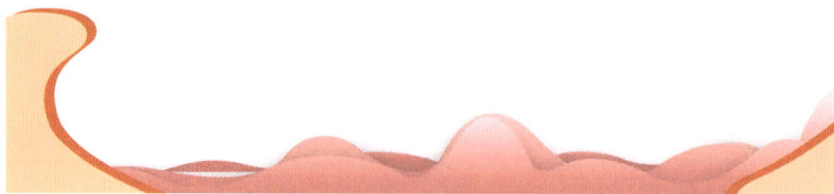

图 5-2-28　效果图

（9）双击"形状 5 拷贝"图层，打开"图层样式"，选择"投影" ☑投影 ⊞，设置投影颜色、距离、大小，单击"确定"，如图 5-2-29 所示。选择"形状 5 拷贝"图层，右击"拷贝图层样式"（见图 5-2-30），选择"形状 5"图层，右击"粘贴图层样式"（见图 5-2-31）。同理，选择"形状 4 拷贝"图层右击"粘贴图层样式"，选择"形状 4"图层右击"粘贴图层样式"。选择"形状 5 拷贝"图层，按住"Shift"键下拉到最后选择"形状 3"图层，如图 5-2-32所示。按"Ctrl+G"组合键创建组，双击组名，将"组 1"改为"背景"，如图 5-2-33 所示。效果如图 5-2-34 所示。

图 5-2-29　设置"投影"样式

图 5-2-30　选择"拷贝图层样式"

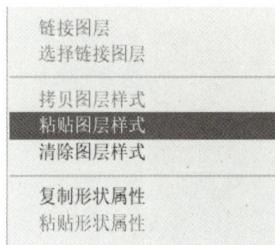

图 5-2-31　选择"粘贴图层样式"

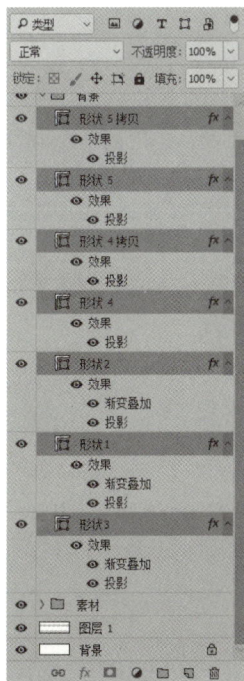

图 5-2-32　选择图层

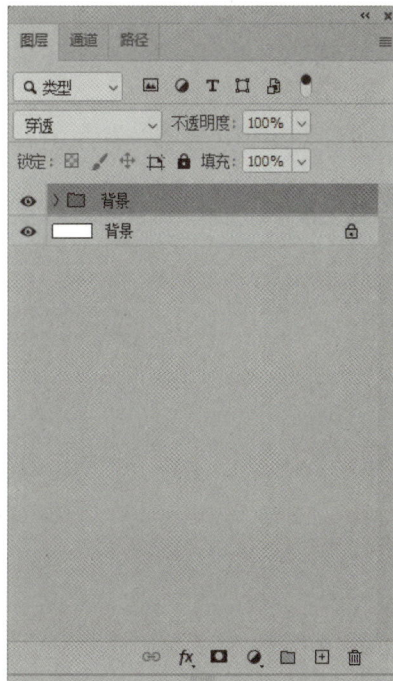

图 5-2-33　创建"背景"组

图 5-2-34　效果图

（10）打开"素材"文件夹，选中全部素材，拖入到 Photoshop 中，单击"提交交换" ✔
置入图片，选择"移动工具" ⊕，调整素材位置及大小，选中"花瓣蝴蝶"素材按住"Alt"键
进行复制，双击"钻戒"素材，打开"图层样式"，选择"投影"设置投影颜色、距离、大小，
单击"确定"，如图 5-2-35 所示。

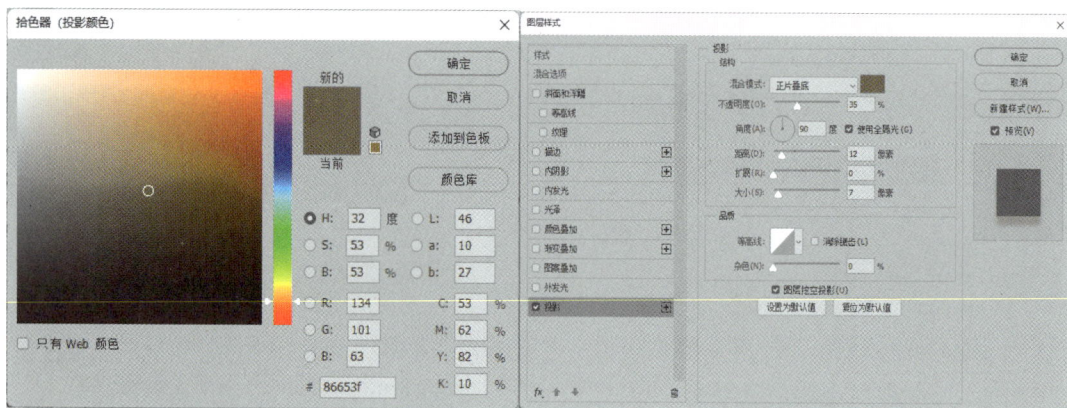

图 5-2-35　设置"图层样式"

（11）选择"钻戒"素材，右击"拷贝图层样式"（见图 5-2-36），将其粘贴到其他素材图层。

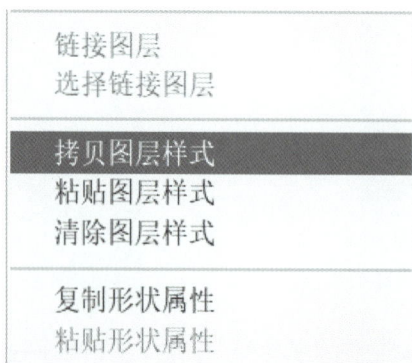

图 5-2-36　选择"拷贝图层样式"

（12）选中"铁塔"素材，双击打开"图层样式"，选择"颜色叠加"，选择"颜色" ▇（见
图 5-2-37），在弹出的对话框中将光标移至左边吸入左边图形颜色，单击"确定"，如图 5-2-38
所示。效果如图 5-2-39 所示。

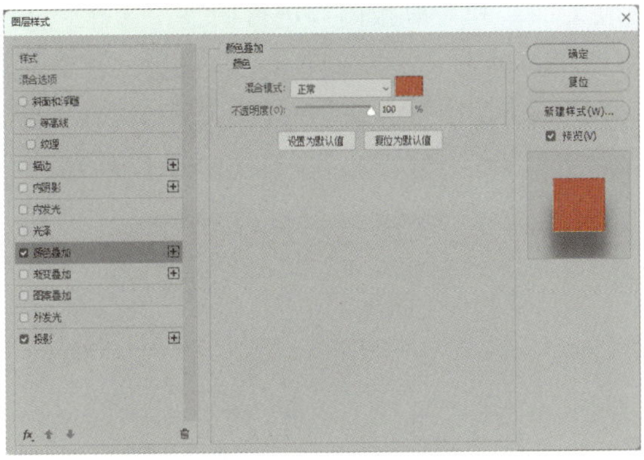

图 5-2-37　设置"颜色叠加"样式

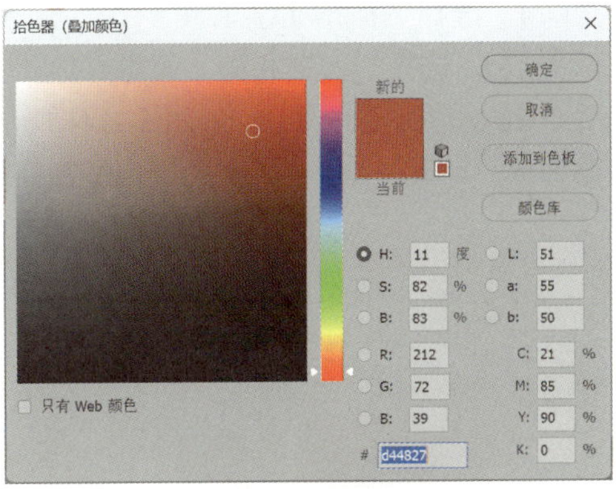

图 5-2-38　设置颜色

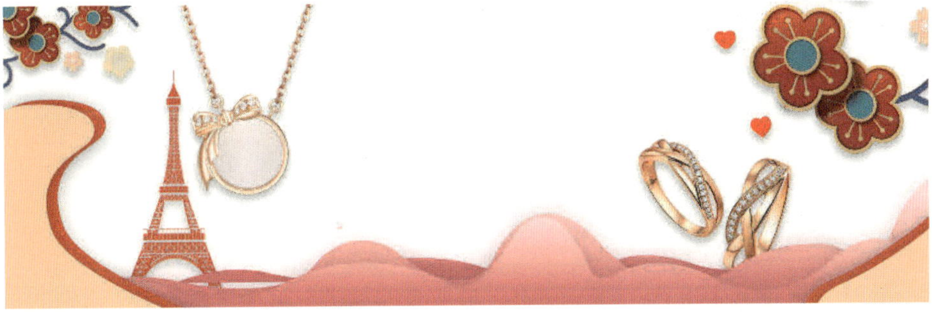

图 5-2-39　效果图

（13）选择所有素材图层，按"Ctrl+G"组合键创建组，双击组名"组1"改为"素材"。更改组叠放顺序，如图 5-2-40 所示。

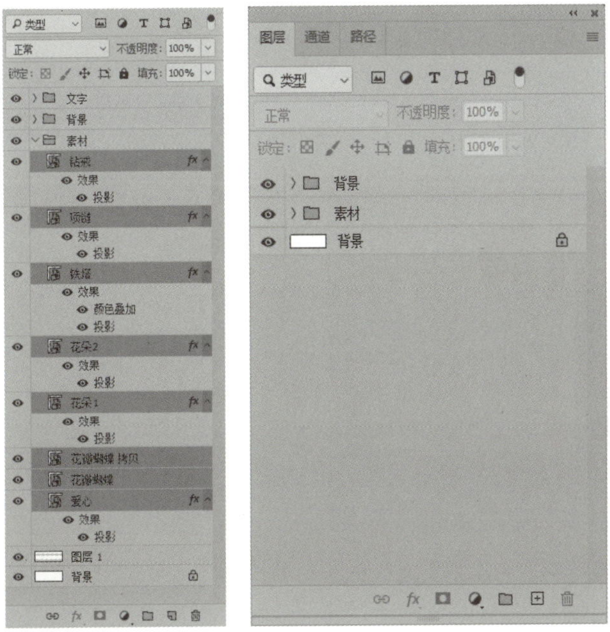

图 5-2-40　创建"素材"组

（14）选择"横排文字工具"![T]，输入相应文字，并对海报内容进行调整，选择"文字工具"![T]，选择"一路相随，感恩有你"文字图层，单击"设置文本颜色"![ ]，调整字颜色为 RGB（177，30，23），如图 5-2-41 所示。单击"切换字符和段落面板"![ ]，调出字符与段落面板，设置字体、字号，为选定字符设置跟踪为"860"![VA 860]，如图 5-2-42 所示。

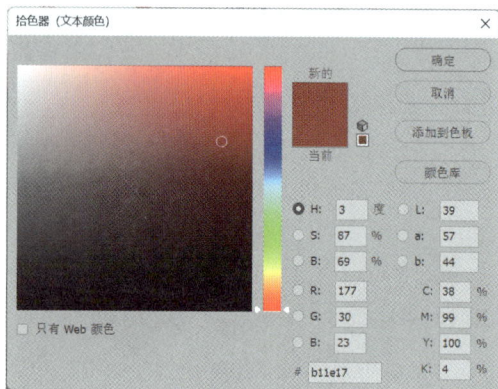

图 5-2-41　调整"一路相随 感恩有你"文字颜色

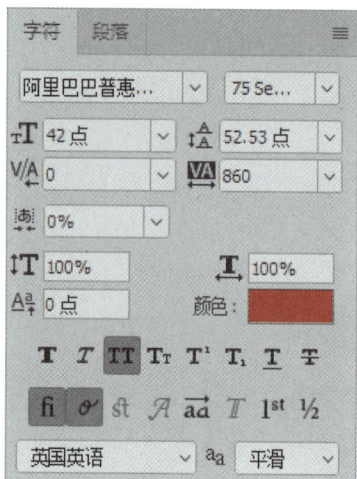

图 5-2-42　设置文字样式

（15）选择"横排文字工具"![T]，选择"聆听爱的承诺"单击"设置文本颜色"![ ]，调整字颜色为 RGB（177，30，23），如图 5-2-43 示。单击"切换字符和段落面板"![ ]，调出字符与段落面板，设置字体、字号，为选定字符设置跟踪为"0"![VA 0]，如图 5-2-44 所示。

（16）选择"聆听爱的承诺"文字图层并右击，选择"转换为形状"。选择"直接选择工具"![ ]框选"听爱的"，按住键盘上的"↑"键对文字进行微调，继续选择"爱"，按住键盘上的"↑"键对文字进行微调，效果如图 5-2-45 所示。

图 5-2-43　调整"聆听爱的承诺"文字颜色

图 5-2-44　设置文字样式

图 5-2-45　对文字进行微调

（17）选择"直线工具" ✏ 绘制直线，点击"填充" 填充: ▤，修改直线颜色，设置直线高度为"3 像素" W: 595像 ∞ H: 3像素，如图 5-2-46 所示。为"直线 1"图层添加"图层蒙版" ◉，选择"画笔工具" ✏，单击"画笔预设" 161，下拉按钮将笔硬度调为 0，对直线两边进行涂抹，如图 5-2-47 所示。效果如图 5-2-48 所示。

图 5-2-46　绘制直线

图 5-2-47　对直线两边进行涂抹

图 5-2-48　效果图

（18）单击"文件→新建"，在对话框中设置宽度为"10 像素"，高度为"21 像素"，单击"创建"按钮，新建一个文档，如图 5-2-49 所示。

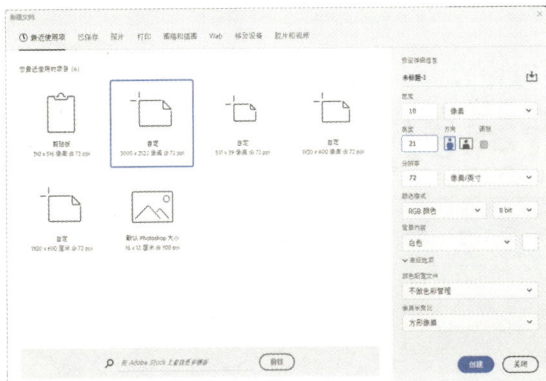

图 5-2-49　创建新文档

图 5-2-50　绘制直线

（19）选择"直线工具" ╱ 绘制直线，设置直线高度为"3 像素" W: 595 像素 ∞ H: 3像素，绘制直线，选择"移动工具" ✛ 进行调整，如图 5-2-50 所示。选择"编辑→定义图案"，在弹出对话框单击"确定"，如图 5-2-51 所示。

图 5-2-51　设置图案名称

（20）回到原文档，单击"背景"图层，单击"创建新图层" ⊞，单击"编辑→填充"，在弹出对话框内容下拉列表中选择"图案"，在自定义图案下拉列表中选择刚才定义的图案，如图 5-2-52 所示。

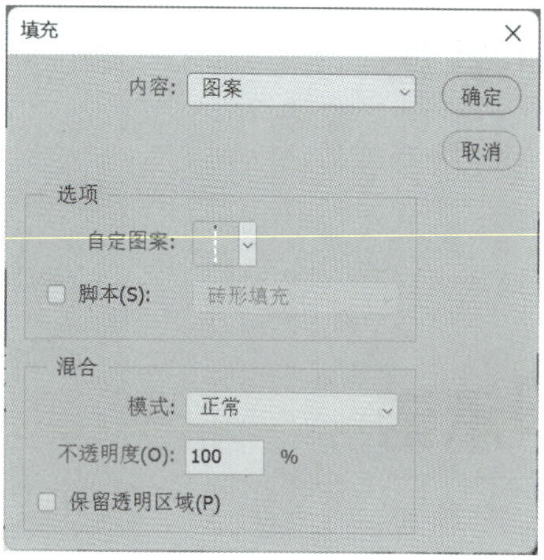

图 5-2-52　设置"填充"对话框

（21）选择"图层 1"，设置图层混合模式为"线性光"，设置不透明度为"20%" 线性光 不透明度: 20%，海报制作完成。最终效果如图 5-2-53 所示。

图 5-2-53　最终效果图

任务 5.3 食品类海报创意设计与制作

🧭 任务引入

本任务要求读者首先认识"横排文字"工具 T、"移动"工具 ✛，
然后通过设计水果海报，掌握海报的设计要点与制作方法。

食品类海报
创意设计与制作

📡 设计理念

该海报的设计采用了明亮的黄色和绿色作为主色调，营造出清新自然的感觉，同时象征
着阳光和大自然，完美地呼应了水果的新鲜和健康属性。海报的构图布局简洁明快，上方大
面积的白色背景与下方丰富的水果图片形成了鲜明对比，使得整个画面既简洁又生动。顶部
醒目的"新鲜水果"字样强调了主题，而中间的红色字体"夏日来约惠"则暗示了季节性的
促销活动。各种颜色鲜艳的水果如草莓、苹果、葡萄等被精心排列在前景位置，不仅增加了
视觉吸引力，还通过描述如"质地柔软""口感酸甜"等词汇激发消费者的食欲和购买欲望。
整体而言，这款海报通过其轻松愉快的设计风格、丰富的色彩以及对季节性的巧妙运用，成
功地传达了享受生活和追求健康的积极态度，并有效地促进了销售。最终效果如图 5-3-1 所示。

图 5-3-1 水果海报设计效果

🧭 任务知识

（1）"横排文字"工具 T 的属性栏如图 5-3-2 所示。

图 5-3-2 "横排文字"工具属性栏

（2）"移动"工具 ✛ 的属性栏如图 5-3-3 所示。

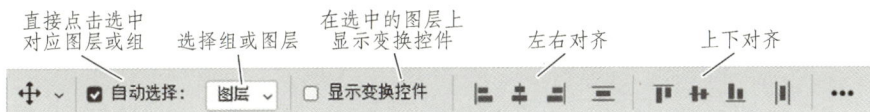

图 5-3-3 "移动"工具属性栏

📡 **任务实施**

【效果文件所在位置】资源总包\Ch05\任务 5.3 食品类海报创意设计\工程文件

（1）打开 Adobe Photoshop 2022 主页面，单击"文件"按钮，选择"新建"命令，在弹出对话框中输入尺寸宽度为"1920 像素"，高度为"600 像素"，单击"创建"按钮，新建一个文件，如图 5-3-4 所示。

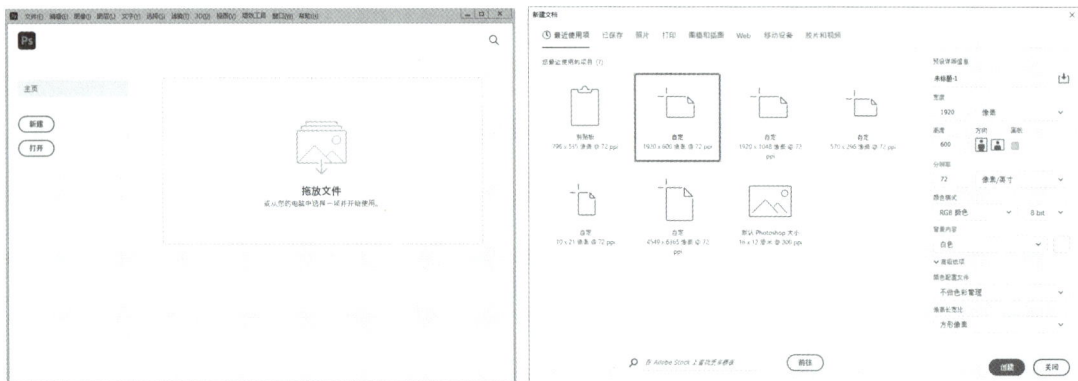

图 5-3-4　创建一个新文档

（2）选择"渐变工具" ▭，单击"编辑渐变" ▭，弹出"渐变编辑器"，选择最左边位置点双击弹出"拾色器（色标颜色）"，修改颜色为 RGB（254，220，25），单击"确定"，如图 5-3-5 所示。选择最右边位置点双击弹出"拾色器（色标颜色）"，更改颜色为 RGB（55，234，235），单击"确定"，如图 5-3-6 所示。选择背景图层，按住鼠标左键，从上往下拖动，填充渐变颜色。效果如图 5-3-7 所示。

（3）选择"椭圆工具" ◯，单击"填充"将填充色设为白色，按住"Shift"键绘制圆形。选择"移动工具" ✛，将绘制的圆移动到适当位置，如图 5-3-8 所示。

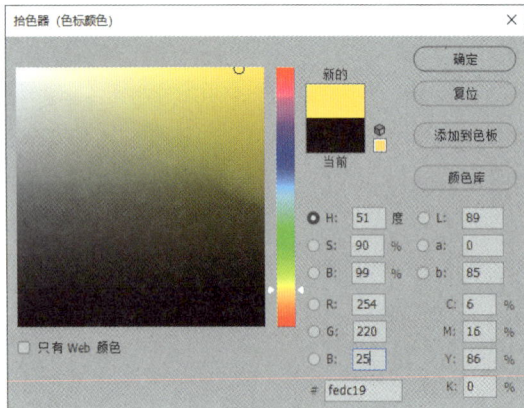

图 5-3-5　设置最左边位置点颜色　　　　图 5-3-6　设置最右边位置点颜色

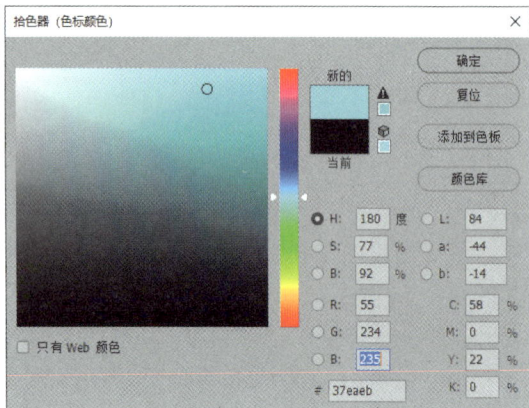

图 5-3-7　效果图

图 5-3-8　绘制圆形并移到适当位置

（4）打开素材文件夹，全选所有素材文件，将素材文件拖入到 Photoshop 中，单击"提交交换" ✓，置入图片。

（5）选择"移动工具" ✛，拖动素材图片，将图片放在合适位置。按住"Shift+T"组合键调整图片大小，在"图层"面板中修改图层叠放顺序，效果如图 5-3-9 所示。

图 5-3-9　将素材放入图片

（6）选中所有水果素材图层，按住"Ctrl+G"组合键创建组，双击组名将"组 1"改为"水果"，如图 5-3-10 所示。

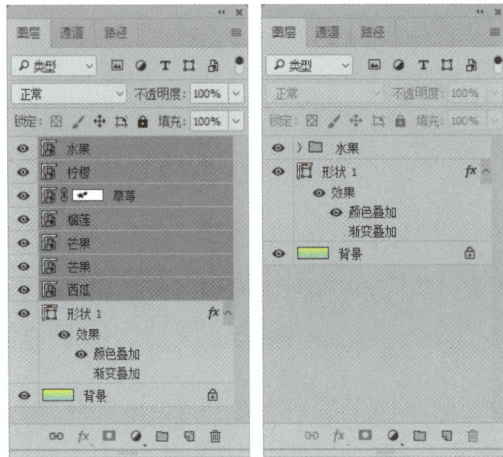

图 5-3-10　创建"水果"组

（7）选择"钢笔工具" ，绘制形状 2，选中"形状 2"图层，双击"形状 2"图层"图层缩览图" ，弹出"拾色器（纯色）"，更改图形颜色为 RGB（114，250，88），单击"确定"，如图 5-3-11 所示。

图 5-3-11　绘制"形状 2"并更改颜色

（8）选择除"背景"外的所有图层，按住 Ctrl+G 组合键创建组，双击组名将"组 1"改为"背景"，如图 5-3-12 所示。

图 5-3-12　创建"背景"组

（9）选择"文字"工具，"横排文字工具" T ，在画布中输入文字"新鲜水果"，设置字体大小为"154点" ，选择"移动工具" ，将文字移动到画布中心。

（10）选择"横排文字工具" T ，选中"新"，点击"设置文本颜色" ，将字体颜色设置为 RGB（15，72，62），点击"确定"。选中"鲜"，点击"设置文本颜色"，将字体颜色设置为 RGB（234，84，26），点击"确定"。选中"水"，点击"设置文本颜色"，将字体颜色设置为 RGB（237，111，24），点击"确定"。选中"果"，点击"设置文本颜色"，将字体颜色设置为 RGB（231，45，45），点击"确定"，如图 5-3-13 所示。效果如图 5-3-14 所示。

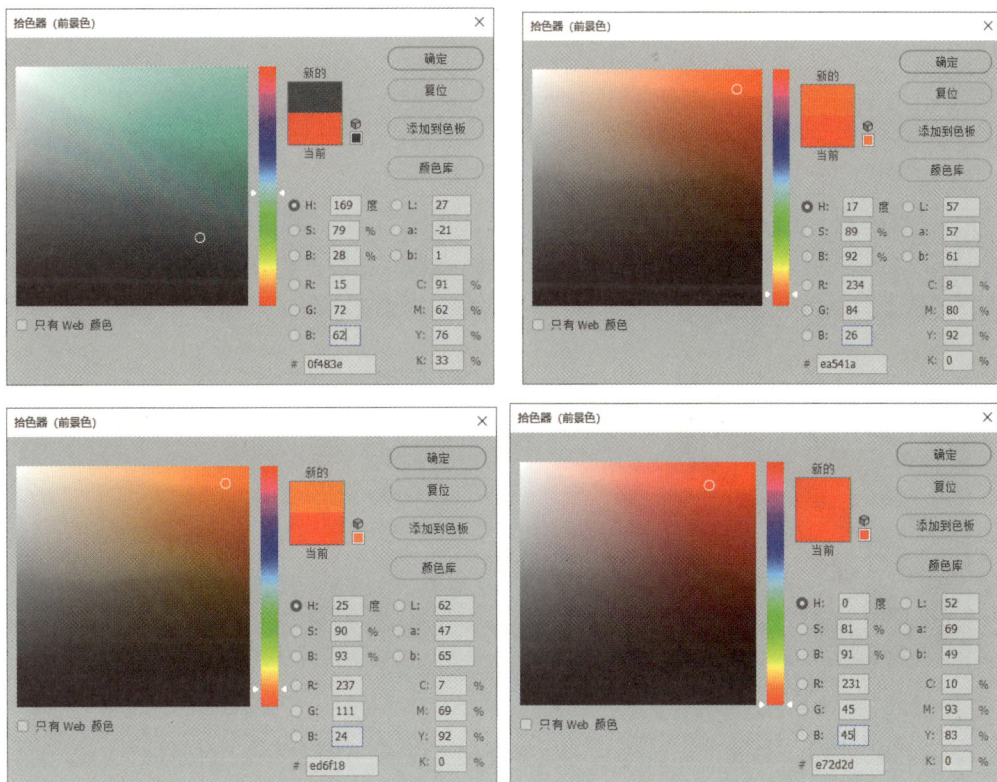

图 5-3-13　设置"新""鲜""水""果"文字颜色

图 5-3-14　效果图

（11）点击"文件→新建"，在弹出对话框设置宽度为"20像素"，高度为"20像素"，单击"创建"按钮，如图 5-3-15 所示。

图 5-3-15　创建新文档

（12）按住 Alt+鼠标滚轮，放大画布，选择"直线工具" ，将前景色设为黑色，绘制线条，按住 Alt 键的同时按住鼠标左键拖动，复制线条，如图 5-3-16 所示。

（13）选择"编辑→定义图案"，弹出"图案名称"对话框，单击"确定"，如图 5-3-17 所示。

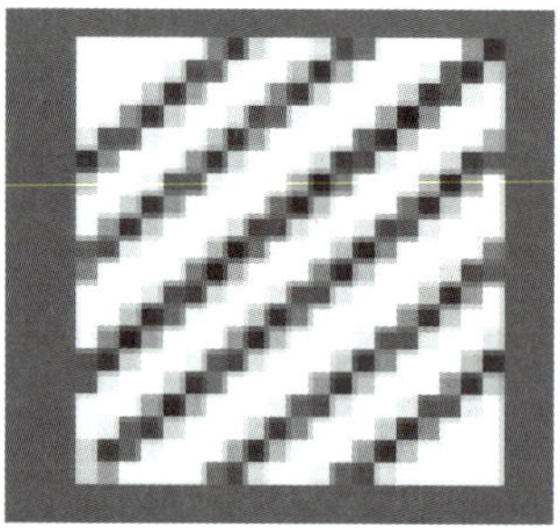

图 5-3-16　绘制线条并复制

图 5-3-17　定义图案名称

（14）回到文档中，双击"新鲜水果"文字图层，打开"图层样式"对话框，勾选"描边"，设置"描边大小"为"6"，"描边颜色"为 RGB（255，255，255）（见图 5-3-18），勾选"图案叠加"，单击"图案"选择图案，混合模式为"明度"，不透明度为"79%"，缩放为"168%"，点击"确定"，如图 5-3-19 所示。

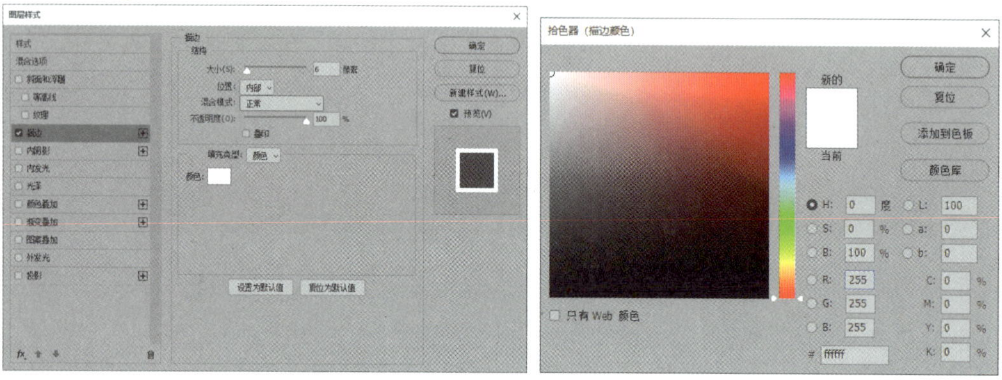

图 5-3-18　设置"描边"

图 5-3-19　设置"图案叠加"

（15）按住"Ctrl+J"复制"新鲜水果"文字图层。选择"移动工具" ，按住键盘上的"→"键，将下方"新鲜水果"文字图层向右移动，效果如图 5-3-20 所示。

图 5-3-20　将下方"新鲜水果"文字向右移动

（16）选择文字图层按住"Ctrl+G"组合键创建组，双击组名将"组 1"改为"标题 1"，如图 5-3-21 所示。

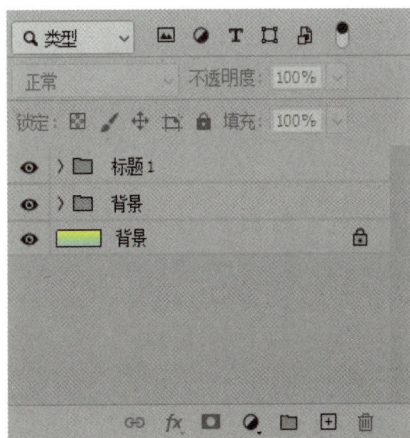

图 5-3-21　创建"标题 1"组

（17）选择"矩形工具" ，绘制矩形，单击"颜色" ，弹出"拾色器（纯色）"对话框，设置颜色为 RGB（231，45，45），单击"确定"，如图 5-3-22 所示。

图 5-3-22　绘制矩形并设置颜色

图 5-3-23　输入小字

（18）选择"文字"工具，"横排文字工具" T，设置字体大小为"24 点" ，输入文字"质地柔软　口感酸甜　绿色食品　保证健康"。选择"移动工具" ，选中文字图层，按住"Shift"键再选中"矩形 1"图层，单击"水平居中对齐" 和"垂直居中对齐" ，进行排列，如图 5-3-23 所示。按住"Ctrl+G"组合键创建组，双击组名将"组 1"改为"标题 2"，如图 5-3-24 所示。

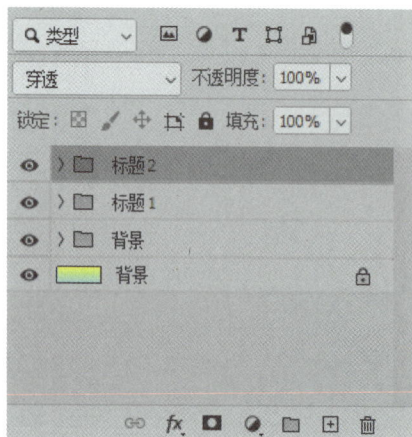

图 5-3-24　创建"标题 2"组

（19）选择"文字"工具，"横排文字工具" T，输入文字"一点清新　无限甜蜜　新鲜水果　健康一夏"，设置字体大小为"23 点" ，点击"提交" 按钮。选择"移动工具" ➕ ，将文字移动到适当位置。

（20）打开素材文件夹，将"图标"素材拖入到 PS 中，单击"提交交换" ✓ 置入图片。

（21）选择"移动工具" ➕ ，将"图标"素材移动到适当位置，按住"Ctrl+J"组合键复制 3 次图层，选中"图标拷贝 3"，按住"Shift"键+键盘上的"→"键，将其移动到适当位置。

（22）选择所有图标图层，单击"水平居中分布" ▮▮ ，进行排列，选择所有图标图层和文字图层，按住"Shift+G"组合键创建组，双击组名将"组 1"改为"标题 3"，如图 5-3-25 所示。效果如图 5-3-26 所示。

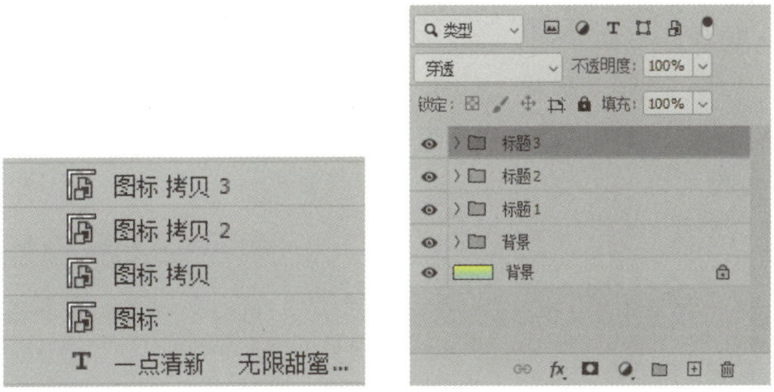

图 5-3-25　创建"标题 3"组

图 5-3-26　效果图

（23）选择"椭圆工具" ◯ ，绘制圆形，单击"填充"弹出"拾色器（填充颜色）"，将填充色设为 RGB（231，45，45），单击"确定"，如图 5-3-27 所示。

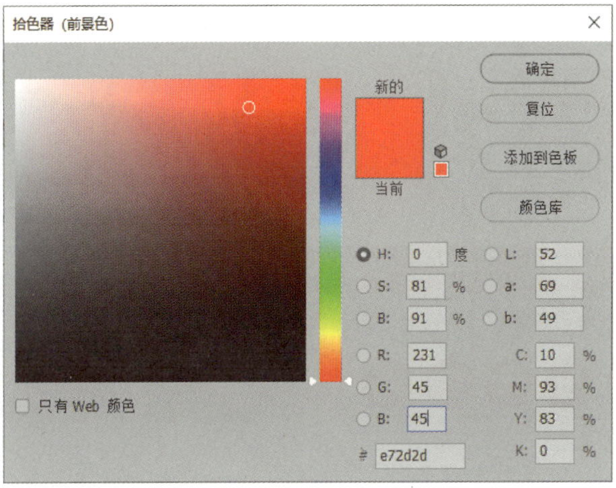

图 5-3-27　设置圆形填充颜色

（24）选择"椭圆1"图层，按住"Ctrl+J"组合键复制4次图层，选择"移动工具"，将其移动到适当位置，如图5-3-28所示。

图 5-3-28　复制圆形

（25）选择所有椭圆图层，单击"顶对齐" 、"按右分布" ，进行排列，右击"合并形状"，如图5-3-29所示。

（26）选择"文字"工具，"横排文字工具" ，输入文字"夏日来约惠"，设置文字大小，选择文字和椭圆图层，按住"Ctrl+G"组合键创建组，双击组名将"组1"改为"标题4"，如图5-3-30所示。效果如图5-3-31所示。

图 5-3-29　选择"合并形状"

图 5-3-30　创建"标题4"组

（27）选择所有标题组，单击"水平居中对齐" ，进行排列，再次选中所有标题组，按住"Ctrl+G"组合键创建组，双击组名将"组1"改为"文字"，如图5-3-32所示。海报制作完成，最终效果如图5-3-33所示。

图 5-3-31　"夏日来约惠"效果图

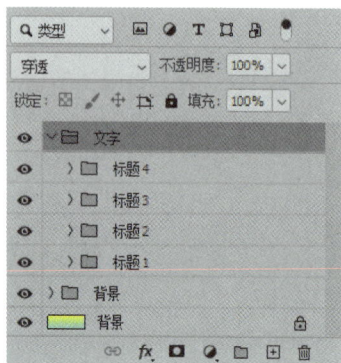

图 5-3-32　创建"文字"组

图 5-3-33　海报最终效果

任务 5.4　电子产品类海报创意设计与制作

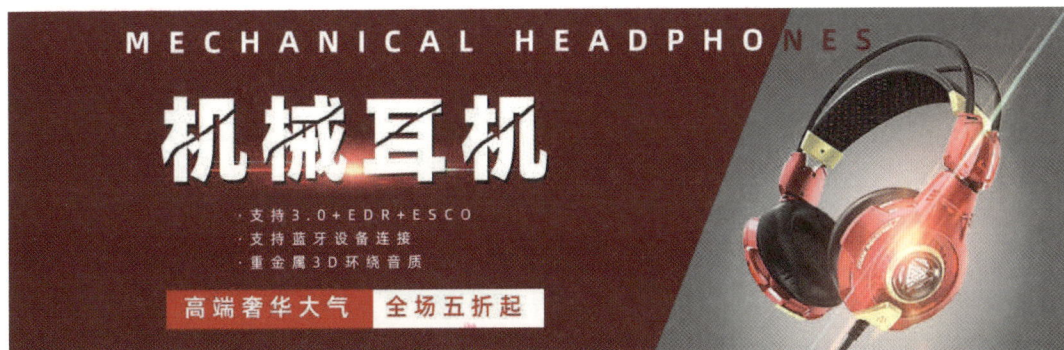

任务引入

本任务要求读者首先认识"横排文字"工具、"矩形"工具，然后通过设计耳机海报，掌握海报的设计要点与制作方法。

电子产品类海报
创意设计与制作

设计理念

这张海报设计采用了深红色调搭配白色字体和装饰元素，营造出一种高端的视觉效果。海报右侧展示了一副红色的头戴式耳机，其独特的造型和光影展现出科技感与时尚感。标题"机械耳机"使用了特别的字体样式，增添了动感与科技感。下方的小字则较为规整，用于详细介绍产品的特性。海报通过简短有力的标语强调产品的核心卖点，如"支持蓝牙设备连接"和"重金属 3D 环绕音质"。底部用显眼的红底白字与白底红字写着"高端奢华大气　全场五折起"的促销信息，旨在刺激消费者的购买欲望。整体布局紧凑有序，文字和图像结合得恰到好处，既突出产品本身又提供必要的信息，整体风格偏向于电竞或音乐爱好者市场，符合目标用户群体的审美偏好。最终效果如图 5-4-1 所示。

图 5-4-1　机械耳机海报设计效果

任务知识

（1）"横排文字"工具 **T** 属性栏，如图 5-4-2 所示。

字体　　　　　样式　　　　大小　　　文字对齐方式　　　创建文字变形

切换文字方向　　　　　消除文字锯齿　　　文字颜色　切换"文字"面板
和"段落"面板

图 5-4-2 "横排文字"工具属性栏

（2）"矩形"工具 □ 属性栏，如图 5-4-3 所示。

矩形填充颜色　矩形描边宽度　矩形的宽度和高度设置　　矩形的对齐方式

选择工具模式　　矩形描边　矩形描边类型　　矩形的组合　矩形的排列方式

图 5-4-3 "矩形"工具属性栏

任务实施

【效果文件所在位置】资源总包\Ch05\任务 5.4 电子产品类海报创意设计\工程文件

（1）打开 Adobe Photoshop 2022 主页面，点击"文件→新建"，在对话框中设置文档尺寸宽度为"1920 像素"，高度为"600 像素"，点击"创建"按钮，新建一个文档，如图 5-4-4 所示。

（2）设置前景色为 RGB（110，110，110），按"Alt+Delete"填充背景图层颜色，如图 5-4-5 所示。

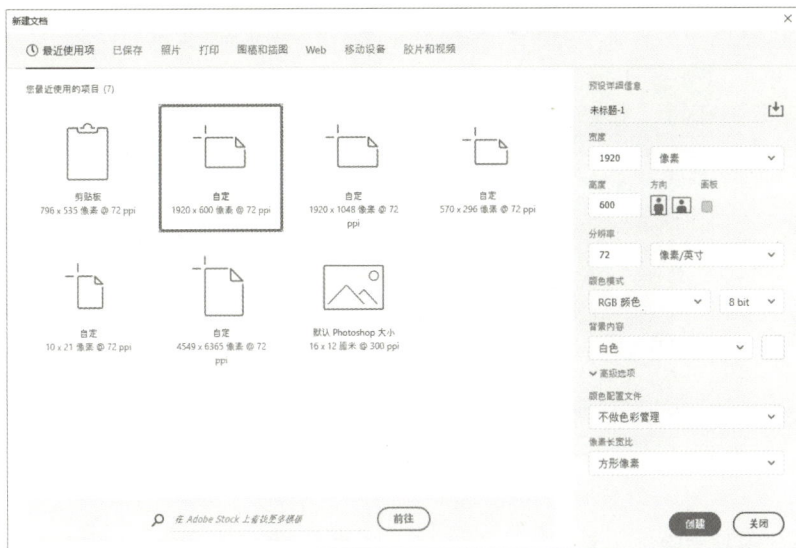

图 5-4-4　新建一个文档

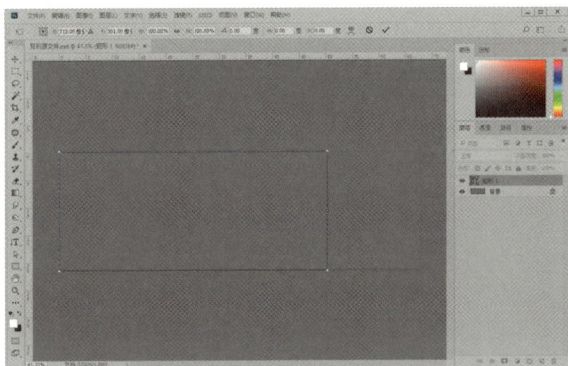

图 5-4-5　设置前景色并填充背景图层颜色

（3）选择"矩形"工具 ▭，绘制矩形，如图 5-4-6 所示。点击"填充"设置填充颜色为 RGB（125，0，34），点击"确定"，如图 5-4-7 所示。

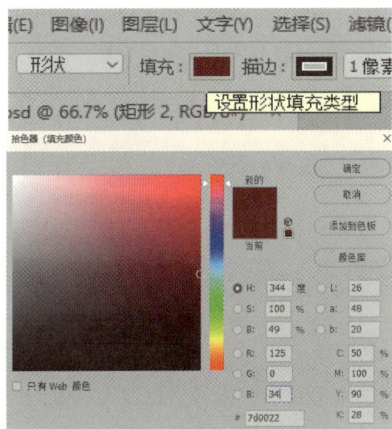

图 5-4-6　绘制矩形

图 5-4-7　设置填充颜色

（4）选择"直接选择"工具 ▶，对矩形进行修改，如图 5-4-8 所示。

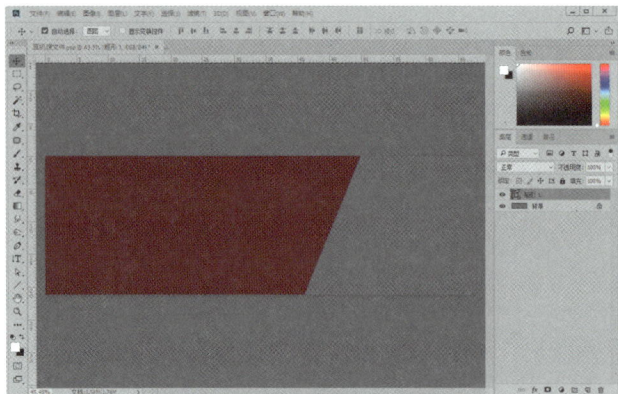

图 5-4-8　对矩形进行修改

（5）选择"横排文字"工具 T，将颜色改为白色（RGB 为 255，255，255），如图 5-4-9 所示。然后输入相应的文字，并对文字部分进行修改，如图 5-4-10 所示。

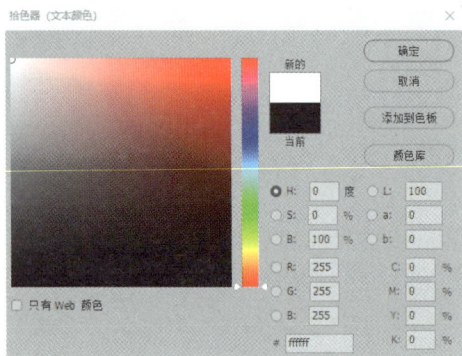

图 5-4-9　更改文字颜色

图 5-4-10　输入文字并调整

（6）按住"Ctrl"键点击"矩形 1"图层缩略图调出选区（见图 5-4-11），单击菜单栏"选择"里面的"反选"（见图 5-4-12），效果如图 5-4-13 所示。

（7）点击"Mechanical headphones"文字图层，点击"创建新图层"，如图 5-4-14 所示。设置前景色为 RGB（125，0，34），按"Alt+Delete"填充颜色，按"Ctrl+D"取消选区。然后按"Ctrl+Alt+G"组合键，创建剪贴模板，如图 5-4-15 所示。

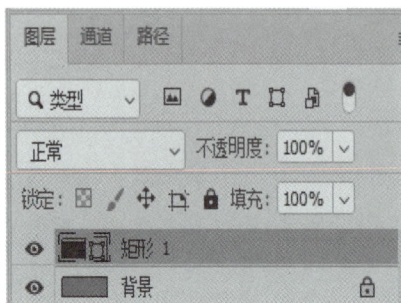

图 5-4-11　选择"矩形 1"图层

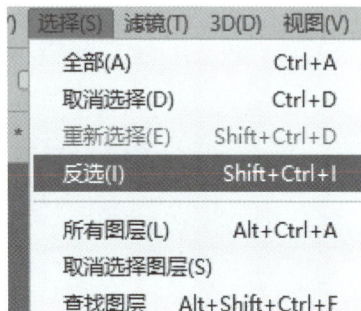

图 5-4-12　选择"反选"

图 5-4-13　效果图

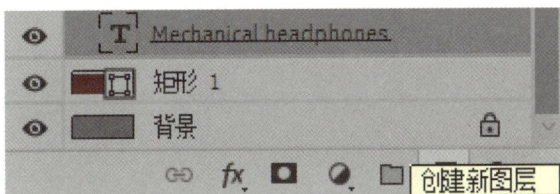

图 5-4-14　点击"创建新图层"

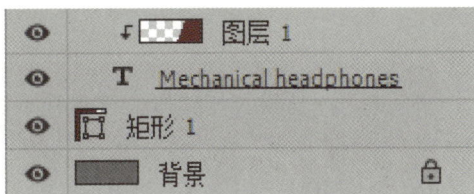

图 5-4-15　创建剪贴模板

（8）选中"高端奢华大气　全场五折起"文字图层，选择"横排文字"工具 **T**，选中"全场五折起"部分文字，更改文字的颜色为 RGB（198，17，27），点击"确定"。

（9）选择"矩形"工具 □ 绘制矩形，颜色改为"白色"，选中矩形 2 图层，按住"Ctrl+J"进行复制，双击图层缩略图，更改矩形颜色为 RGB（198，17，27），点击"确定"，如图 5-4-16 所示。按住"Ctrl+T"组合键调整矩形宽度，效果如图 5-4-17 所示。

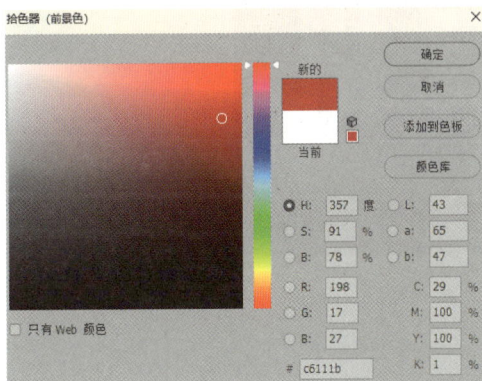

图 5-4-16　设置矩形颜色

图 5-4-17　效果图

（10）选中"机械耳机"文字图层，右击栅格化文字（见图 5-4-18），在对话框中选择"橡皮擦"工具 ✍，更改橡皮擦样式（见图 5-4-19），进行擦除，效果如图 5-4-20 所示。

（11）选中机械耳机图层，按"Ctrl+J"组合键进行复制，将前景色改为"黑色"（RGB 为 0，0，0）。然后选中机械耳机图层，按"Ctrl"键的同时点击缩略图，调出选区，按"Ctrl+Delete"组合键进行颜色填充，按"Ctrl+D"组合键取消选区，选择"移动"工具 ✛，向下向右进行移动，效果如图 5-4-21 所示。

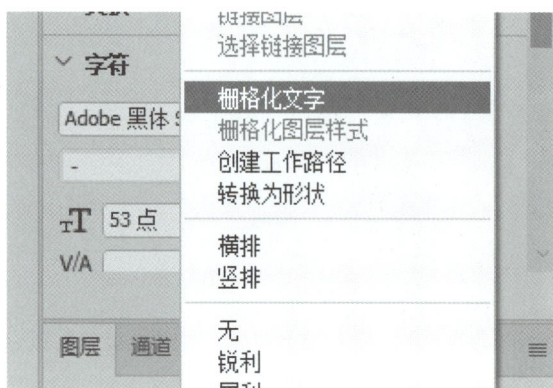

图 5-4-18　选择"栅格化"文字

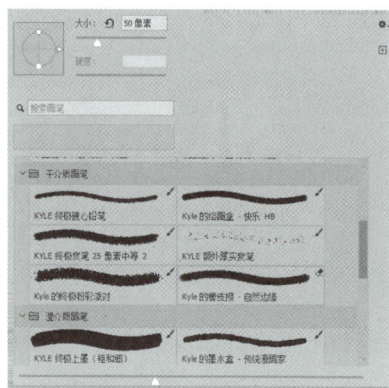

图 5-4-19　更改橡皮擦样式

图 5-4-20　效果图

图 5-4-21　复制"耳机图层"并移动

（12）选择最顶层的文字图层，按住"Shift"再选择最底层文字图层，最后按"Ctrl+G"创建组，双击组名改为"文字"，如图 5-4-22 所示。

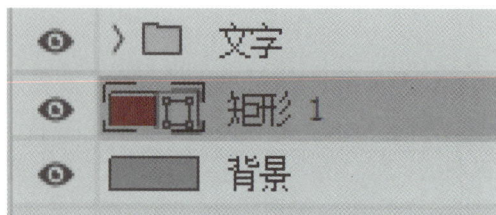

图 5-4-22　更新组名为"文字"

（13）单击"文件"按钮，选择"打开"命令，在文件中找到"耳机"和"光"图片，将其拖入文档中，放入合适的位置，如图5-4-23所示。

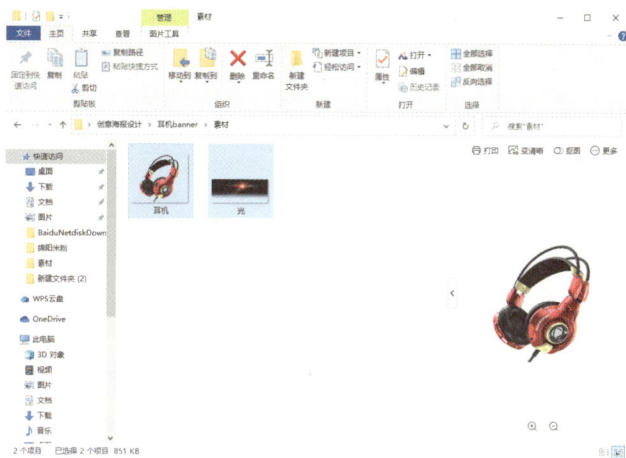

图5-4-23　打开"耳机"和"光"图片

（14）选中"光"图片，更改图层混合模式为"滤色"，如图5-4-24所示。按"Ctrl+J"组合进行复制，将"光"素材按"Ctrl+T"进行变换，并放于耳机处，如图5-4-25所示。

图5-4-24　更改"光"图层混合模式为"滤色"

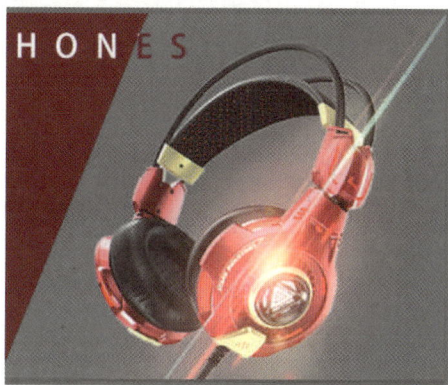

图5-4-25　将"光"素材变换并放于耳机处

（15）将"光拷贝"素材按"Ctrl+T"进行变换，并放于文字处。选择"选区"工具，框选出相应的位置，按"Shift+F6"进行羽化，如图5-4-26所示。选中"光拷贝"图层创建蒙版，如图5-4-27、图5-4-28所示。

图5-4-26　进行羽化

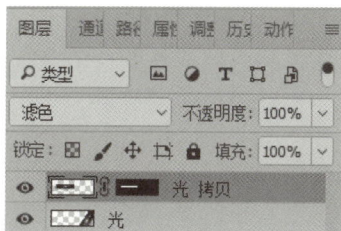

图5-4-27　选中图层

图5-4-28　创建蒙版

（16）选择背景图层，点击创建新图层，将其重命名为"高光"。然后选择"画笔"工具 ，将前景色设为白色，更改画笔大小为"432 像素"，硬度为"0%"，如图 5-4-29 所示。再次点中"高光"图层，在耳机后进行涂抹，更改不透明度为 70%，如图 5-4-30 所示。

（17）海报制作完成，效果如图 5-4-31 所示。

图 5-4-29　设置画笔参数

图 5-4-30　更改不透明度

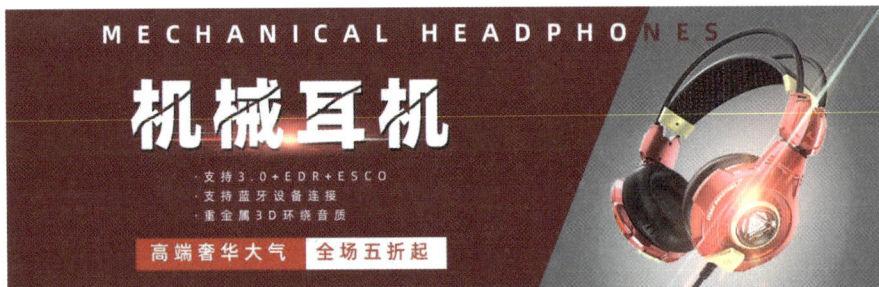

图 5-4-31　耳机海报最终效果

任务 5.5　项目实战——箱包类海报创意设计与制作

任务引入

本任务要求读者通过设计与制作箱包类网店海报，掌握箱包类网店海报的设计要点与制作方法。

设计理念

这张网店海报通过柔和的紫色和白色背景营造清新优雅的氛围，突出新款女包的时尚感和热销特点。海报右侧展示了一位背着包包的模特，吸引观众的目光，强调产品的实际效果和使用场景。显著位置标注了"5 折包邮"的促销信息，直接传达优惠力度，激发购买欲望。整体设计简洁明了，确保消费者能够迅速获取关键信息，同时强化了品牌的辨识度。最终效果如图 5-5-1 所示。

图 5-5-1　箱包网店海报设计

【素材文件所在位置】资源总包\Ch05\任务 5.5 箱包类海报创意设计\素材
【效果文件所在位置】资源总包\Ch05\任务 5.5 箱包类海报创意设计\工程文件

项目 6

网店 PC 端首页设计与制作

在数字化时代迅猛发展的当下，网店 PC 端首页设计与制作已成为电商成功的关键因素。本项目将专注于网店 PC 端首页的创意设计与实现技巧，从基础设计理论出发，细致阐述如何打造引人入胜的视觉中心，巧妙融合创新元素与独特风格，并精通高效的设计流程和工具使用。结合案例分析和实践操作，读者将掌握如何制作既遵循平台规范又能够展现商品特色的精致首页，有效提升用户参与度和购买转化率，进而显著增强店铺的市场竞争力和商业价值。

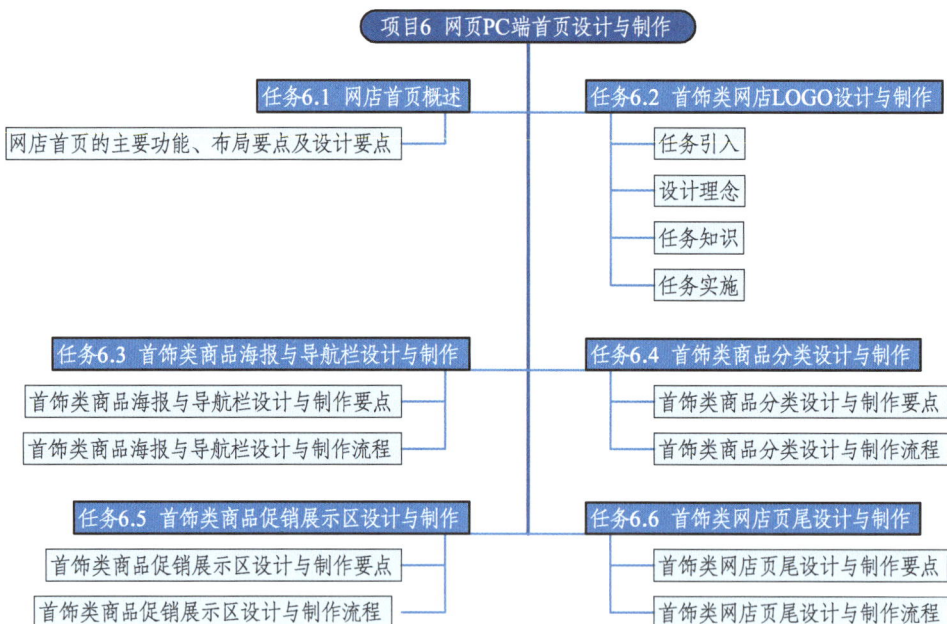

本项目的思维导图如图 6-0-1 所示。

```
项目6 网页PC端首页设计与制作

任务6.1 网店首页概述              任务6.2 首饰类网店LOGO设计与制作
  网店首页的主要功能、布局要点及设计要点      任务引入
                                     设计理念
                                     任务知识
                                     任务实施

任务6.3 首饰类商品海报与导航栏设计与制作   任务6.4 首饰类商品分类设计与制作
  首饰类商品海报与导航栏设计与制作要点       首饰类商品分类设计与制作要点
  首饰类商品海报与导航栏设计与制作流程       首饰类商品分类设计与制作流程

任务6.5 首饰类商品促销展示区设计与制作    任务6.6 首饰类网店页尾设计与制作
  首饰类商品促销展示区设计与制作要点        首饰类网店页尾设计与制作要点
  首饰类商品促销展示区设计与制作流程        首饰类网店页尾设计与制作流程
```

图 6-0-1　项目 6 思维导图

学习引导

知识目标

掌握网店 PC 端首页设计与制作基础知识。

✈ 素养目标

培养对网店首页设计的审美鉴赏能力。
培养对网店首页的设计创作能力。

✈ 能力目标

了解网店首页设计思路。
掌握网店首页设计与制作方法。

✈ 思政目标

培养正确的商业伦理观。
强化社会责任意识。
弘扬创新精神与工匠精神。

✈ 实训任务

首饰类网店 LOGO 设计与制作。
首饰类商品首页海报和导航栏设计与制作。
首饰类商品促销展示区设计与制作。
首饰类网店页尾设计与制作。

✈ 考核评价

如表 6-0-1 所示，项目 6 网店 PC 端首页设计与制作考核评价表根据学生自评、组内互评和教师评价来计算总分，全面反映学生教材知识点掌握程度、课堂参与度、作业完成情况以及实操表现。

表 6-0-1　考核评价表

考核维度	评价指标	分值	学生自评	组内互评	教师评价
知识点掌握（30分）	字符工具的运用	5			
	形状工具的运用	5			
	渐变工具的运用	5			
	对齐功能的掌握	5			
	钢笔工具的运用	5			
	剪贴蒙版的运用	5			
课堂参与（20分）	出勤情况	5			
	课堂互动（提问、回答、小组讨论）	10			
	学习态度（专注度、积极性）	5			
作业完成（20分）	作业完成度（是否按时完成、完成任务量）	10			
	作业质量（是否达到任务要求、是否存在错误）	10			

考核维度	评价指标	分值	学生自评	组内互评	教师评价
实操表现 （30分）	实操熟练度（操作是否流畅、是否需要多次修正）	10			
	实操效果（是否达到预期效果、是否具有创新性）	10			
	实操规范性（是否遵循操作流程、是否符合行业规范）	10			
总计					

任务 6.1　网店首页概述

　　网店首页指的是在线零售商店在互联网上的主要入口和展示页面，是顾客进入网店后看见的第一个页面。它相当于实体店的橱窗，起到吸引顾客、展示商品、传递品牌形象和提供导航的作用。网店首页通常包括 8 个关键元素：品牌标识、导航栏、广告横幅、推荐商品、搜索栏、用户登录/注册、购物车以及页脚信息。设计一个优秀的网店首页，需要考虑美观性、功能性和用户体验，使顾客在进入首页时就能感受到购物的便捷和愉快，所以说网店首页不仅是展示商品的窗口，更是提升用户体验、促进销售和传递品牌价值的重要平台。

6.1.1　网店首页主要功能

　　网店首页的主要功能包括以下几个方面：

　　（1）品牌展示：通过店铺 LOGO、名称和宣传语展示品牌形象，提升品牌认知度。

　　（2）导航功能：提供清晰的分类和导航菜单，帮助顾客快速找到所需商品或信息。

　　（3）促销展示：通过广告横幅、活动海报和优惠信息等吸引顾客关注并参与促销活动。

　　（4）商品推荐：展示精选商品、热销商品和新品推荐，增加商品曝光率，促进销售。

　　（5）搜索功能：提供搜索栏，方便顾客快速搜索和定位所需商品，提高用户体验。

　　（6）用户登录和注册：提供用户登录和注册入口，便于个性化服务和购物体验。

　　（7）购物车查看：显示顾客已选购的商品，方便查看和管理购物车中的商品。

　　（8）客户服务信息：提供联系方式、帮助中心、常见问题解答等，提升顾客服务水平。

　　（9）页脚信息：包含店铺信息、服务条款、隐私政策、社交媒体链接等，提供全面的店铺信息。

6.1.2　网店首页布局要点

　　成熟并优质的网店首页设计在布局的时候通常从以下几个方面进行着力：

　　1. 视觉吸引力

　　品牌标识：醒目的店铺 LOGO 和名称，增强品牌识别度。

　　广告横幅：放置在页面顶部或显眼位置，展示促销信息和新品推荐。

　　高质量图片：使用高清商品图片和设计精美的图形元素吸引顾客注意。

2．用户体验

导航栏：设计清晰的分类和导航菜单，使顾客能快速找到所需商品。

搜索栏：放置在显眼位置，方便顾客快速搜索商品。

用户登录和注册：提供明显的登录和注册入口，便于顾客操作。

3．信息展示

商品推荐区：合理布局精选商品、热销商品和新品推荐区域，增加商品曝光率。

促销信息：突出展示优惠信息、限时抢购等，吸引顾客参与活动。

客户评价：展示顾客评价和评分，增加店铺可信度。

4．功能性

购物车：显示在页面顶部或侧边栏，方便顾客随时查看和管理已选购商品。

快速链接：提供到特定页面（如客服、帮助中心、退换货政策等）的快捷链接。

5．页脚信息

店铺信息：包括关于我们、联系方式、社交媒体链接等，方便顾客了解店铺详情。

服务条款和隐私政策：放置在页脚，增加店铺的专业性和合规性。

6.1.3　网店首页设计要点

1．简洁明了

（1）确保页面清晰简洁，易于浏览，避免过度设计和信息过载。

（2）突出显示重要内容，如促销信息、热销商品、新品推荐等，吸引顾客注意力。

2．品牌一致性

（1）使用一致的品牌颜色、字体和风格，增强品牌识别度。

（2）确保首页设计和其他页面的风格一致，维持整体的品牌形象。

3．突出的视觉效果

（1）使用高质量商品图片和设计精美的图形元素，吸引顾客眼球。

（2）合理使用颜色，保持页面色彩和谐，避免视觉疲劳。

4．信息层次分明

（1）将不同类型的信息（如促销、推荐、分类等）分区展示，层次分明，便于浏览。

（2）使用清晰的标题和副标题，引导顾客浏览页面内容。

任务 6.2　首饰类网店 LOGO 设计与制作

任务引入

本任务要求读者首先认识并了解"字符"工具、"钢笔"工具、"对齐"工具及"形状"工具，然后通过设计首饰类网店 logo，掌握 logo 的设计要点与制作方法。

首饰类网店 LOGO
设计与制作

▶ 设计理念

在此次任务中，首先需要理解以"MUSE 缪斯"命名的首饰类网店名称的含义，在西方文化中，缪斯是希腊神话中的九位文艺女神，她们的形象与艺术和美丽紧密相连，这与首饰的特性完美契合。品牌名中的"MUSE"突显了首饰作为艺术品的特质，旨在为顾客提供精美、高雅的首饰作品。同时品牌名称中使用了英文"MUSE"和中文"缪斯"，体现了中西文化的完美融合，这样的设计不仅保留了品牌的国际化视野，还增加了其在国内市场的亲和力和辨识度，再搭配上简约的钻石图案，既能直观地向消费者展示出网店的性质，又使得整个网店LOGO 更富有层次性。最终效果如图 6-2-1 所示。

图 6-2-1　首饰品牌 LOGO 设计

◀ 任务知识

1. LOGO 颜色搭配技巧

因为首饰网店以"MUSE 缪斯"命名，品牌定位旨在凸显"精美、高雅"，那么相对应的消费者群体也应有一定的消费能力。在 LOGO 的颜色设定上，旨在简洁、明了、大气，切忌多用、滥用颜色。饱和度和明度过于高的颜色和品牌定位不符，因此我们选择自然低调又不乏女性优雅气质的大地色系作为 LOGO 的主色调，如图 6-2-2 所示。除 LOGO 之外，我们在后面展开的一系列设计任务都要围绕此色调展开，以保持品牌形象的一致性。

RGB:167 105 73
RGB:237 228 217

图 6-2-2　首饰品牌 LOGO 颜色搭配设计

2."字符""钢笔""对齐""形状"工具

"字符""钢笔""对齐""形状"工具的属性栏如图 6-2-3 ~ 图 6-2-5 所示。

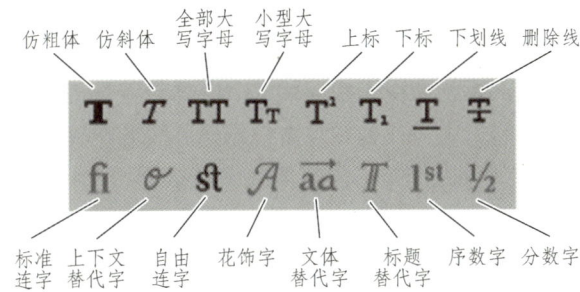

字体　字体样式
大小　设置行距
两个字符间的字距微调　所选字符字距调整
所选字符的比例间距
垂直缩放　水平缩放
设置基线偏移　设置文本颜色
语言设置　设置消除锯齿的方法

仿粗体　仿斜体　全部大写字母　小型大写字母　上标　下标　下划线　删除线

标准连字　上下文替代字　自由连字　花饰字　文体替代字　标题替代字　序数字　分数字

图 6-2-3　"字符"工具属性栏说明

钢笔工具　P
自由钢笔工具　P
弯度钢笔工具　P
添加锚点工具
删除锚点工具
转换点工具

选择工具模式　建立形状图层　路径对齐方式　设置其他钢笔和路径选项　将矢量形状边缘与像素网格对齐
建立选区　新建矢量蒙版　路径操作　路径排列方式　当位于路径上时自动添加或删除锚点

图 6-2-4　"钢笔"工具属性栏说明

左对齐　右对齐　顶对齐　垂直居中对齐　右对齐　水平分布
水平居中对齐　垂直分布

对齐：
分布：
按顶分布　水平居中分布
垂直居中分布　按右分布
按底分布　按左分布
分布间距：　对齐：
选区

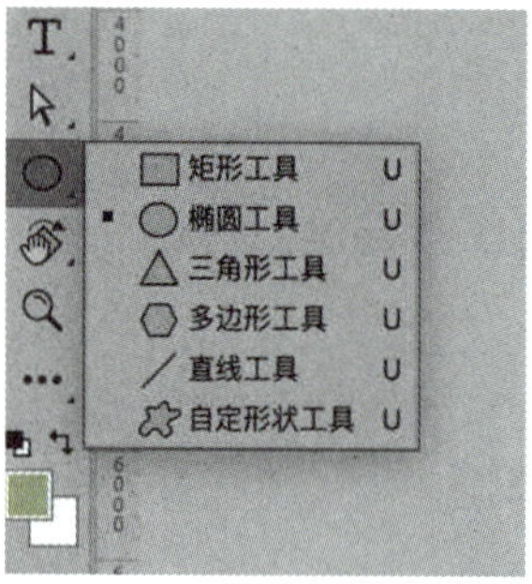

图 6-2-5　"对齐""形状"工具属性栏说明

⚡ 任务实施

【效果文件所在位置】资源总包\Ch06\效果图\首饰类网页 LOGO 设计

任务开始之前先演示如何在计算机系统中安装下载好的字体，并在 Photoshop 中使用它。对于本任务 LOGO 设计所用到的阿里巴巴普惠体，字体位置在"资源总包\Ch06\素材\字体"。

（1）首先打开计算机底部系统的搜索栏，输入"字体设置"并选择该系统设置选项。

（2）在打开的字体设置窗口中，找到并点击"浏览并安装字体"。

（3）浏览下载并解压的阿里巴巴普惠体字体文件夹位置，选中所有字体文件，然后点击"选择字体"。

（4）完成安装后，可以在计算机系统的"可用字体"列表中搜索到安装好的阿里巴巴普惠体。

（5）现在在 Photoshop 中，阿里巴巴普惠体已经自动安装到字符属性的字体库中，用户可以直接在字体选项中找到并使用它。

LOGO 的设计与制作步骤如下：

（1）打开 Photoshop，按"Ctrl+N"组合键，弹出"新建文档"对话框，在文档种类里面，选择 Web 网页设计。选择"网页→最常见尺寸"，尺寸为"1 388×768 像素"，分辨率为"72 像素/英寸"，颜色模式为"RGB"，背景内容为"白色"，标题更改为"首饰类网店 Logo 设计"。单击"创建"按钮，新建一个文档，如图 6-2-6 所示。

（2）打开"编辑→首选项→单位与标志"，将"标尺"与"文字"的单位改为"像素"，如图 6-2-7 所示。修改好后再打开"窗口→字符"，将"字符"这一属性来调整出来，选择"阿里巴巴普惠体"，选择"light"字体样式来表现女性的一种纤细精致的感觉，符合品牌 LOGO 的调性。

（3）选择工具栏中的"横排文字"工具 T.（快捷键 T），鼠标变成虚线框后，点击画板中心并输入中文名称"缪斯"。按下"Ctrl+Enter"组合键，退出文字选框，选择"移动"工具 ⊕.（快捷键 V）选择并拖动文字。接着再次使用"横排文字"工具 T.，在旁边点击并输入英文名称"MUSE"，确保按住大写锁定键，使所有字母为大写，如图 6-2-8 所示。另一种方法是在字符属性栏中，选择横排文字工具的第三个选项 TT，也可以切换字母大小写。

（4）确定字体和样式后，需要调整英文和中文之间的垂直位置。首先，打开"视图→标尺"（快捷键"Ctrl+R"）。以 S 为基准，拖动标尺线到英文 S 的最高点和最低点，以确保整体均衡。在字符属性栏中，找到"字体大小"设置框，将"220 像素"改为"180 像素"。选择

"移动"工具 ✛（快捷键"V"），调整大写字体的位置，使其与"S"的高度大致匹配，效果如图 6-2-9 所示。

图 6-2-6　新建文档

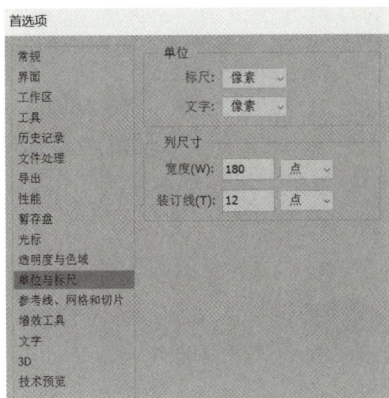

图 6-2-7　修改标尺与文字单位

MUSE缪斯　MUSE缪斯

图 6-2-8　输入 LOGO 文字

图 6-2-9　对齐中英文

（5）选中英文 MUSE 图层，移动鼠标到字符属性栏，在字符间距调整处将默认的"-5"调整为"0"，中文保持间距不进行更改。检查调整后的字母间距是否均匀。使用左侧工具栏的"矩形选框"工具 ▢，对准 S 和 E 之间的距离，约为 36 像素。选中矩形，往左移动进行字母间距的衡量，可以发现 M 和 U 之间距离稍宽。拖动标尺线与虚线框对齐，按下"Ctrl+D"组合键，使虚线框消失。

（6）选择"横排文字"工具 T（快捷键"T"），进入字母选择模式，选中并剪切掉（"Ctrl+X"）"M"。剪切完成后，再次进入字母选择模式，将其粘贴（"Ctrl+V"）到字母"U"旁边。选中"矩形"工具 ▢，点击画面中心，设置宽度为 36 像素、高度随意的矩形。选择红色作为填充色并去除边框颜色，创建一个宽度 36 像素宽且无边框的红色矩形。使用选择工具将"M"与字母"U"上下对齐。确保上下对齐后，根据之前测量的距离（36 像素），利用红色矩形调整其位置，效果如图 6-2-10 所示。

MUSE 缪斯　MUSE 缪斯

图 6-2-10　调整 M 与 U 之间的距离

图 6-2-11　确保字母之间间距一致

（7）使用红色矩形作为参考，将其放置在英文字母和中文字体之间进行微调。保持字母之间以及英文字母与中文字体之间的距离都为 36 像素，隐藏标尺线和红色矩形图层，检查每个字母之间的间距，确保它们基本一致。如图 6-2-11 所示。

（8）选中画板下面的三个文字图层，分别为"M""USE""缪斯"，点击"创建新组"，将它们组合成一个群组 。双击将组名称改为"文字"。选中红色方块图层，鼠标右键点击，将其颜色设为红色方便识别，表示这是一个用于测量的图层，将其暂时隐藏起来，待需要时再显示。

（9）将大写字母"M"和"USE"这两个图层单独组成一个名为"Muse"的群组 ，因为它们都属于英文字母。然后，同时选中字母"MUSE"和中文"缪斯"的图层。在顶部的"对齐"属性栏中，点击"垂直居中对齐" ，使字母"MUSE"和中文"缪斯"之间绝对对齐，如图 6-2-12 所示。

（10）按住"Ctrl+A"组合键，选中整个文字图层，然后点击"水平居中对齐" 和"垂直居中对齐" 按钮，将文字图层完全居中于画板中心。关于 LOGO 的大小则不需要担心，现在放大 LOGO 是为了方便浏览，在网页设计时会根据需要调整。

图 6-2-12　字母和中文之间对齐

（11）接下来设计 LOGO 的图案部分。在视图中，首先隐藏或清除之前的参考线。然后打开"视图→显示→网格"，画板就会显示出均匀分布的网格，如图 6-2-13 所示。

（12）打开之前绘制的红色矩形参考，并将其移动到所需位置。调整其尺寸为宽"850 像素"，高"142 像素"，透明度为"50%"。选择"移动"工具 ，按住"Shift"键以保持比例，将文字移动到所需位置，使其大小与红色参考格子匹配，如图 6-2-13 所示。

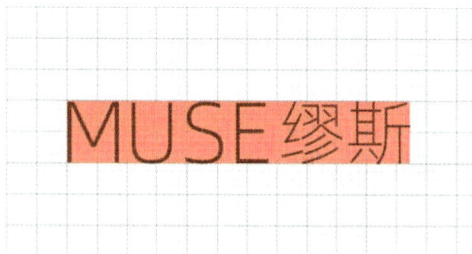

图 6-2-13　打开"网格"与红色矩形

图 6-2-14　调整格子与文字大小

（13）将格子的宽度进行更改，调整到"810 像素"，高度保持"142 像素"。由于将文字的大小调整之后，它的数值也发生了变化，让其字体的大小数值尽量改为"偶数 198"，效果如图 6-2-14 所示。

（14）将矩形和文字合成一个群组 ，并使用"Ctrl+A"组合键，全选并点击"垂直居中对齐" ，使其对齐到画板。向下移动，为我们需要画图案的部分留出空间，确保图案位于画板中心。接着打开刚刚参考使用的矩形条，复制粘贴（"Ctrl+C""Ctrl+V"）并将其移到上方，间距适当。选中并缩小为高度为"213 像素"、宽度为"213 像素"的矩形，以便进行图案设计，效果如图 6-2-15 所示。

图 6-2-15 再创建一矩形框　　图 6-2-16 两矩形水平居中对齐　　图 6-2-17 红色正方形放入钻石

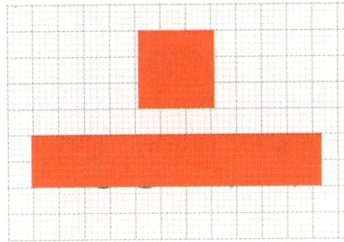

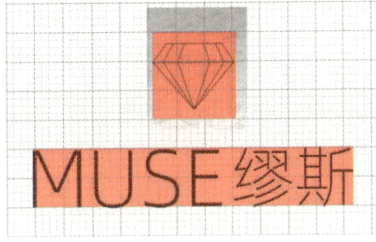

（15）将两个矩形的"透明度"调高到"100%"，选择"移动"工具，选中两个矩形并点击"水平居中对齐"，如图 6-2-16 所示。这时可以清楚地划分出下方是文字区域，上方是图案区域。这样设计出的 LOGO 会更加协调。

（16）重新将图层的透明度降低为约"50%"，打开素材文件夹，在"资源总包\Ch06\项目 6 网店 PC 端首页的制作\素材\LOGO 素材"找到"钻石图片素材"并拖入 Photoshop，放置在红色正方形区域内适当位置，如图 6-2-17 所示。

（17）选择"矩形"工具，在钻石图案大小的基础上绘制一个长方形。移除填充色，将描边设为黑色，像素大小调整为"2 像素"，如图 6-2-18 所示。

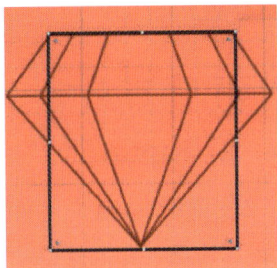

图 6-2-18 绘制一长方形　　图 6-2-19 增加锚点并拖动　　图 6-2-20 两侧线条变直

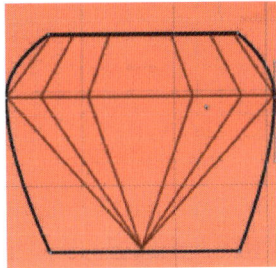

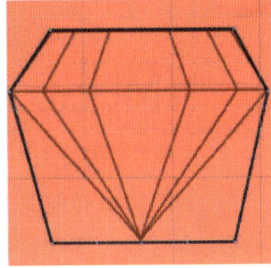

（18）选择"钢笔"工具，在绘制的长方形左边四分之一处增加一个锚点，在右边相同位置也增加一个锚点。选择"直接选择"工具，拖动两边的锚点到钻石参考图合适的位置，如图 6-2-19 所示。

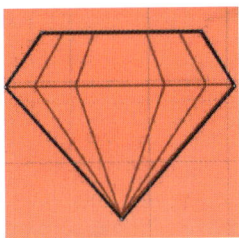

图 6-2-21 删除底部多余锚点　图 6-2-22 勾画内部　图 6-2-23 复制翻转图案　图 6-2-24 绘制中横线

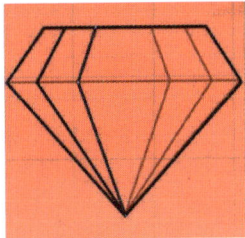

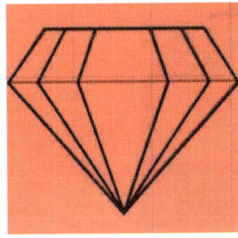

（19）长按"钢笔"工具，选择最下方的"转换点"工具，点击新增加的两个锚点使两侧线条变直，如图 6-2-20 所示。

（20）选择"钢笔"工具，在底部线条中间位置加上一个锚点。选择钢笔工具中的"删除锚点"工具，删除底部两侧多余的锚点。再次使用"转换点"工具点击底部锚点，使其两侧线条变直。调整锚点与钻石素材相匹配，完成钻石边框绘制，如图 6-2-21 所示。

（21）完成边框后，选择"钢笔"工具🖊，勾画钻石的内部结构。使用"直接选择"工具🔺，调整锚点位置并与参考图吻合，如图 6-2-22 所示。

（22）选中已绘制好的钻石内部线条，右键点击"复制图层"并确定。按下"Ctrl+T"组合键，选中复制的图层，右键选择"水平翻转"。完成翻转后，按住"Shift"键将其水平移动到图案中合适的位置，然后按下"Enter"键，如图 6-2-23 所示。

（23）选择"钢笔"工具🖊，在绘制中间的横线时按住"Shift"键，确保得到水平的直线。完成后，使用"直接选择"工具🔺，调整锚点位置，确保钻石的对称性。可以使用辅助线进行测量，保证线条的水平对齐，如图 6-2-24 所示。

（24）完成钻石绘制后，删除钻石参考图片资源和参考矩形。点击"视图→显示→网格"，将网格关闭。选中所有钻石绘制图层，创建群组📁并重新命名为"钻石图案"。

（25）选中钻石图层，选择"矩形"工具▢，调整描边粗细为"3 像素"，钻石的线条变得粗一点，使其看起来更加和谐，如图 6-2-25 所示。

（26）画好钻石后，发现它比之前在红色格子中定位时稍微离下方文字远了一些，需要手动调整位置，将钻石向下移动，确保与文字更接近。最终效果如图 6-2-26 所示。

图 6-2-25　调整描边粗细

图 6-2-26　调整钻石位置

（27）下面演示如何为完成的 LOGO 设计上色。打开"上色效果图素材"，点击"窗口→排列→双联垂直"，这样就可以同时看到两个画板的窗口了，如图 6-2-27 所示。

（28）将 LOGO 文字和钻石的颜色改为参考图颜色。选择文字图层，点击"字符→颜色"，并输入 RGB 值"167，105，73"。选择钻石图层，选择"矩形"工具▢，修改描边颜色为最近使用的颜色，使图案和文字颜色一致，如图 6-2-28 所示。

（29）更改颜色后，发现钻石的效果较弱。将边框改为"4 像素"，让线条显得更粗，加粗后可能会产生小瑕疵，使用"直接选择"工具🔺进行微调，使其更完美，如图 6-2-29 所示。

图 6-2-27　打开两个画板　　图 6-2-28　设置颜色　　图 6-2-29　加粗钻石线条

（30）创建一个新图层⊞并置于顶层。点击"前景色设置"，并输入 RGB 值"237，228，217"。按住"Shift+Backspace"键打开填充对话框，点击"确定"。将图层移至底部并重命名为"背景"。关闭左边的参考图窗口，得到了最终的彩色 LOGO 效果图，如图 6-2-30 所示。文件位置在"资源总包\Ch06\项目 6 网店 PC 端首页的制作\效果图\首饰类网页 LOGO 设计\LOGO 上色效果图"。

图 6-2-30　LOGO 效果图

任务 6.3　首饰类商品海报与导航栏设计与制作

在首饰店铺的首页上展示吸引人的海报（banner），以达到增加品牌吸引力和促进销售的目的，突出首饰产品的特点，传达品牌故事，以及推广促销活动。而导航栏则是网页的核心功能区，提供分类链接和导航菜单，帮助顾客快速找到所需的商品和信息，提升用户体验。

6.3.1　首饰类商品海报与导航栏设计与制作要点

1. 海报设计

品牌展示：突出品牌名称和 LOGO，增强品牌识别度。

视觉吸引力：使用高质量图片和设计元素，吸引顾客注意力。

节日或季节性主题：根据特定节日或季节调整海报设计，以吸引季节性顾客。

风格统一：保持与整体网站风格一致，体现品牌的统一形象。

尺寸：以淘宝电商为例，首页海报尺寸一般宽度为 1 920 像素，高度建议在 900 像素以内，不同的电商平台有不同的设计规范和要求，我们要学会灵活变通。

2. 导航栏设计

清晰分类：提供清晰的商品分类和导航链接，方便顾客查找。

用户友好：设计简洁明了的导航菜单，提高用户体验。

响应式设计：确保导航栏在不同设备（PC、手机、平板）上都能良好显示和操作。

搜索功能：在导航栏中集成搜索功能，方便顾客快速搜索商品。

6.3.2　首饰类商品海报与导航栏设计与制作流程

🚀 任务引入

本任务要求读者继续认识"字符"工具、"对齐"工具，认识并学会使用"渐变"工具与"变形"工具；然后通过海报和导航栏，掌握网店海报的设计要点与制作方法。

首饰类商品海报与导航栏设计与制作

🚀 设计理念

在设计珠宝品牌 MUSE 的网页海报与导航时，我们采用了金色作为主色调，以彰显品牌的奢华与高雅。设计中融合了以下核心要素：

（1）色彩策略：以金色为核心，传递出珠宝的奢华感，同时与品牌定位相契合。

（2）设计元素：精选优雅精致的视觉元素，强调设计的细腻与匠心独运。

（3）主题贯穿：将爱作为设计的灵魂，贯穿整个网页，呼应珠宝作为情感传递的传统。最终效果如图 6-3-1 所示。

图 6-3-1　海报最终效果

🚀 **任务知识**

"渐变"与"变形"工具属性界面如图 6-3-2 所示。

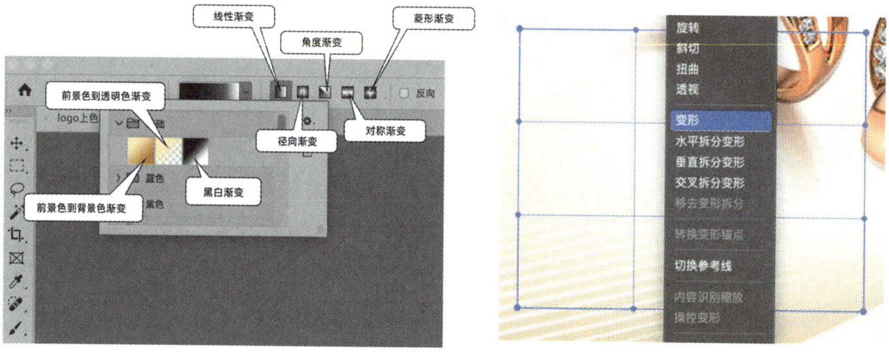

图 6-3-2　"渐变"与"变形"工具属性界面

🚀 **任务实施**

【效果文件所在位置】资源总包\Ch06\效果图\首饰类首页海报与导航设计

（1）选中"logo"的画板，点击右键复制画板，并将画板重命名为"海报设计"。按"Z"打开放大镜工具 🔍 ，按住 Alt+鼠标滚轮缩小，将"海报设计"的画板移动至"logo"画板的下方，同时将图层移动至"logo"图层下方。

（2）点击"海报设计"，将里面的图层全部删除，删除"logo"图层中的"矩形 1"和"矩形 1 拷贝"。删掉后，点击右键，点击"转化为智能对象"。复制"logo"画板下的图层，粘贴至"海报设计"画板。

（3）双击"海报设计"画板下的"logo"图层进入编辑，删掉"logo"图层里的背景图层，"Ctrl+S"保存并回到原来的画板。

（4）将"资源总包\Ch06\源文件"中的"栅格标准"PSD 文件拖入到"海报设计"的画板中心，将"栅格标准"图层的不透明度调为"40%"。按"U"（矩形工具 ▢）绘制一个宽和高都为"72 像素"的矩形，并拖到左上方。选中"矩形"（"Ctrl+J"），复制并拖到左下方，选中两个矩形用同样的方法拖到右侧。用参考线将边缘勾勒出来，如图 6-3-3 所示将画的矩形全部选中删掉。并将"logo"图层拖到"栅格图层"上方，按"Ctrl+T"选中"logo"图层，按住"Shift"缩放至两个栅格大小并确定。

（5）按"T"或者选择"横向文字" T，输入"爱的光芒"和"闪耀心动"两行字。将文字的单位改为"像素"（见图 6-3-4），将文字像素改为"100"，文字样式改为"Regular"。选中两行文字调整至其占据四个栅格左右位置。字间距调为"88"，选中两行文字"居中对齐" ▦，用"矩形选框工具" ▢ 检查文字是否对齐。输入"爱意之礼"和"幸福相随"两行文字，并拖至前面两行下方，将像素调为"22"，调整如图 6-3-5 位置。将后两行文字选中成组并"居中对齐" ▦ 上方两行文字，用"矩形选框工具" ▢ 检测。

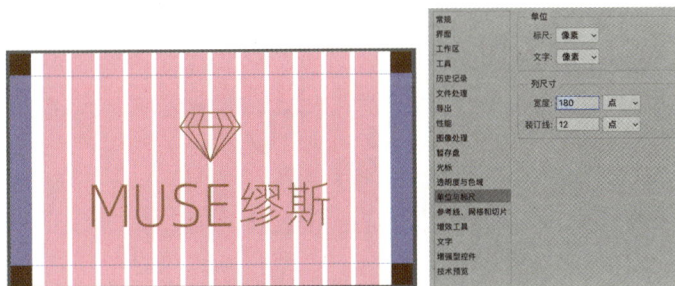

图 6-3-3　用参考线勾勒边缘　　图 6-3-4　文字单位为像素　　图 6-3-5　效果图

（6）点击"多边形工具" ⬡，将边数设为"4"，像素不变，点击"确定"。选中"图形"（"Ctrl+T"），按住"Shift"旋转"45°"，选择直接选择工具调整两边的边角距离，形成一个菱形。按住"Ctrl+T"选择菱形并按住"Shift"调整大小与位置，将菱形两边文字向菱形靠近一些。选中文字和菱形，"垂直居中对齐" ▦，再点击"水平分布" ▥。

（7）将"爱意之礼"和"幸福相随"的文案组重命名为"小文案"，将"爱的光芒"和"闪耀心动"文案组重命名为"大文案"。调整大小文案与"logo"的间距，并选中 3 个图层点击"水平居中"和"垂直分布"。将 3 个图层向中间微微移动。

（8）选择"爱的光芒"图层，右键点击"混合选项"，选择"渐变叠加"，点击"渐变"，点击位置为"0"处色标，点击颜色输入"94，94，94"，点击"确定"。坐标 2 是位置为"30"的白色色标，坐标 3 位置为"83"，颜色为"64，64，64"。将渐变的不透明度调为"65%"，混合模式改为"叠加"，样式为"线性"。图层对齐为"36°"，缩放为"100%"，点击"确定"。点击右键"拷贝图层样式"，粘贴至所有文案。

（9）选择菱形，取消菱形的描边。点击"填充"，单击"色板"，在#后空格处输入色值"DB7439"。点开菱形图层的效果，将角度调为"-131°"，点击"确定"。

（10）选择"矩形工具" ▢，点击画板中心，输入宽度"150 像素"，高度"52 像素"，半径为"5 像素"的矩形。按"U"在填充处点击色板，在#后空格中将颜色色值改为"FFB57C"。将矩形放于文字下方，按 T 输入"即刻探索"，将文字颜色改为"白色"，大小改为"25 像素"，字间距改为"100"，字体为"阿里巴巴普惠体"，样式为"Regular"，放于矩形上方。选择文字与矩形，点击"水平居中" 和"垂直居中"对齐 。选择文字与矩形创建成组，重命名为"即刻探索按钮"，如图6-3-6添加所示。

（11）选择"logo""大文案""小文案""即可探索按钮"，点击"居中对齐" 和"垂直分布" ，用"矩形选框工具" 选择间距。

（12）打开"资源总包\Ch06\素材\海报素材\love手写字体透明"，拖入到画板，将"love"层拖入最下方，并缩放到合适大小，放入图中，如图6-3-7所示。选择"love"图层，右键选择"混合选项"，勾选"颜色叠加"，点击颜色改为"FFDF89"，将图层不透明度调为"50%"。

（13）新建图层，将新建图层放于文案图层下方。选中"前景色色板"，在#后空格处输入色值"EC9B77"。选择图层，右键进入"混合"选项的"颜色叠加"，混合模式选择"叠加"，不透明度为"30%"，色标1为"黑色"，位置为"0"，色标2为"白色"，位置为"50"，色标3为"黑色"，位置为"100"，角度调为"45°"，渐变方式选择"线性"，缩放改为"41%"。

图6-3-6　添加"即刻探索按钮"图

图6-3-7　效果图

（14）打开文件夹，将"丝带背景"拖入画板中心，按"Ctrl+T"等比放大。选择图层，点击"添加图层蒙版"（见图6-3-8），打开"渐变工具" ，点击"渐变条"，点击"基础"下的第一个样式（见图6-3-9），按住"Shift"垂直拖动至参考线下方，图层样式选择"滤色"。

图6-3-8　点击"添加图层蒙版"

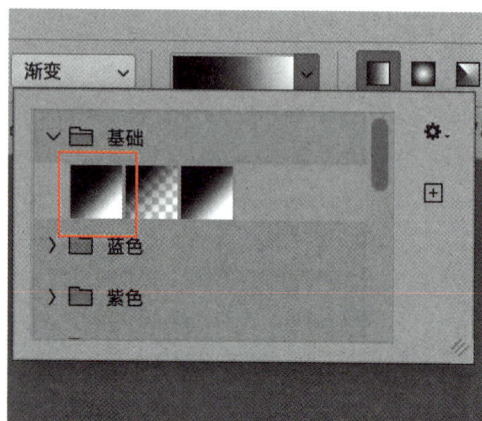

图6-3-9　从前景色到背景色的渐变

（15）选择"大文案"，将字体样式改为"Medium"。新建图层，前景色为"白色"，添加图层蒙版 ◘。选择"渐变"，拖出从左下方到右上方的斜形渐变。图层样式为"叠加"，不透明度改为"80%"。新建图层，前景色为"黑色"，按住"Alt+Delete"，再添加一个图层蒙版 ◘。选择"渐变"，拖出从右上方到左下方的斜形渐变，图层样式为"柔光"。将色带层与所有新建图层选中，组成新组，重命名为"背景图案"。

（16）将"背景图案"中图层蒙版 ◘ 的链接符号关掉，选择"丝带图层"，调整位置（见图 6-3-10），调整好后重新点上链接。打开文件夹，将两个戒指拖入画板中心，选中戒指单独组成一个组，重命名为"戒指"。将戒指组放于背景图案上方，调整戒指位置，如图 6-3-11 所示。

| 图 6-3-10　调整丝带图层位置 | 图 6-3-11　调整戒指位置 |

（17）选择"矩形工具" ▣，按住"Z" 🔍 放大戒指，画一条与戒指差不多宽度的长方形，用吸管吸一个戒指上颜色较深的地方作为矩形的颜色，将矩形旋转至如图 6-3-12 所示位置即可。

（18）点击"滤镜→模糊"中的"动感模糊"，将图形转化为智能对象。将弹出的动感模糊框中的角度改为"-40%"，距离为"50 像素"，放于戒指下方。选择矩形图层，右键选择"栅格化图层"，"Ctrl+T"选中，右键选择"变形"，将矩形调整为"弯曲状态"（见图 6-3-13），并改名为"戒指1阴影"。

图 6-3-12　画一长方形并调整位置

图 6-3-13　将矩形调整为弯曲状态

（19）添加图层蒙版 ◘，按"B"（画笔工具 ✎）把画笔颜色调为"黑色"，不透明度为"80%"，流量为"60%"。点击画笔选择第二个较为模糊的笔刷，在图层蒙版用左右的括号调整笔刷大小，将阴影浅化如图 6-3-14 所示。将图层样式改为正片叠底，不透明度改为"30%"。右键复制图层，"Ctrl+T"选中复制的图层，旋转调整阴影，使两个阴影有些许交叉，如图 6-3-15 所示。

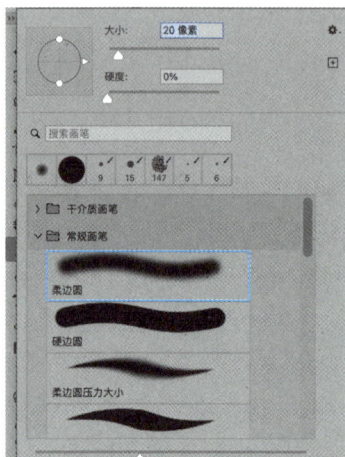

图 6-3-14　设置笔刷

图 6-3-15　使两个阴影有些许交叉

（20）选中戒指 2，按"Ctrl+J"复制图层并将图层放于原图层下方，右键"栅格化复制图层"。将戒指 2 向上移动一点后隐藏，按住"Ctrl"点击"戒指 2 拷贝"进行选中，按"I"（吸管工具 ✐.）吸戒指上颜色较深的地方选中拷贝层，按"Alt+Delete"填充颜色，添加图层蒙版 ▣，按"B"（画笔工具）把画笔颜色调为"黑色"，涂抹掉上面，如图 6-3-16 所示。图层样式改为"正片叠底"，打开"隐藏图层"。

图 6-3-16　涂抹掉戒指上面

图 6-3-17　最终效果图

（21）选择"阴影层组"成组，命名为"阴影"。选择"阴影组"和"戒指 2 组"成组，命名为"戒指 2"。

（22）选择"矩形工具" ▭，创建一条与戒指差不多宽度的长方形，用"吸管" ✐.吸一个戒指上颜色较深的地方作为矩形颜色，旋转矩形和戒指差不多平行。添加动感模糊，角度调为"106°"，距离调为"160 像素"。按"Ctrl+T"选中，右键选择"变形"将矩形变形为一个弧形。添加图层蒙版 ▣，在图层蒙版将阴影浅化。将图层样式改为"正片叠底"，不透明度改为"40%"。右键复制图层，按"Ctrl+T"选中复制的图层，旋转调整阴影，使两个阴影有些许交叉。选中戒指，按"Ctrl+J"复制图层并将图层放于原图层下方，右键"栅格化复制图层"。将戒指向上移动一点后隐藏，按住"Ctrl"点击戒指拷贝进行选中，按"I"吸戒指上颜色较深的地方。选中拷贝层，按"Alt+Delete"填充颜色，添加图层蒙版 ◩ ，按"B"把画笔颜色调为"黑色"，涂抹掉上面。图层样式改为"正片叠底"，打开隐藏图层。最终效果如图 6-3-17 所示。

（23）选择"阴影层组"成组，命名为"阴影"。选择"阴影组"和"戒指组"成组，命名为"戒指"。

（24）选择"矩形工具" ▭ ，绘制一个宽度为"1114 像素"，高度为"60 像素"的矩形。按"Ctrl+ A"（水平居中）放于最上方，取消填充颜色，随便给一个颜色的描边，对齐标尺。

（25）隐藏背景层，输入"首页"，大小为"18 像素"，字间距为"0"，放于第一个栅格中间。输入"全部宝贝"，放入第二个栅格中间。接下来分别输入"新品专区""折扣专区""设计灵感""品牌故事"和"收藏店铺"，如图 6-3-18 所示。

图 6-3-18　输入导航栏文字

（26）用矩形工具 ▭ 绘制一个宽为"165 像素"，高为"26 像素"，边角线为"5 像素"的矩形，放于"收藏店铺"后方，同时选中"收藏店铺"和矩形条图层进行对齐。选择"矩形条"，去掉填色，描边颜色色值设为"A76949"。

（27）输入"登录"放于"收藏店铺"后一格的栅格中央。用"直接选择"工具，选择矩形条右边进行调整。分别输入"购物车"和"收藏夹"放于"登录"后面，如图 6-3-19 所示。

图 6-3-19　输入"登录""购物车""收藏夹"

（28）打开隐藏的背景，隐藏矩形边框图层。选择所有导航栏的图层，点击"垂直居中对齐" ▯ 。选中"首页"到"品牌故事"的文字，组成一个组命名为"左边的导航文字"。选择"收藏店铺"到"收藏夹"的图层组成组，命名为"右边的导航文字"。

（29）打开"左边的导航文字"，全选下方的图层，选择"水平分布" ▯ 。打开"右边的导航文字"，选择"矩形条"图层重命名为"搜索框"，选择"搜索框"与"收藏店铺"组成新组命名为"收藏与搜索"。全选"右边的导航文字"下的图层，点击"垂直居中对齐" ▯ 和"水平分布" ▯ 。

（30）从文件夹将"放大镜"拖入画板，等比例缩小至合适大小，将图层放于"收藏与搜索"组里，并将放大镜放于矩形框内。

（31）从文件夹将"购物车"图标拖入画板，等比缩放至合适大小放于"购物车"后。选中"购物车"与购物车图标,点击"居中对齐" ▣。

（32）分别将放大镜与购物车图标图层重命名为"放大镜"和"购物车图标",选择"购物车"图标,打开"混合选项",勾选"颜色叠加",将颜色色值改为"A76949"。全选导航栏图层,组成组命名为"导航"。选择"导航"下的左右导航文字的组,组成新组命名为"文案"。选择矩形边框图层与"导航"图层,点击"垂直居中对齐" ▣。

（33）将"购物车"与"购物车图标"组成组命名为"购物车",将"收藏与搜索"到"收藏夹"选中,点击"水平分布" ▣。最终效果图如图 6-3-20 所示。

图 6-3-20　最终效果图

任务 6.4　首饰类商品分类设计与制作

商品分类设计是将网店中的商品按不同类别进行系统化归纳和展示的过程,在网页设计中起着至关重要的作用。科学合理的分类设计不仅能提升用户体验和购物效率,还能增强品牌形象和促进销售,最终实现网店的经营目标。

6.4.1　首饰类商品分类设计与制作要点

1. 清晰的分类结构
一级分类:涵盖了各类饰品的主要类型,例如,项链、耳环、戒指、手镯等。
二级分类:根据材质、风格、用途等进一步细分,如黄金项链、珍珠耳环、婚戒、镶钻手镯等。
2. 一致性与标准化
分类名称:统一规范,避免歧义。
分类图标:使用统一风格的图标辅助文字描述,增强视觉效果。
3. 用户体验
简洁明了:分类设计要简洁,避免过多的层级,使顾客能快速导航。
搜索功能:结合商品分类提供搜索功能,提高查找效率。

6.4.2 首饰类商品分类设计与制作流程

📡 **任务引入**

本任务要求读者继续认识"字符"工具、"形状"工具、"对齐"工具、"渐变"工具,新认识"画笔"工具;然后通过制作首饰类商品优惠券和商品分类设计,掌握其中的设计要点与制作方式。

首饰类商品优惠券
和商品分类

📡 **设计理念**

设计过程仍然沿用海报设计的金色调作为主色,保持风格的统一。优惠券背景运用了流畅的线条,制造出浪漫唯美的视觉效果;接着通过展示 3 个不同的珠宝产品——戒指、项链和耳坠,简洁明了地突出商品的独特魅力;通过金色的文字及装饰来介绍产品的名称和价格,强调"爱的光芒系列"这一主题,强化了品牌形象与情感联系。这种设计策略不仅提升了用户体验,还有效传达了 MUSE 珠宝品牌对高品质生活的追求和对爱与美的独特诠释。最终效果图如图 6-4-1 所示。

图 6-4-1 首饰类商品分类及优惠券设计

📡 **任务知识**

"画笔"工具属性栏如图 6-4-2 所示。

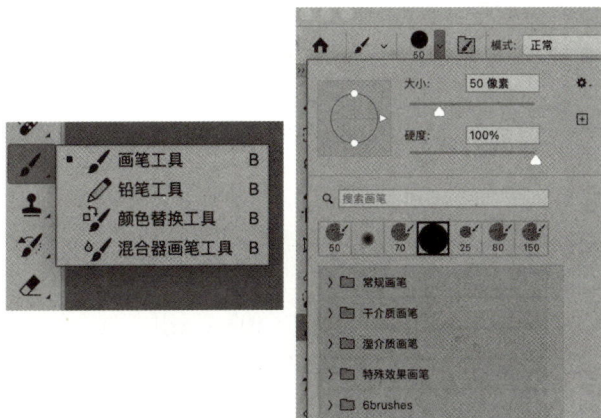

图 6-4-2 "画笔"工具属性栏

🔷 **任务实施**

【效果文件所在位置】资源总包\Ch06\效果图\首饰类首页分类页面设计

（1）选中海报设计这个画板，鼠标右键选择"复制画板"，将这个画板命名为"首饰分类页面设计"，如图6-4-3所示。

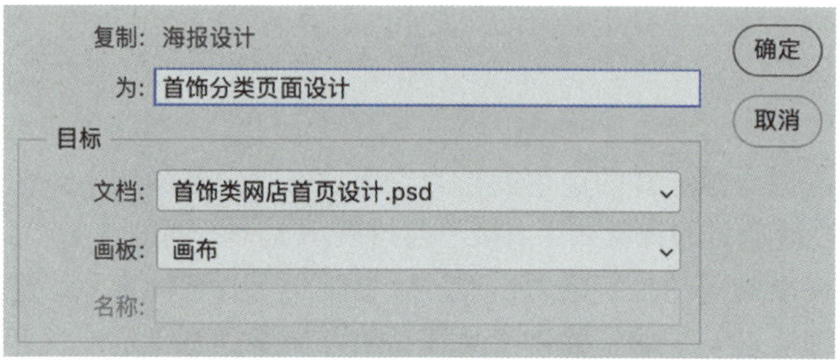

图6-4-3 复制建立"首饰分类页面设计"画板

（2）将"首饰分类页面设计"图层移动到海报设计图层的下方，选择"移动工具" ✛（快捷键V），把图片移动到"海报设计"图片的下面。打开"首饰分类页面设计"图层，将里面的图层删掉，只保留背景图这一个图层。

（3）打开"背景图案"图层，将前面3个图层的中间这个连接符号先点击去掉，如图6-4-4所示。选中"丝带背景"图层，使用"自由变化工具"（Ctrl+T），点击右键"水平翻转"，点击右键"垂直翻转"（见图6-4-5），再重新把3个图层连接上。

图6-4-4 去掉3个图层的连接符号

图6-4-5 翻转"丝带背景"

（4）在图层1上方新建一个图层，命名为"白色光芒"，选择"画笔工具" ✎（快捷键B），样式为"柔角801"（画笔工具），大小为"700像素"，硬度为"0%"，颜色为"白色"，在画板的中央画上几笔，效果如图6-4-6所示。

（5）选择"文字工具" T（快捷键T），点击画板中央，字体的颜色色值设置为"A76949"（见图6-4-7），输入"LIGHT OF LOVE SERIES"，修改字体样式为"Medium"、字体大小为"30像素"、字间距为"0"，如图6-4-8所示。使用"Ctrl+A"组合键全选，点击"水平居中对齐" ♣，使其居中画板，打开"视图→显示→网格"，文字向上移动到如图6-4-9所示位置，根据上一步取消网格。

图 6-4-6　在画板中央画出白色光芒

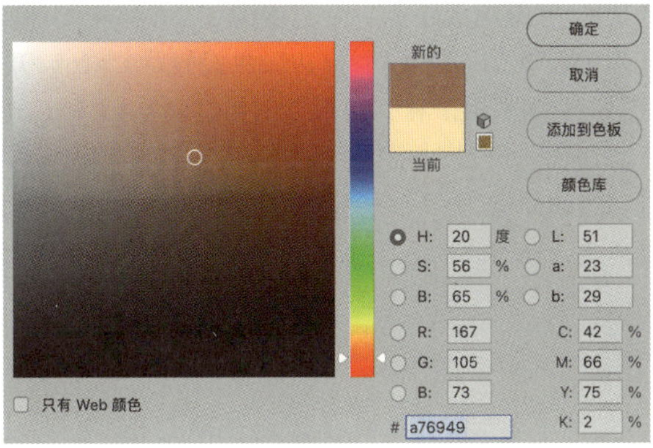

图 6-4-7　设置字体颜色

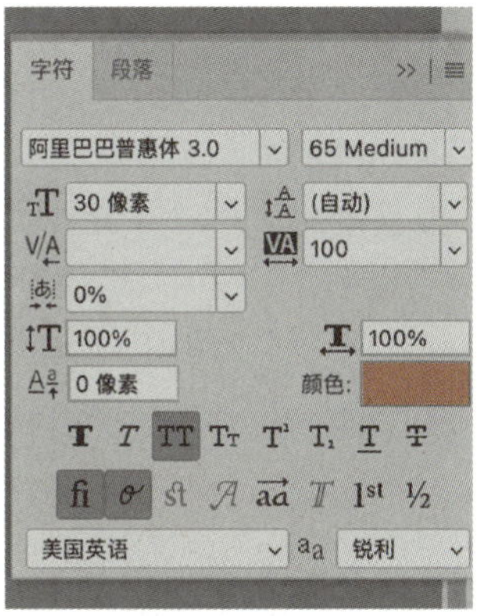

图 6-4-8　设置字符参数

图 6-4-9　移动 "LIGHT OF LOVE SERIES" 位置

（6）选中文字图层，复制粘贴图层（Ctrl+J），移动到下方，双击修改文字为 "爱的光芒系列"，字体大小改为 "25 像素"、字体样式改为 "Regular"，使用 "Ctrl+A" 组合键全选，点击 "水平居中对齐" ![icon]，使其居中画板，再向下移动到合适位置，如图 6-4-10 所示。

（7）回到 "海报设计" 画板，按住 "Ctrl" 键，鼠标左键点击画板上的 "小方块" ◆，复制（Ctrl+C）粘贴（Ctrl+V）到 "首饰分类页面设计" 图层里。将 "小方块" 移动到 "LIGHT OF LOVE SERIES" 与 "爱的光芒系列" 之间，打开 "视图→显示→网格"，调整三者之间的位置并取消网格。同时选中它们 3 个图层并点击 "垂直分布" ![icon]，最后将它们建立群组（Ctrl+G）并命名为 "文案"。

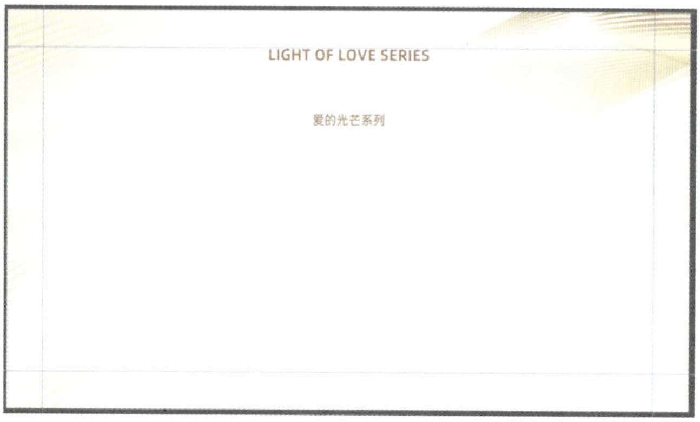

图 6-4-10　移动"爱的光芒系列"位置

（8）选择"矩形工具" □ （快捷键 U），点击画板绘制一个宽度为"286 像素"、高度为"286 像素"、半径为"0"的矩形，将填充颜色设置为"白色"，描边颜色设置为"a76949"（见图 6-4-11），将矩形拖动到适当位置，如图 6-4-12 所示。将"矩形"图层复制粘贴（"Ctrl+J"）2 次并把复制出来的 2 个矩形水平向右拖动到合适位置，再从左至右的顺序把对应图形的图层改名为"矩形 1""矩形 2""矩形 3"，选中 3 个矩形点击"水平分布" ▮ ，建立群组（Ctrl+G）命名为"矩形框"。使用"Ctrl+A"组合键全选，点击"水平居中对齐" ▆ ，如图 6-4-13 所示。

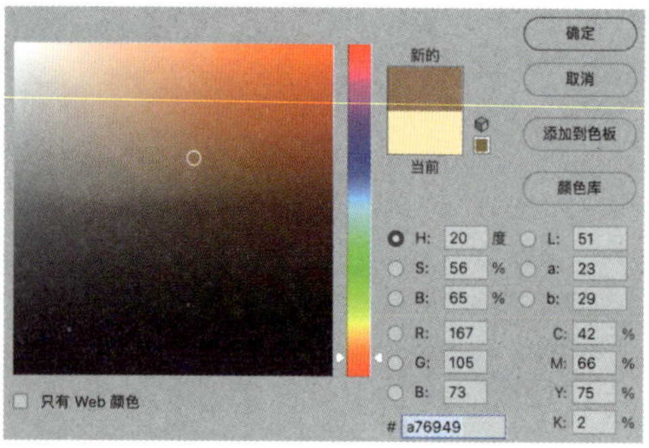

图 6-4-11　设置描边颜色

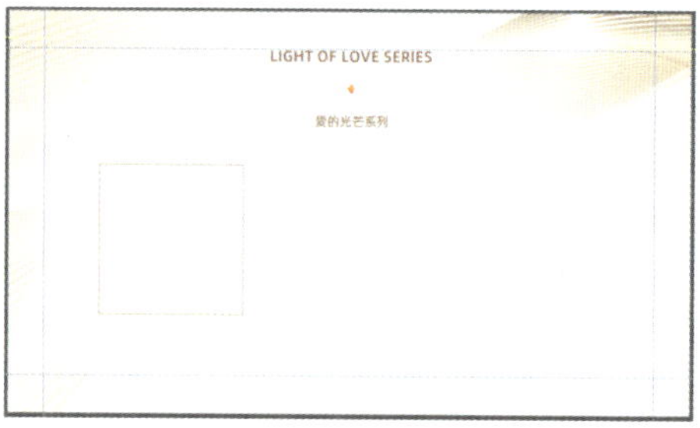

图 6-4-12　调整矩形位置

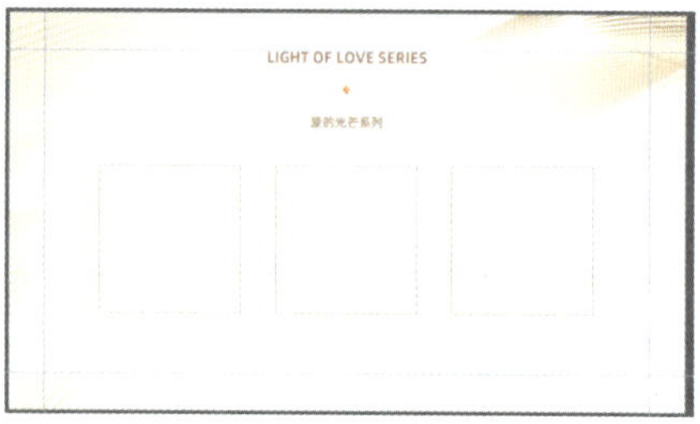

图 6-4-13　将 3 个矩形框对齐

（9）打开"海报设计"图层，选中"戒指 1"和"戒指 2"复制（"Ctrl+C"）粘贴（"Ctrl+V"）到"首饰分类页面设计"图层里"矩形 1"的上方，同时选中它们使用"自由变化工具"（"Ctrl+T"）且按住"Shift"键等比缩放到合适大小并放入"矩形 1"里，建立群组（"Ctrl+G"）命名为"戒指"并选中"矩形 1"点击"水平居中对齐" ▆ 、"垂直居中对齐" ▆ 。

（10）打开"商品分类素材"，选中"项链"图片拖入到画板当中并将"项链"图层放在

"矩形 2"图层的上方，按住"Shift"键等比缩放到与"矩形 2"一样的大小放入其中。鼠标右键点击"项链"图层"创建剪贴蒙版"，再点击"创建新的填充或调整图层" ⬤ 中的"色相/饱和度"并鼠标右键选择"创建剪贴蒙版"，将其数值调为如图 6-4-14 所示。再选中"项链"图层点击"创建新的填充或调整图层" ⬤ 中的"色阶"并将数值调为如图 6-4-15 所示。

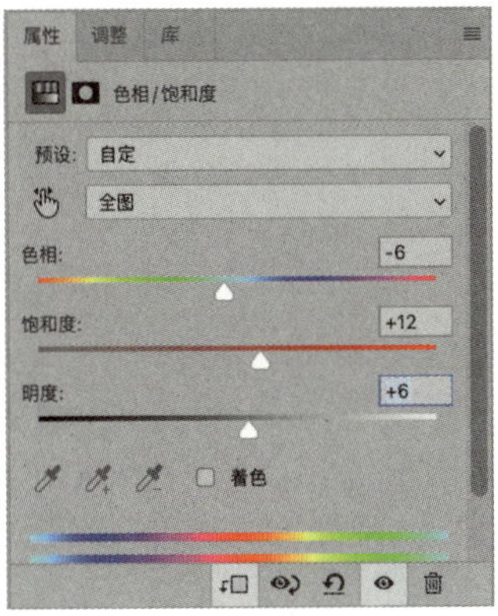

图 6-4-14　调整色相/饱和度

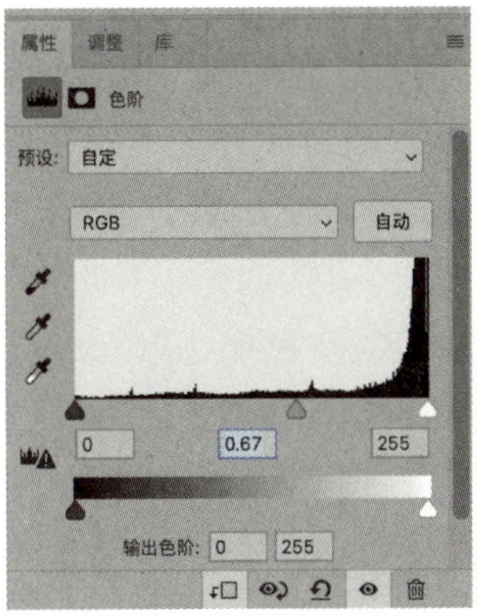

图 6-4-15　调整色阶

（11）打开"商品分类素材"，选中"耳环"图片拖入到画板当中并将"耳环"图层放在"矩形 3"图层的上方，按住"Shift"等比缩放到合适的大小放入"矩形 3"中。鼠标右键点击"耳环"图层"创建剪贴蒙版"，然后在"项链"上的"色相/饱和度"图层点击鼠标右键"创建剪贴蒙版"，并选中"色阶"图层复制（"Ctrl+C"）粘贴（"Ctrl+V"）到"耳环"图层的上方，点击鼠标右键"创建剪贴蒙版"，画面效果如图 6-4-16 所示。

图 6-4-16　画面效果

（12）选择"文字工具" T（快捷键"T"），在戒指图片下面输入文案"爱的光芒　戒指"，字体的颜色设置为"a76949"，字体样式设置为"Medium"，字体大小设置为"20 像素"。选择"矩形工具" ▢（快捷键"U"），按住"Shift"等比绘制一个"15×15 像素"的矩形，点击"直接选择工具点击" ▹（快捷键"A"），选中矩形的右下角删除（Delete），再选中右上角按方向键"←"留住一小段并移动到"爱的光芒　戒指"的左上角形成一个小边角装饰，并将其复制（"Ctrl+C"）粘贴（"Ctrl+V"）到"爱的光芒"的右下角，使用"自由变化工具"（"Ctrl+T"）点击鼠标右键"旋转180°"并调整一下位置，最后将二者改名为"修饰角"。

（13）将"爱的光芒　戒指"图层复制粘贴（"Ctrl+J"），在画板上移动到其下方并修改为"520 起"。在拼音输入法中，通过输入"yuan"来找到人民币符号"￥"并放在"520 起"中的"520"前面，并将字体颜色统一改为"a76949"，字体大小为"25 像素"。单独选中"起"字，字体样式改为"Regular"，字体大小改为"15 像素"，再将"520"与"起"之间空两格。

（14）鼠标右击选择"矩形工具" ▢ ，选中"椭圆工具" ◯ ，按住"Shift"等比绘制一个"18×18 像素"的圆形，将描边改为"无颜色"，填充颜色改为"Eaa55e"并移动到"￥520 起"的右上方。选择"矩形工具" ▢ ，按住"Shift"等比绘制一个"14×14 像素"的矩形，将填充颜色改为"无颜色"，描边改为"a76949"。

（15）点击"直接选择工具点击" ▸ （快捷键"A"），选中矩形的右下角删除（"Delete"）并复制（"Ctrl+C"）粘贴（"Ctrl+V"）。使用"Ctrl+T"选中图形鼠标右键选择"旋转 180°"，将形状高度和形状高度调为"14 像素"，并且将两个边角拼成"十"字形。选中两个图层，将描边改为"2 像素"，再点击右键"栅格化图层"并合并图层（"Ctrl+E"），改名为"+符号"。使用"Ctrl+T"并按住"Shift"等比缩放到合适大小放入圆形中。

（16）选中"+符号"图层，点击鼠标右键打开"混合选项"中的"颜色叠加"，并将颜色改为"白色"。选中"椭圆"图层和"+符号"图层建立群组（"Ctrl+G"）并命名为"+符号"（见图 6-4-17），再将之前做的几个文案图层选中建立群组（"Ctrl+G"）并命名为"商品信息 1"。

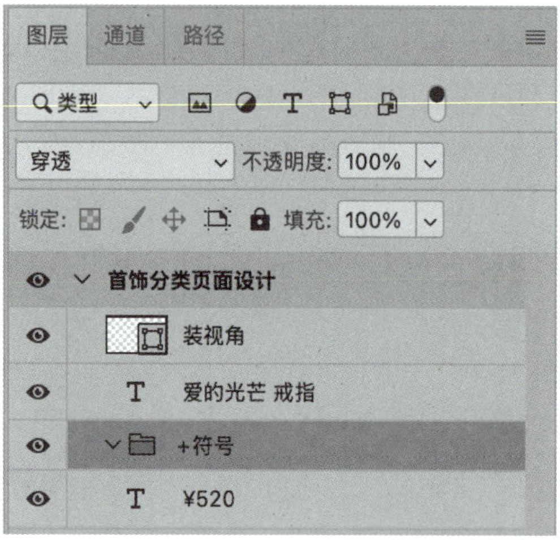

图 6-4-17　创建"+符号"组

（17）将"商品信息 1"图层复制粘贴（"Ctrl+J"）移动到其图层下方，然后在画板上水平向右移动到项链图片下面的中央位置并命名为"商品信息 2"，展开"商品信息 2"图层，双击"爱的光芒　戒指"图层将文字修改为"爱的光芒　项链"。同样将"商品信息 2"图层复制粘贴（"Ctrl+J"）移动到其图层下方，并水平向右移动到耳环图片下面的中央位置并命名为"商品信息 3"，展开"商品信息 3"图层，双击"爱的光芒　项链"图层将文字修改为"爱的光芒　耳坠"。

（18）选中"商品信息 1"图层和"矩形 1"图层，点击"水平居中对齐" ▤ ；选中"商品信息 2"图层和"矩形 2"图层，点击"水平居中对齐" ▤ ；选中"商品信息 3"图层和"矩形 3"图层，点击"水平居中对齐" ▤ 。

（19）点击"背景图案"图层里"白色光芒"图层并选择"画笔工具" ✐（快捷键"B"），将前景色设为"白色"，后景色设为"黑色"，在"戒指"那片区域擦一擦，效果如图 6-4-18 所示。

图 6-4-18　用画笔在戒指区域擦一擦

（20）选择"矩形工具" ▢（快捷键 U）绘制 1 个宽度为"169 像素"、高度为"89 像素"的矩形，将描边改为"无颜色"并移动到"戒指"的左上方。点击"椭圆工具" ◯，按住"Shift"等比绘制 1 个"20×20 像素"的圆形，将它移动到矩形的左边使其中心与之对齐，并选中矩形点击"垂直居中对齐" ▯，将圆形的填充颜色改为"黑色"，选中圆形进行"反选"（"Ctrl+Shift+I"）。选中矩形，点击"添加图层蒙版" ▣并关掉"椭圆"图层，将其命名为"优惠券"。

（21）选中"优惠券"图层，点击右键打开"混合选项"中的"渐变叠加"，将混合模式改为"正常"，角度改为"180°"，再点击"渐变→渐变编辑器"，如图 6-4-19 所示。将中间的两个色标删除，把第 1 个色标颜色改为"Cea176"，第 2 个色标颜色改为"Fed086"，并将中心圆标位置调到"27%"，如图 6-4-20 所示。

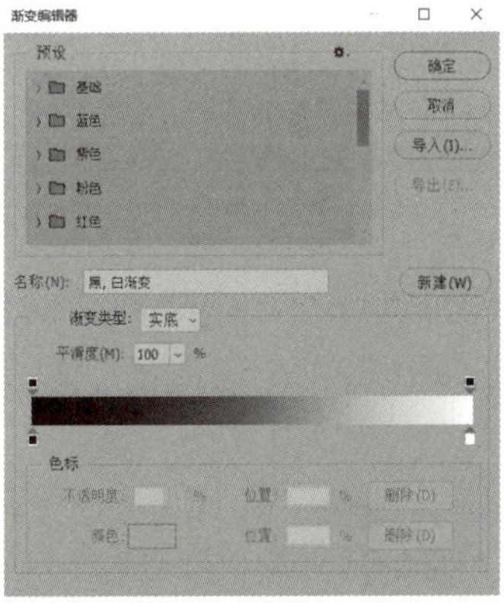

图 6-4-19　打开"渐变编辑器"

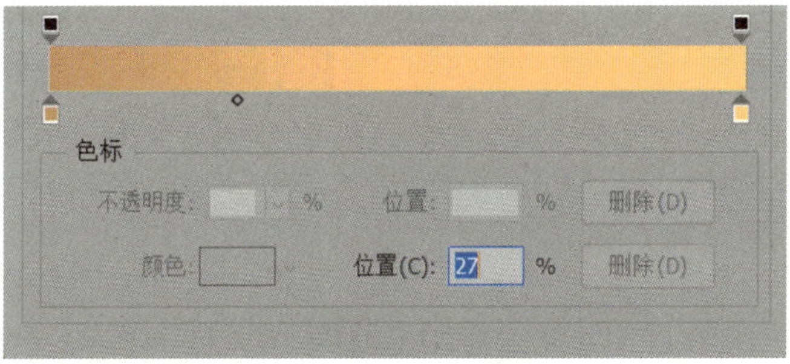

图 6-4-20　设置色标与中心圆标位置

（22）选择"矩形工具" ▢（快捷键 U），绘制 1 个宽度为"150 像素"、高度为"76 像素"的矩形，将填充颜色改为"无颜色"，描边选项改为第 2 个虚线（见图 6-4-21），描边颜色改为"白色"，将其移动到"优惠券"图形里，如图 6-4-22 所示。

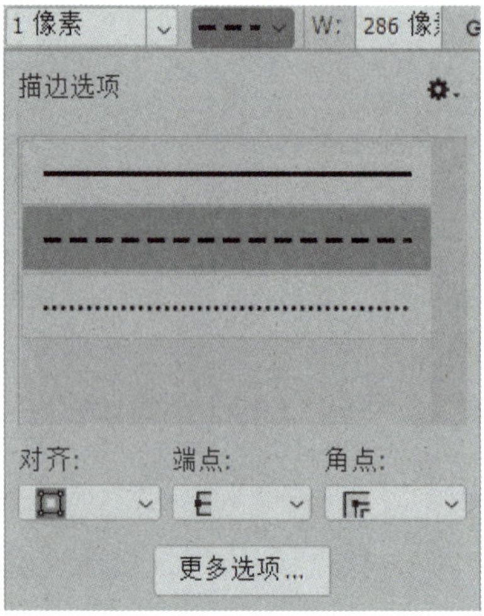

图 6-4-21　设置描边选项

图 6-4-22　将矩形移到"优惠券"图形里

（23）选择"文字工具" **T** （快捷键 T），输入数字"600"，字体大小改为"50 像素"，字体间距改为"0"，字体样式改为"Medium"，将其移动到"优惠券"框内并复制粘贴（"Ctrl+J"）。将做好的"¥"符号复制（"Ctrl+C"）粘贴（"Ctrl+V"）到"600"的左上方并将字体大小调为"20 像素"，字体样式改为"Regular"，调整一下位置，效果如图 6-4-23 所示。

图 6-4-23　输入"¥600"

（24）选择"文字工具" **T** （快捷键 T），输入文案"满 3000 共减"，并移动到"¥600"的下方，将图层"¥""600""满 3000 共减"选中建立群组（"Ctrl+G"）并命名为"数字"。选中"数字"图层并按住"Ctrl"键加选"优惠券"图层，点击"水平居中对齐" **≣** 。

（25）选中"优惠券"图层，点击"创建新的填充或调整图层" **●** 中的"色阶"，点击右键"创建剪切蒙版"，将色阶中曲线的白色色标调为"200"。把完整的优惠券建立群组（"Ctrl+G"）并命名为"优惠券"。

（26）选中"优惠券"图层，点击右键"转化为智能对象"，点击右键"混合选项"，选择当中的"投影"，修改颜色为"B08e6c"，混合模式为"正片叠底"，不透明度为"43%"，角度为"120°"，距离为"5 像素"，扩展为"7 像素"，大小为"8 像素"，如图 6-4-24 所示。

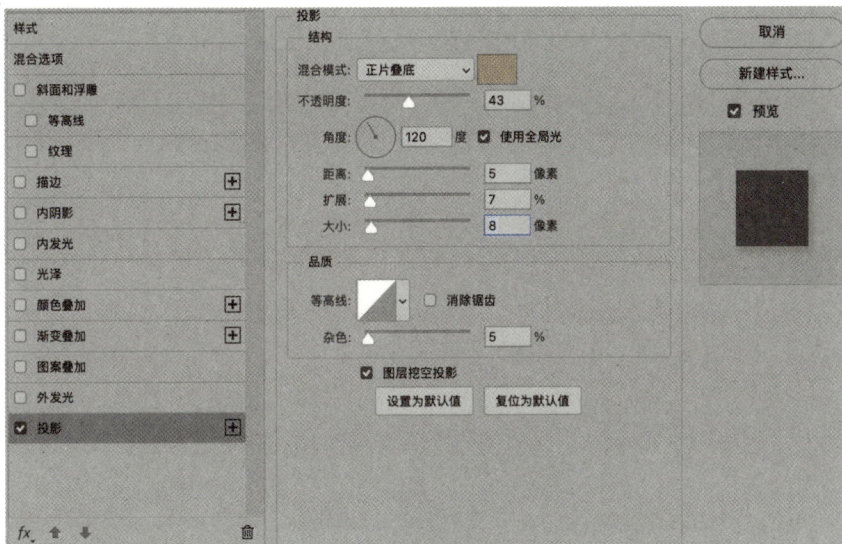

图 6-4-24　设置"投影"样式

（27）将"优惠券"移动到"戒指"的左上角并使用"Ctrl+T"组合键旋转 40°，最后完整的效果如图 6-4-25 所示。

图 6-4-25　完整效果图

任务 6.5　首饰类商品促销展示区设计与制作

商品促销展示区是网店页面中专门用于展示促销商品、优惠信息和限时特价等内容的区域。该区域通过视觉吸引力和有效的信息传递，能够吸引顾客关注并激发购买欲望、增加销售机会、提升用户体验和品牌形象，从而实现网店的促销目标和经营目标。

首饰类商品促销
展示区设计与制作

6.5.1　首饰类商品促销展示区设计与制作要点

1. 视觉吸引力

高质量图片：使用高清、美观的商品图片展示促销商品。

色彩搭配：使用醒目且与品牌一致的色彩，突出促销信息。

设计元素：使用图标、边框、阴影等设计元素增强视觉效果。

2. 信息传递

促销信息：清晰展示折扣、优惠券、限时特价等促销内容。

行动号召（CTA）：添加"立即购买""限时抢购"等 CTA 按钮，鼓励顾客行动。

6.5.2　首饰类商品促销展示区设计与制作流程

🚀 **任务引入**

本任务要求读者继续认识"字符"工具、"形状"工具、"对齐"工具、"渐变"工具以及加强对"色阶调整"和"曲线调整"属性的了解和应用，然后通过首饰类商品促销展示区的设计，掌握其中的设计要点与制作方式。

🚀 **设计理念**

本设计仍旧以"MUSE 缪斯"品牌为核心，以"永恒誓言"情侣对戒为展示焦点，传递出对爱情永恒承诺的理念。通过使用纯银材质与官方正品的保证，我们强调了产品的高质量和真实性。设计中采用的金色背景与偏金属色的字体，不仅凸显了珠宝的奢华感，也传达出节日促销的热烈氛围。价格信息的醒目展示，结合限时折扣和领券立减的促销信息，旨在激发消费者的购买欲望，同时顺丰包邮的承诺进一步优化了顾客的购物体验。整体设计简洁而不失精致，既体现了珠宝的高雅，也强调了促销活动的吸引力。最终效果如图 6-5-1 所示。

图 6-5-1　首饰类商品促销展示图设计

🚀 **任务知识**

"色阶""曲线"调整属性栏如图 6-5-2 所示。

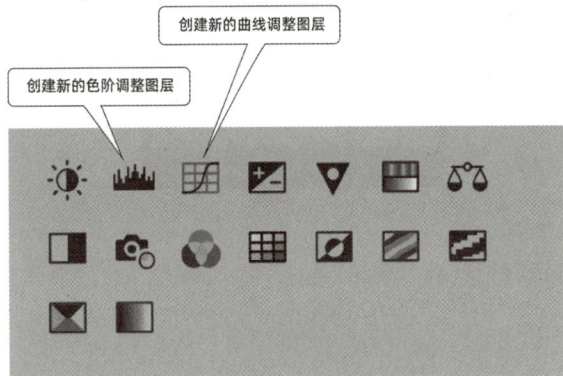

图 6-5-2 "色阶""曲线"调整属性栏

任务实施

【效果文件所在位置】资源总包\Ch06\效果图\首饰促销展示

（1）打开 Photoshop，新建一个"800×800 像素"、分辨率为"72 像素"的新文档，命名为"首饰类商品促销展示区"，单击"创建"按钮，新建一个文件。

（2）打开"视图→显示→网格"，选择矩形工具 □ ，绘制一个"763×763"像素的矩形，将矩形的边角改为"0"，如图 6-5-3 所示。

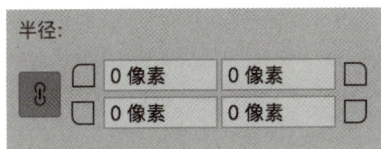

图 6-5-3 将矩形边角改为 0

（3）新建图层，按住"Alt+Delete"填充前景色，按住"Ctrl"点击图层"矩形 1"，再回到图层"图层 1"，按"Delete"删掉"矩形 1"，于是得到一个矩形边框。

（4）选择矩形工具 ▭，绘制一个"460×180"像素的矩形，按住"Ctrl+A"并选中，点击"居中对齐"，将矩形移动至上方，使用直接选择工具 ▶，选中左下角，按"Shift+→"移动三下（弹出的对话框点击"是"）；使用直接选择工具，选中右下角，按"Shift+←"移动三下（弹出的对话框点击"是"）。绘制一个"798×92像素"的矩形，按住"Ctrl+A"选中，点击"居中对齐"，将矩形移动至下方。打开"视图→显示→网格"（Ctrl+"），关掉网格显示。

（5）同时选中图层"矩形1和矩形2"，点击鼠标右键，选择"栅格化图层"，按住"Ctrl+G"将两个图层组合在一起，并命名为"边框"。

（6）按住"Ctrl"，点击边框图层，按住"G"（渐变工具）▭，点开渐变条，第一个颜色改为"ac5929"，第二个颜色改为"933600"，然后点击"确定"。在画板中点击鼠标左键，同时按住"Shift"，从上往下拉出渐变效果，如图6-5-4所示。

图 6-5-4　图层效果

（7）打开"商品促销素材"，将"钻石"图片拖入画板，然后将其拖到边框图层的下面，按住"Ctrl+T"选中"钻石"图片，按住"Shift"等比例放大，将图片向下调整，让图片处于我们视线中心。

（8）点击"调整→曲线"，为钻石图片图层创建一个新的曲线调整图层 ▦，选中"曲线调整"图层，单击鼠标右键，选择"创建剪贴蒙版"，然后对曲线进行调整，如图6-5-5所示。

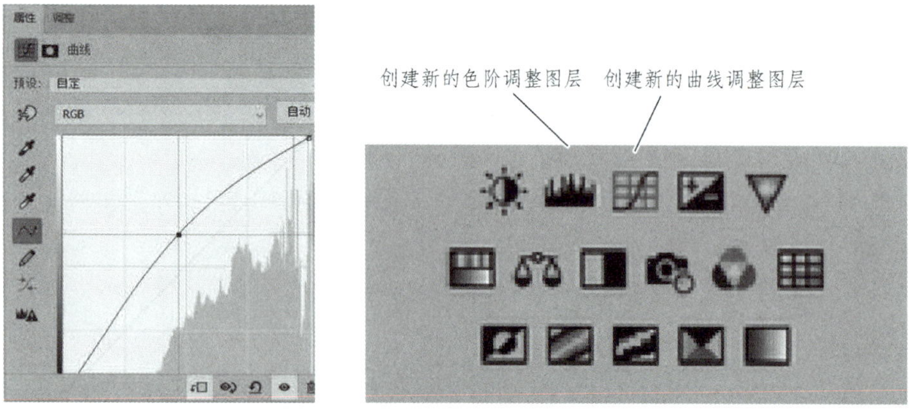

图 6-5-5　为钻石图片创建新的曲线调整图层

（9）点击"调整→创建新的色阶调整图层" ▦，拖动最右侧白色三角形到"241"的位置，拖动中间灰色的三角形到"0.82"的位置。选择边框图层到钻石图片图层的所有图层，然后点击"创建新组"，并将其命名为"背景"。

（10）选择矩形工具 ，绘制一个宽度为"800 像素"、高度为"160 像素"的矩形，按住"Ctrl+A"选中矩形，设置"居中对齐" 、"向下对齐" 。点击"填充→渐变" ，双击第一个色标，颜色改为"aa5727"；双击第二个色标，颜色改为"833000"，再互换两个色标的方向，然后把右边浅色的图标向左移动一下，如图 6-5-6 所示。

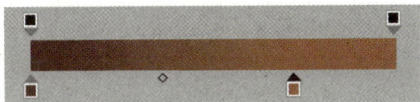

图 6-5-6　设置矩形 1 渐变色标参数

（11）选择矩形工具 ，绘制一个宽度为"800 像素"、高度为"60 像素"的矩形，按住"Ctrl+A"选中矩形，居中对齐，向下对齐。同时选中矩形 1 和矩形 2，选择向上对齐，按住"Ctrl+D"取消选中，选中矩形 2，让矩形 2 的上端对齐矩形 1 的上端。点击"填充→渐变"，双击第一个色标，颜色改为"ecd29a"；双击第二个色标，颜色改为"e4b27d"，调整两个色标的位置，如图 6-5-7 所示。

图 6-5-7　设置矩形 2 渐变色标参数

（12）选择文字工具 ，在画板中间点击一下，输入文字"官方正品　顺丰包邮　跨店满减"，将字体改为"阿里巴巴普惠体"，字体大小改为"36 像素"，如图 6-5-8 所示。将文字拖到矩形 2 的位置，同时选中文字图层和矩形 2 图层，点击居中对齐，再将矩形 2 图层名字改为"黄色条框"，如图 6-5-9 所示。

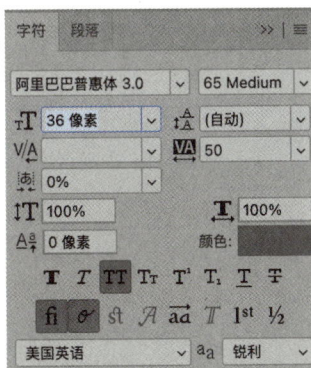

图 6-5-8　设置字体参数　　　图 6-5-9　文字"官方正品　顺丰包邮　跨店满减"效果

（13）选择文字工具 ，在画板中间点击一下，输入文字"领券下单立减 30 元"，将颜色改为"ffecc9"，大小为"60 像素"。将文字拖到矩形 1 的位置，左边对齐上方的文字。选择"矩形选框"工具，检查文字上下间距。将矩形 1 图层名字改为"咖啡色条框"。

（14）选中文字图层"领券下单立减 30 元"，点击鼠标右键，选择"混合"选项，在弹出的对话框里点击"渐变叠加"，混合模式改为"正常"，不透明度为"100%"，点开"渐变编辑器"，第一个色标色值是"ebcf97"，第二个色标的位置在"100%"，色值为"fff6dd"，然后点击"确定"。角度为"90°",缩放为"100%",点击"确定"。

（15）选中文字图层"领券下单立减30元",点击鼠标右键,选择"混合"选项,在弹出的对话框里点击"投影",混合模式为"叠加",阴影颜色为"黑色",不透明度调整为"20%",角度为"90°",其他的参数保持不变,点击"确定",如图6-5-10所示。

图 6-5-10　文字"领券下单立减30元"效果

（16）选中图层"官方正品　顺丰包邮　跨店满减"到图层"咖啡色条框",点击创建新组,并命名为"底部"。

（17）新建一个图层,点击矩形工具 ▢ ,创建一个宽度为"274 像素"、高度为"180 像素"的矩形。长按钢笔工具,出现添加锚点工具 ✐ ,在矩形的左边添加一个锚点,使用"直接选择工具" ▷ ,对它的弧度进行调整,再设置一个比较明显的颜色,如图6-5-11所示。使用"直接选择工具" ▷ ,选择左下角,将其向右移动一下。点击"矩形工具 U",点击"填充",选中"渐变",双击第一个色标,将色值改为"833000",点击"确定"。再在渐变条上添加第二个色标,缩放改为"81%",双击这个色标,将色值改为"aa5626",点击"确定"。添加第三个色标,缩放改为"94%",双击这个色标,将色值改为"c76830",点击"确定"。添加第四个色标,缩放改为"100%",双击这个色标,将色值改为"e37a3d",点击"确定"。再调整一下色标的位置,如图6-5-12所示。

图 6-5-11　调整矩形左边弧度

图 6-5-12　设置色标参数

（18）选择刚画好图形的图层,点击"右键",选择"混合"选项,选中"投影",混合模式是"柔光",不透明度为"100%",角度为"90°",其他参数保持不变,点击"确定"。按"Ctrl+J"复制刚才的图形,把复制出来的图形向左移动,选中复制出来的图形,右键点击图层,选择"清除图层样式",再右键点击图层,选择"混合选项",在弹出的对话框里点击"渐变叠加",然后点击"渐变条",将第一个色标的颜色改为"f5c799",再删掉多余的色标,添加第二个色标,位置改为"50%",颜色改为"白色",第三个色标的位置在"100%",颜色改为"f5c799",点击"确定"。再将复制出来的图形放在原图形的下面。

（19）选择拷贝的图层，然后进行栅格化，用"Ctrl"选中矩形 1 的图层，再选中矩形 1 的拷贝图层，按"Delete"删掉多余的部分。同时选中矩形 1 图层和矩形 1 拷贝图层，按"Ctrl+T"进入自由变换，按住"Shift"等比例放大一些，再往右移动一下。将矩形 1 拷贝图层名字改为"黄色发光丝带"，如图 6-5-13 所示。

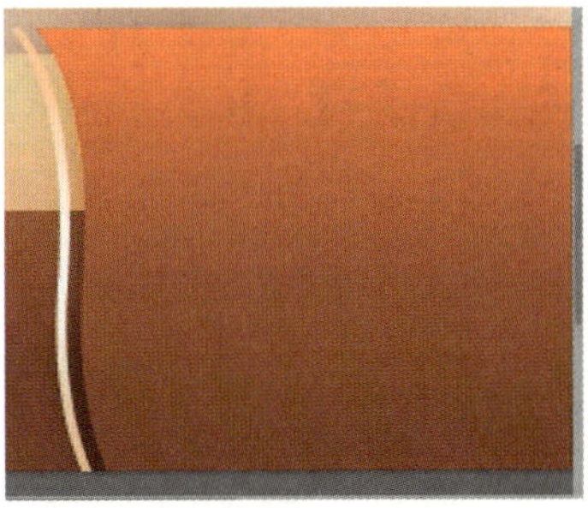

图 6-5-13　设置黄色发光丝带效果

（20）长按矩形工具，选择椭圆工具 ⬭ ，按住"Shift"画一个等比例的圆，将椭圆 1 图层放在底部图层的下方，点击右键，选择"混合选项"，在弹出的对话框里点击"渐变叠加"，点击"渐变条"，双击第一个色标，将颜色改为"c82f2e"，双击第二个色标，颜色改为"7f0d0c"，点击"确定"。样式为"线性"，角度为"90°"，缩放为"100%"，点击"确定"。将矩形 1 和黄色发光丝带编组，命名为"价格"。

（21）选中文字工具 T，输入文字"活动到手价"，大小为"32 像素"，鼠标右键选择"混合选项"，在弹出的对话框里点击"渐变叠加"，点击"渐变条"，双击第一个色标，色值为"ecd29a"，双击第二个色标，色值为"fff6dd"，点击"确定"，混合模式选择"正常"，其他的保持不变，点击"确定"，再给一个投影的叠加，参数都保持不变，点击"确定"。再使用文字工具 T，输入文字"299"，大小为"110 像素"，鼠标右键选择"混合选项"，在弹出的对话框里点击"渐变叠加"，点击"渐变条"，双击第一个色标，色值为"ecd29a"，双击第二个色标，色值为"fff6dd"，点击"确定"，混合模式选择"正常"，其他的保持不变，点击"确定"，再给一个投影的叠加，参数都保持不变，点击"确定"。再选择文字工具，在画板上点击一下，打开输入法，选择"符号大全"，输入符号"¥"，大小改为"32 像素"。将图层"299"的混合模式效果选择拷贝图层样式，再粘贴图层样式到图层"¥"，然后打开网格调整文字图层的位置，将"¥"符号移动到数字的左上方。将图层"活动到手价""¥""299"编组，命名为"活动与价格"，再将整体文案进行调整。效果如图 6-5-14 所示。

图 6-5-14　设置文字效果

（22）选中横排文字工具 T，点击画板，输入文字"永恒誓言 情侣对戒"，大小为"60 像素"，字体样式为"Medium"，字体间距为"34"，按住"Ctrl+A"，水平居中 ▊，打开网格，调整文案位置，关闭网格，如图 6-5-15 所示。

图 6-5-15　设置"永恒誓言 情侣对戒"文字效果

（23）选择"矩形工具"，创建一个宽度为"140 像素"、高度为"38 像素"的矩形，将边角调成"5 像素"，右键点击该图层，选择"混合选项"，在弹出的对话框中选择"渐变叠加"，点击"渐变条"，双击第一个色标，色值改为"ac5929"，点击"确定"；双击第二个色标，色值改为"933600"，点击"确定"。打开网格，打开矩形选框工具 ▊，调整矩形条的位置，距离主文案下方"27 像素"，如图 6-5-16 所示。将图层放在主文案下方，同时选中主文案图层和本图层，"左对齐" ▊。选择文字工具，输入"纯银保障"，大小为"26 像素"，字间距为"60"。同时选中图层"纯银保障"和图层"矩形 2"，"垂直居中对齐" ▊，按住"Ctrl+G"对这两个图层进行群组，命名为"纯银保障"，按住"Ctrl+J"复制，按"Ctrl+A"将复制的矩形框移动至中间位置，将复制的文字改为"支持复检"，再将图层文字改为"支持复检"，"Ctrl+J"，再复制一个，文案更改为"低至 8 折"，选中这个图层和矩形 2 图层，居中对齐，图层文字更改为"低至 8 折"。同时选中"纯银保障""支持复检""低至 8 折"这三个图层，点击水平分布 ▊。按"Ctrl+G"对这三个图层进行群组，命名为"保障"，按"Ctrl+A"，"水平居中对齐" ▊。再将其与大文案水平居中对齐，按"Ctrl+G"将这两个图层群组命名为"主要文案"，按"Ctrl+A"，"水平居中对齐" ▊。效果如图 6-5-17 所示。

图 6-5-16　设置矩形框位置

图 6-5-17　"纯银保障""支持复检""低至 8 折"效果

（24）将 LOGO 拖入画板中（见图 6-5-18）点击"确定"，按"Ctrl+T"选中之后，按住"Shift"将其进行等比例缩放，宽度"188 像素"，高度"88 像素"，按"Ctrl+"打开网格，调整位置，按"Ctrl+A"水平居中对齐，右键点击图层，选择"混合选项"，选择"颜色叠加"，颜色改为"白色"，点击"确定"。

（25）选择"文字工具"，单击画板，输入"活动时间：2022-1 月 1 日-00:00-1 月 7 日-23:59"，大小为"18 像素"，字间距为"34"，颜色为"ac5929"，打开网格，选中这个图层，再按住"Ctrl"选中"官方正品"图层，左对齐，再向右移动 3 至 4 个距离，如 6-5-19 所示。

图 6-5-18　商品 LOGO

图 6-5-19　输入"活动时间：2022-1 月 1 日 -00:00-1 月 7 日 -23:59"

（26）复制粘贴"首饰分类页面设计"，右击复制画板，改名为"商品促销展示区"，将这个图层按照顺序放在下方，用移动工具 ⊕ 将其按顺序排列。打开画板，将里面的所有信息删掉，只保留背景图案。

（27）选择文字工具，在画板中点击，输入文案"线上促销"，按"Ctrl+J"复制粘贴，双击该图层，输入第二个文案"活动时间 2022.1.1-1.7"，按"Ctrl+Enter"。

（28）按"Ctrl+"：打开标尺，打开"视图→显示→网格"，将两个文字图层居中对齐，向上稍许移动。取消网格显示，选中图层"线上促销"，文字大小改为"30 像素"，字间距改为"200"。按"Ctrl+A"选中之后，居中对齐画板；选中图层"活动时间 2022.1.1-1.7"中的"活动时间"，字体更改为"Light"，字体保持"30 像素"不变，字间距为"200"，选中"2022.1.1-1.7"，将字体样式改为"Regular"，按"Ctrl+A"选中，"水平居中对齐" ⊫ 画板，按住"Shift+↓"向下移动两格。选中这两个文字图层，按"Ctrl+G"群组图层，命名为"文案"。效果如图 6-5-20 所示。

图 6-5-20　"线上促销""活动时间 2022.1.1-1.7"文字效果

（29）打开之前做好的"首饰促销展区设计"页面，将所有的图层选中，按"Ctrl+G"群组图层，右键选择"转换为智能对象"，按"Ctrl+C"复制图层，回到前面的页面，按"Ctrl+V"粘贴到画板中间，按"Ctrl+T"选中，按"Shift"等比例缩小。

（30）按"Ctrl+J"复制两个图层，将复制好的两个图形向右边移动。给图片按照顺序命名为"促销商品1""促销商品2""促销商品3"，同时选中这三个图片，水平分布，按"Ctrl+G"群组，命名为"促销商品展示区"，按"Ctrl+A"，水平对齐画布，使用矩形选框工具，上下调整一下位置。

（31）如果需要更改图片中商品图片和信息，选中这个图层，双击进去，就可以直接在另外一个面板里进行更改，更改完之后，按"Ctrl+S"保存，之前画板中的图片会同步变换的。

（32）选择矩形工具，在画板中绘制一个宽度为"90像素"、高度为"24像素"的矩形，关掉颜色边框，颜色改为"ffec81"，将矩形对齐到标尺右下角。选中"文字工具"，输入文案"more"，色值改为"a76949"，选中字符属性里面的全部大写，字体大小改为"20像素"，字体样式改为"Regular"，字间距改为"0"，再将其移动到黄色矩形上，同时选中这两个图层，"垂直居中对齐" **┃┃**，选中矩形，右键点击"黄色"。

（33）选择矩形工具中的"三角形工具"，按住"Shift"，绘制一个等比例大小的三角形，取消掉边框颜色，颜色改为"a76949"，按住"Shift"向右旋转90°，然后对齐文字"more"，将"more"和"三角形"进行群组，命名为"more"，对齐黄色的小边框，再将"more"和小边框进行群组，命名为"more"，右击这个组，选择"黄色"。效果如图6-5-21所示。

图6-5-21　"MORE"文字效果

（34）选择矩形工具，在画板中绘制一个宽度和高度都为"346像素"的矩形，关掉填充，描边改为"红色"，将其放在中间，如图6-5-22所示。按住"Ctrl"选中刚画的矩形，选中"促销商品1"，按"Ctrl+J"复制，命名为"促销商品1"，删掉之前的"促销商品1"；将矩形移动到第二个图片的中间，按住"Ctrl"选中矩形，选中"促销商品2"，按"Ctrl+J"复制，命名为"促销商品2"，删掉之前的"促销商品2"；将矩形移动到第三个图片的中间，按住"Ctrl"选中矩形，选中"促销商品3"，按"Ctrl+J"复制，命名为"促销商品3"，删掉之前的"促销商品3"。选中这三张图片，按"Ctrl+T"，再按住"Shift"等比例放大，最终效果如图6-5-23所示。

图6-5-22　绘制红色矩形框

图6-5-23　最终效果图

任务 6.6　首饰类网店页尾设计与制作

商品网店页尾（Footer）是网页底部的区域，通常包含联系方式、版权信息、社交媒体链接、订阅服务等内容。它是网页设计中不可或缺的部分，提供用户浏览页面末尾时的补充信息和引导。通过合理的内容布局和精美的视觉设计，页尾不仅提供了额外的导航和信息补充，还能提升用户体验和品牌形象，增强用户与品牌的互动。

6.6.1　首饰类网店页尾设计与制作要点

1. 设计元素

品牌标志：展示品牌 LOGO，增强品牌识别度。

颜色与字体：选择与整体网站风格一致的颜色和字体，确保视觉统一。

图标使用：使用图标辅助文字，提升视觉效果和可读性。

分割线：使用分割线或不同背景色区分各部分内容，增强条理性。

2. 用户体验

清晰简洁：信息布局清晰简洁，便于用户快速获取所需信息。

易于导航：提供便捷的导航链接，帮助用户快速返回顶部或访问其他页面。

首饰类网店页尾
设计与制作

6.6.2　首饰类网店页尾设计与制作流程

任务引入

本任务要求读者继续深入认识"字符"工具，"形状"工具，"对齐"工具，熟练掌握图层"创建剪贴蒙版"的功能；然后通过制作首饰类网店页尾，掌握网店页尾的设计要点与制作方式。

设计理念

设计过程使用了精品店的现代风格装饰图片，再通过沿用金色主色调，营造出一种高端而优雅的购物环境。同时设计图提到的"品质保障 购物无忧"以及"七天无理由退换货"等特色服务，体现了精品店对顾客体验的重视。通过提供完善的售后服务和购物保障，旨在让顾客在购物过程中更加放心、舒心，从而创造出一个难忘的购物体验，提升用户体验和品牌形象，增强了用户与品牌之间的互动。最终效果图如图 6-6-1 所示。

任务知识

图层与图层之间建立剪贴蒙版

鼠标点击选中图层，右键选择"创建剪贴蒙版"，如图 6-6-2 所示。剪贴蒙版最重要的就是"上图下形"，图片图层需要放在形状图层的上方才可将图片剪切进形状。

图 6-6-1 首饰类商品促销展示图设计

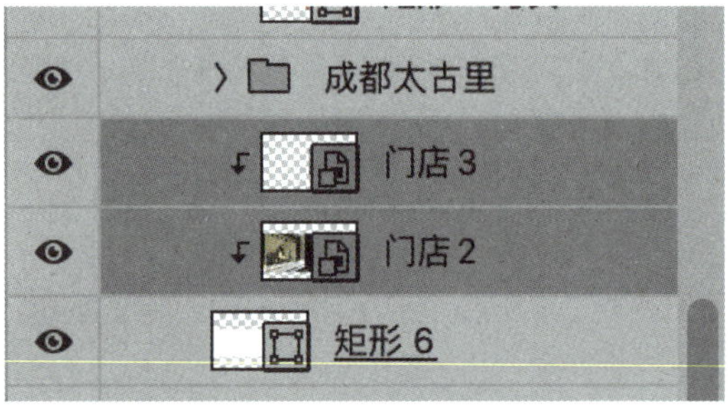

图 6-6-2 创建剪贴蒙版

🔹任务实施

【效果文件所在位置】资源总包\Ch06\效果图\首饰类首页页尾设计

（1）鼠标右键点击"商品促销展示区"图层，选中"复制画板"，命名为"页尾设计"并把图层移动到最下方，选择"移动工具" ✛（快捷键 V），把图片移动到最下方。展开图层将除背景外的所有图层都删掉，只保留背景图，如图 6-6-3 所示。

图 6-6-3 创建"页尾设计"图层

（2）选择"文字工具" T. （快捷键 T），输入文案"门店展示"，将字体大小改为"25 像素"，字体间距改为"100"，字体样式改为"Light"，使用"Ctrl+A"组合键全选，点击"水平居中对齐" ，水平向上移动到顶部位置。

（3）选中文字图层，复制粘贴图层（"Ctrl+J"），移动到"门店展示"的下方，双击修改文字为"门店展示"的英文"DIRECTORY"，字体大小改为"16 像素"，使用"Ctrl+A"组合键，全选并点击"水平居中对齐" ，调整一下位置。

（4）选中文字图层，复制粘贴图层（"Ctrl+J"），移动到"DIRECTORY"的下方，双击修改文字为"线下精品店"，字体大小改为"30 像素"，字体样式改为"Medium"，调整一下位置。效果如图 6-6-4 所示。

（5）选择"矩形工具" □. （快捷键"U"），点击画板绘制一个宽度为"1366 像素"、高度为"377 像素"、半径为"0"的矩形，将描边颜色改为"无颜色"，填充颜色改为"白色"。使用"Ctrl+A"组合键全选，点击"水平居中对齐" 和"垂直居中对齐" 。

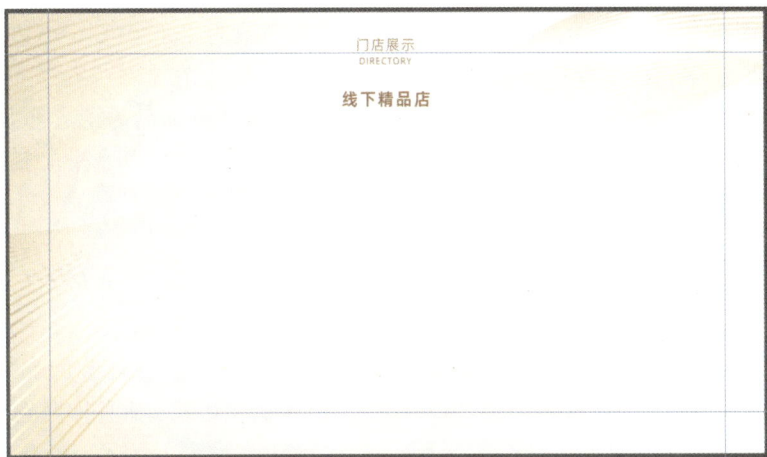

图 6-6-4 设置字体

（6）打开"资源总包\Ch06\素材\商品页尾素材"文件夹，找到"门店 2"图片拖到 PS 中，按住"Shift"等比缩放到比刚画"矩形"稍大一点，并对齐其左边，点击右键对矩形"创建剪贴蒙版"。

（7）打开"资源总包\Ch06\素材\商品页尾素材"文件夹，找到"门店 3"图片拖到 PS 中，点击右键"水平翻转"，按住"Shift"等比缩放到比刚画"矩形"稍大一点，并对齐其右边，点击右键对矩形"创建剪贴蒙版"，最后适当调整两张图片的大小位置，如图 6-6-5 所示。选中图层"矩形 5""门店 2""门店 3"，建立群组（"Ctrl+G"）并命名为"门店展示"。

（8）选择"矩形工具" □. （快捷键 U），点击画板绘制一个宽度为"228 像素"、高度为"50 像素"、半径为"0"的矩形，将描边颜色改为"无颜色"，填充颜色改为"a76949"，透明度为"50%"，将其拖动对齐到"门店 2"图片的左下角。

（9）选择"文字工具" T （快捷键 T），输入文案"成都　太古里店"，将字体颜色改为"白色"，字体大小改为"25 像素"，字体间距改为"100"，字体样式改为"Regular"，将其拖动到刚刚绘制的矩形中，同时选中它们点击"水平居中对齐" 、"垂直居中对齐" 。

图 6-6-5　设置"门店 2""门店 3"

（10）选择"钢笔工具" ✐（快捷键 P），将填充颜色改为"无颜色"，描边改为"白色"，选择工具模式改为"形状"，设置形状描边宽度改为"1 像素"，在文案"成都　太古里店"中间空格处画一条竖线，并将这三个图层建立群组（"Ctrl+G"）并命名为"成都太古里店"。

（11）选中群组"成都太古里店"复制粘贴图层（"Ctrl+J"），将其水平向右移动到"门店3"图片的左下角，把文案中"成都"改为"上海"，"太古里店"改为"静安区店"，并将群组名改为"上海店"。

（12）选中"椭圆工具" ◯，按住"Shift"等比绘制一个"40×40 像素"的椭圆，将描边颜色设置为"a76949"，填充颜色设置为"无颜色"，设置形状描边宽度设置为"2 像素"。

（13）选择"文字工具" T（快捷键 T），输入文案"保"，将字体颜色改为"a76949"，字体大小改为"25 像素"，字体样式为"Regular"，把其拖动到椭圆中并同时选中二者，点击"水平居中对齐" ⬕ 和"垂直居中对齐" ⬗。

（14）选中文案"保"复制粘贴图层（"Ctrl+J"），水平向右移动到椭圆外，将"保"改为"品质保障　购物无忧"，字体颜色为"a76949"，字体大小改为"20 像素"，字体间距为"0"，字体样式为"Regular"。将图层"椭圆""保"建立群组（"Ctrl+G"），再按住"Shift"同时选中"品质保障　购物无忧"并点击"垂直居中对齐" ⬗，水平调整到合适的位置，如图 6-6-6 所示。最后将二者建立群组（Ctrl+G）并命名为"保"。

图 6-6-6　设置文字"保""品质保障　购物无忧"

（15）选中群组"保"复制粘贴图层（"Ctrl+J"），水平向右移动到合适位置。选中"保"改为"七"，选中"品质保障 购物无忧"改为"七天无理由退换货"，并将群组改名为"七"。

（16）选中群组"七"复制粘贴图层（"Ctrl+J"），水平向右移动到合适位置。选中"七"改为"特"，选中"七天无理由退换货"改为"特色品牌服务"，并将群组改名为"特"。

（17）选中群组"特"复制粘贴图层（"Ctrl+J"），水平向右移动到合适位置。选中"特"改为"帮"，选中"特色品牌服务"改为"帮助中心"，并将群组改名为"帮"。

（18）整体调整群组"保""七""特""帮"之间的间距，再同时选中四者点击"水平分布" ▮▮ 并建立群组（"Ctrl+G"），命名为"服务特色"。使用"Ctrl+A"组合键全选，点击"水平居中对齐" ▆ 。最终完整的效果图如图 6-6-7 所示。

图 6-6-7 "服务特色"群组最终效果图

任务 6.7 项目实战——服装类店招设计与制作

🔹 任务引入

本任务要求读者综合前面的学习与训练，完成服装类店招设计实训任务。网店店招是网店首页顶部的横幅区域，通常包含品牌 LOGO、名称和导航菜单，其概念是在顾客进入网店时立即传达品牌信息和提升识别度的视觉元素。常见的设计尺寸为 950×120 像素，根据不同电商平台的要求尺寸会有所变化。

🔹 任务实施

店招的设计背景是蓝色，给人一种清新、可靠的感觉，传达了品牌的信任感和专业性；重要文案用红色标出，突出价格优势，吸引消费者注意；整体设计简洁明了，没有过多装饰，重点突出促销信息和产品本身。通过简洁的布局和鲜明的色彩对比，快速传达促销信息，吸引消费者注意力，同时展示产品实际效果，增加购买欲望。最终效果图如图 6-7-1 所示。

【素材文件所在位置】资源总包\Ch06\素材\服装类店招设计

【效果文件所在位置】资源总包\Ch06\效果图\服装类店招设计

图 6-7-1　服装类店招设计海报

项目 7

商品 PC 端详情页设计与制作

本项目详尽介绍了商品 PC 端详情页设计与制作的全过程，旨在通过美观且实用的页面设计提升用户的购物体验和购买转化率。项目强调了设计前的市场调研，包括竞争对手分析、用户需求调研、行业趋势研究和平台规范的了解。详情页设计思路部分提出了以用户体验为核心，明确目标，视觉吸引力和信息层次清晰等关键点。在设计排版上，介绍了结构布局、图文结合、品牌元素融入等要素。实训任务通过化妆品类商品和男士皮鞋商品详情页设计与制作具体案例，指导读者将理论知识应用于实践。

本项目的思维导图如图 7-0-1 所示。

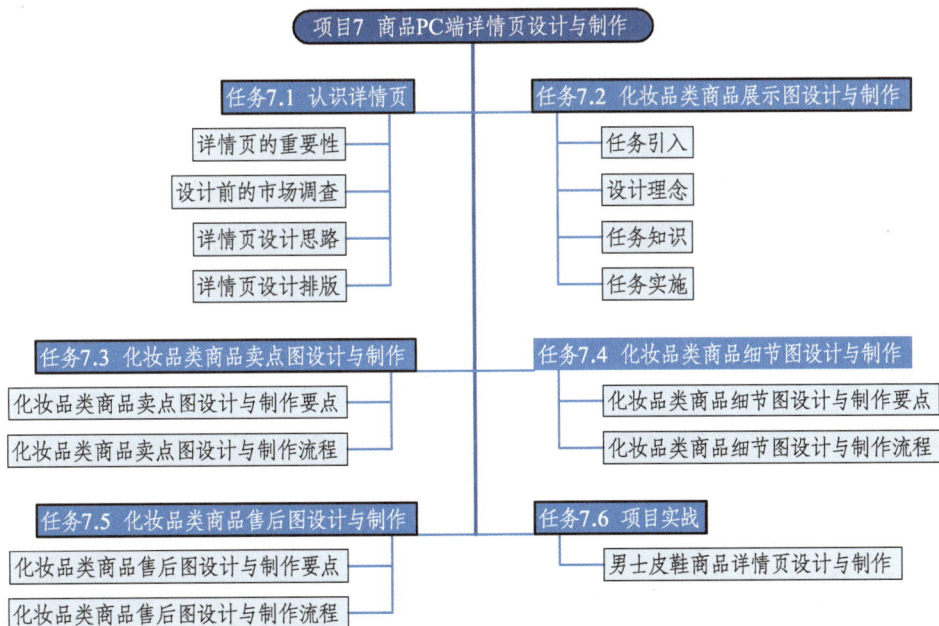

图 7-0-1　项目 7 思维导图

学习引导

学习目标

掌握商品 PC 端详情页设计与制作的基础知识。

素养目标

培养对商品 PC 端详情页的审美鉴赏能力。
培养对商品 PC 端详情页的创作能力。

能力目标

了解商品 PC 端详情页设计与制作思路。
掌握商品 PC 端详情页设计与制作方法。

思政目标

培养正确的商业伦理观。
强化社会责任意识。
弘扬创新精神与工匠精神。

实训任务

化妆品类商品展示图设计与制作。
化妆品类商品卖点图设计与制作。
化妆品类商品细节图设计与制作。
化妆品类商品售后图设计与制作。
男士皮鞋商品详情页设计与制作。

考核评价

如表 7-0-1 所示，项目 7 商品 PC 端详情页设计与制作考核评价表根据学生自评、组内互评和教师评价来计算总分，全面反映学生教材知识点掌握程度、课堂参与度、作业完成情况以及实操表现。

表 7-0-1　考核评价表

考核维度	评价指标	分值	学生自评	组内互评	教师评价
知识点掌握（30 分）	混合选项中图层样式的运用	5			
	剪贴蒙版的运用	5			
	对齐功能的运用	5			
	渐变工具的运用	5			
	钢笔与形状工具的结合运用	5			
	图层效果的调整（不透明度、填充等）	5			
课堂参与（20 分）	出勤情况	5			
	课堂互动（提问、回答、小组讨论）	10			
	学习态度（专注度、积极性）	5			
作业完成（20 分）	作业完成度（是否按时完成、完成任务量）	10			
	作业质量（是否达到任务要求、是否存在错误）	10			

考核维度	评价指标	分值	学生自评	组内互评	教师评价
实操表现（30分）	实操熟练度（操作是否流畅、是否需要多次修正）	10			
	实操效果（是否达到预期效果、是否具有创新性）	10			
	实操规范性（是否遵循操作流程、是否符合行业规范）	10			
总计					

任务 7.1　认识详情页

7.1.1　详情页的重要性

用户决策关键点：商品详情页是用户了解商品信息、做出购买决策的关键页面。它提供了详细的商品描述、图片、规格、价格等信息。

品牌形象展示：一个精美的详情页不仅展示商品，还体现品牌的专业性和形象，增强用户的信任感。

提升转化率：良好的详情页设计能够有效吸引用户，增加购买欲望，提高转化率和销售额。

SEO 优化：优化的详情页内容可以提高搜索引擎排名，增加网站流量和曝光率。

7.1.2　设计前的市场调查

竞争对手分析：研究竞争对手的详情页设计，了解他们的优点和不足，从中获取灵感和改进点。

用户需求调研：通过问卷调查、用户反馈等方式了解目标用户的需求和偏好，确保详情页内容和设计符合用户预期。

行业趋势：关注行业动态和设计趋势，确保详情页设计具有前瞻性和吸引力。

平台规范：了解并遵守电商平台的设计规范和要求，确保详情页符合平台标准。

7.1.3　详情页设计思路

明确目标：确定详情页的设计目标，如突出商品卖点、增强品牌形象、提高转化率等。

用户体验为核心：从用户的角度出发，设计易于浏览和操作的页面，提升用户体验。

视觉吸引力：通过高质量图片、视频和图形设计，增强视觉吸引力，吸引用户注意力。

信息层次清晰：合理安排商品信息，确保用户能够快速找到所需信息，提高浏览效率。

互动性和引导性：添加互动元素和引导性设计，如产品推荐、购买按钮等，促进用户进一步操作。

7.1.4　详情页设计排版

结构布局：采用科学合理的结构布局，如标题区、图片展示区、详细描述区、用户评价区等，确保页面逻辑清晰、层次分明。

图片与文字结合：合理搭配图片和文字，确保信息表达清晰、直观。图片展示商品细节，文字提供详细说明。

品牌元素融入：在设计中融入品牌元素，如品牌色、LOGO 等，增强品牌一致性和识别度。

响应式设计：确保详情页在不同设备（PC、手机、平板）上都能良好显示和操作，提供一致的用户体验。

优化加载速度：控制图片和视频的大小，优化页面加载速度，避免用户等待时间过长影响体验。

尺寸大小：一般常用尺寸为宽 750 像素，高自定义。

通过以上四个方面的分析与认识，我们能够比较全面地了解商品详情页设计与制作的要点，确保制作出的详情页既能吸引用户、提升转化率，又能展示品牌形象、增强市场竞争力。

任务 7.2　化妆品类商品展示图设计与制作

🔵 任务引入

本任务要求读者继续深入认识"矩形"工具，"钢笔"工具，熟练掌握"字符"工具以及混合选项中的"图层样式"；然后通过化妆品商品展示图，掌握文字排版的设计要点与制作方法。

化妆品类商品
展示图设计与制作

🔵 设计理念

设计过程以自然清新为设计核心。背景采用绿色调，与丰富的植物元素交织，不仅视觉上让人感受到大自然的清新气息，更在情感上引发人们对自然和谐的向往，同时传达出产品对肌肤的温和呵护与补水保湿效果，让使用者能够感受到肌肤的自然水润与舒适。排版上，文字部分层次分明，重点突出。将关键信息被放置在显眼位置，让消费者一眼就能捕捉到产品的核心卖点。中文部分"补水润肤，温和舒缓"简洁明了地传达了产品的功效，并通过"清爽不油腻 水润澎湃肌"这样的描述性语言，进一步强化了产品的特点和优势。整体而言，文字部分的设计既符合品牌调性，又能够有效地吸引消费者的注意力，促进购买决策的形成。最终效果如图 7-2-1 所示。

图 7-2-1　化妆品商品展示图效果

🔵 任务知识

鼠标点击选中图层，点击右键选择"混合选项→图层样式"，根据设计要求自由选择效果实施，如图 7-2-2 所示。选择合适的图层样式可以让我们的设计效果更加吸睛和出众。

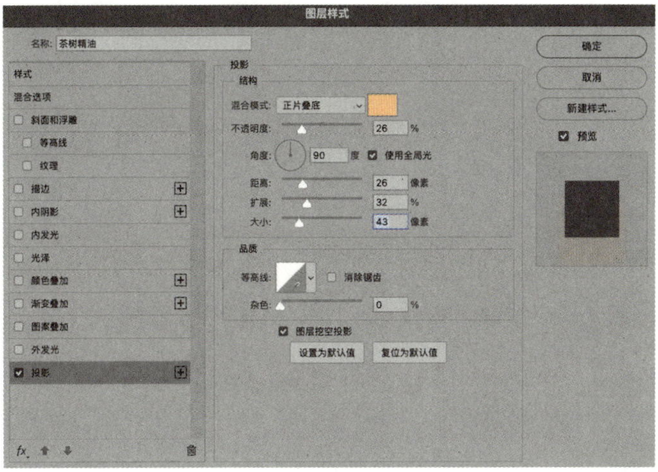

图 7-2-2　混合选项下图层样式属性栏

🔹 **任务实施**

【效果文件所在位置】资源总包\Ch07\效果图\化妆品商品展示图

（1）打开 Photoshop，按"Ctrl+N"组合键，弹出"新建文档"对话框，新建一个宽度为"790 像素"、高度为"6 208 像素"的文件，分辨率为"72 像素/英寸"，颜色模式为"RGB"，背景内容为"白色"，标题更改为"化妆品详情页设计"，单击"创建"按钮，如图 7-2-3 所示。

（2）选择"矩形"工具 ▢，选择绘制一个尺寸为"100×100 像素"的正方形，颜色填充为"黑色"，如图 7-2-4 所示。选中图层后，点击"左对齐" ▤，再点击"顶对齐" ▛，如图 7-2-5 所示。复制粘贴拖动到左侧，如图 7-2-6 所示。

（3）拖动标尺线对齐两个黑色矩形，选中两个矩形图层，将两个图层合成为一个群组 ▢，重命名为"参考"并隐藏群组，如图 7-2-7 所示。

图 7-2-3　新建文档

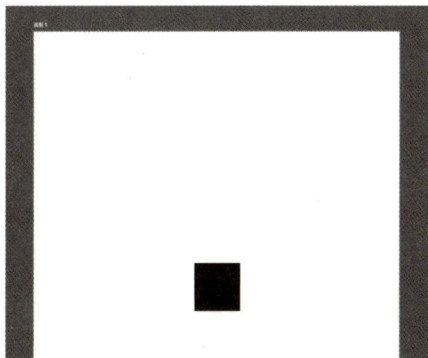

图 7-2-4　创建黑色矩形

図 7-2-5　对齐矩形　　　　　　图 7-2-6　复制粘贴矩形　　　　　图 7-2-7　用标尺线对齐

（4）点击新建图层 ⊞ ，并将新建图层置于底层。点击拾色器（前景色）▣ ，将颜色改为 "b1c09a"，如图 7-2-8 所示。点击 "Alt+Delete" 组合键，将前景色填充。

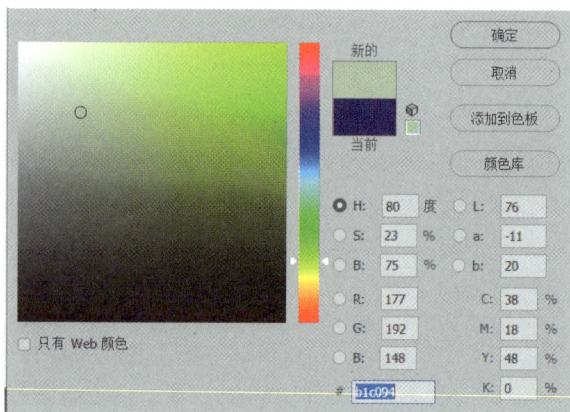

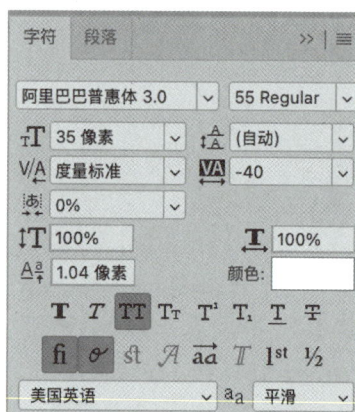

図 7-2-8　设置前景色　　　　　　　　　　　图 7-2-9　设置英文字体

（5）打开"资源总包\Ch07\素材\商品展示图素材"，将素材"竖版化妆品清晰背景图"拖入画板中央。接下来，选择"横排文字"工具 T ，输入英文文案"fresh and not greasy""hydrating and plumping the skin"。选择字符属性里面的全部大写 TT ，将字体大小调整为"35"，字距调整为"-40"，如图 7-2-9 所示。

（6）选中英文文案图层，点击"水平居中对齐" ≢ 按钮，将英文文案顶部与最上方参考标尺线对齐，效果如图 7-2-10 所示。

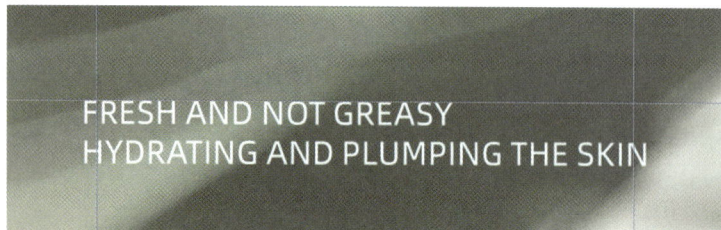

図 7-2-10　将英文与标尺线对齐

（7）选中英文文案图层，点击"Ctrl+J"组合键将英文文案图层复制粘贴。选择"移动"工具 ✛ ，将粘贴的图层向下移动一段距离，替换为中文文案"补水润肤""温和舒缓"。将字体样式换为"medium"，字体大小调整为"130"，字距保持不变，如图 7-2-11 所示。同时选英文文案图层和中文文案图层，点击"左对齐" ▤ ，如图 7-2-12 所示。

（8）选中中文文案图层，点击"Ctrl+J"组合键将图层复制粘贴并向下移动一段距离，将文字替换为"澳洲茶树精油净透霜"，将字体大小调整为"40"，字距调整为"0"，字体样式保持"medium"不变，将图层与其他文案"左对齐" ![左对齐图标]，如图 7-2-13 所示。

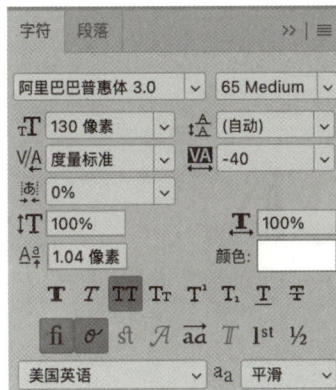

图 7-2-11　设置字体参数　　　　图 7-2-12　对齐英文与中文　　　　图 7-2-13　增加一行中文

（9）选择"钢笔"工具 ![钢笔图标]，按住"Shift"在"澳洲茶树精油净透霜"顶部绘制一条直线，关闭填充，描边颜色为"白色"，像素为"1"。点击"Ctrl+J"组合键复制粘贴一条白色横线并移动到文字下方。同时选中两条横线与中间的文案图层，点击"垂直分布" ![垂直分布图标] 和"水平居中对齐" ![水平居中对齐图标]。效果如图 7-2-14 所示。

（10）按"Ctrl+J"组合键复制粘贴文字图层，选择"移动"工具 ![移动图标]，将其移动到画面的最下方，将文案改为"清爽不油腻 水润澎湃肌"，字体大小保持 40 像素不变，选中图层，点击"水平居中对齐" ![水平居中对齐图标] 按钮，如图 7-2-15 所示。

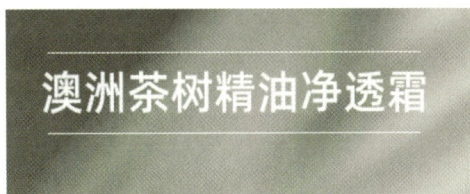

图 7-2-14　添加两条直线　　　　　　图 7-2-15　设置"清爽不油腻 水润澎湃肌"

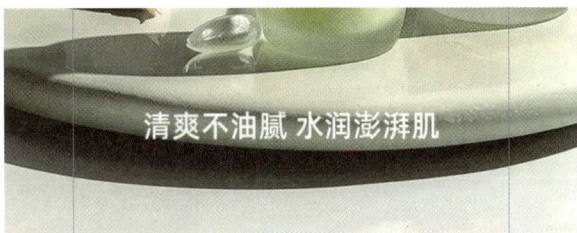

（11）打开"资源总包\Ch07\素材\商品展示图素材"，将素材"黄色丝带"拖入画板中央。将素材放置在文案"补水润肤""温和舒缓"的下方。点击"Ctrl+T"组合键，按住"Shift"键等比例放大到合适大小。效果如图 7-2-16 所示。

（12）选中主文案"补水润肤""温和舒缓"，右键点击"混合选项"，将投影颜色改为"698326"，混合模式改为"正片叠底"，不透明度改为"40%"，角度为"120°"，如图 7-2-17 所示。

（13）最后整理图层，将英文文案、中文文案"清爽不油腻 水润澎湃肌"和黄色丝带合成一个群组，并命名为"主文案"，将文案"澳洲茶树精油净透霜"和上下两条横线合成一个群组，命名为"副标题"。将图层全选合成一个群组并命名为"商品展示图"。最终效果如图 7-2-18 所示。

图 7-2-16　添加黄色丝带

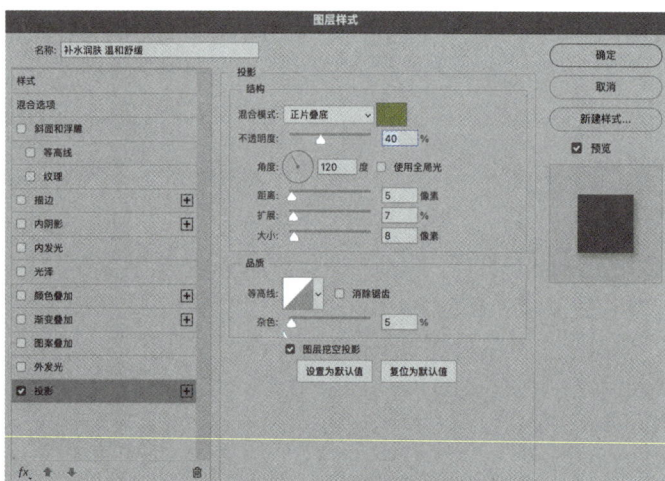

图 7-2-17　设置主文案投影参数

图 7-2-18　最终效果图

任务 7.3　化妆品类商品卖点图设计与制作

卖点图是指在商品详情页中突出展示商品特点和优势的图片或图文组合，它的设计与制作涉及创意构思、视觉表现、信息传达等多个环节，旨在通过视觉元素及高质量的图片吸引顾客注意力并促进销售。

7.3.1　化妆品类商品卖点图设计与制作要点

视觉吸引力：通过高质量的图像和创意设计吸引顾客的注意力。

信息传达：清晰展示商品的关键特性和优势，如成分、效果、使用方法等。

品牌一致性：保持与品牌整体形象和风格的一致性，增强品牌识别度。

用户体验：确保设计的易读性和易用性，提升顾客的浏览体验。

7.3.2　化妆品类商品卖点图设计与制作流程

🔹**任务引入**

本任务要求读者继续深入认识"字符工具""钢笔"工具，"形状"工具，新认识"段落"工具；然后通过设计化妆商品展示图，掌握卖点图的要点与制作方法。

化妆品类商品
卖点图设计与制作

🔹**设计理念**

设计过程围绕自然、简洁的理念展开。象征健康的绿色作为主色调不仅符合产品自然、健康的定位，还营造出一种清新、舒适的视觉感受。文案精炼而富有吸引力，直接点明产品的核心卖点。文字与图案的搭配简洁大方，既符合现代审美趋势，又能够吸引消费者的注意。运用字体大小和间距的变化来区分信息的层次。文案中的数字，如"+53%清爽净油"，直观地展示了产品的使用效果，增强了说服力。最终效果如图 7-3-1 所示。

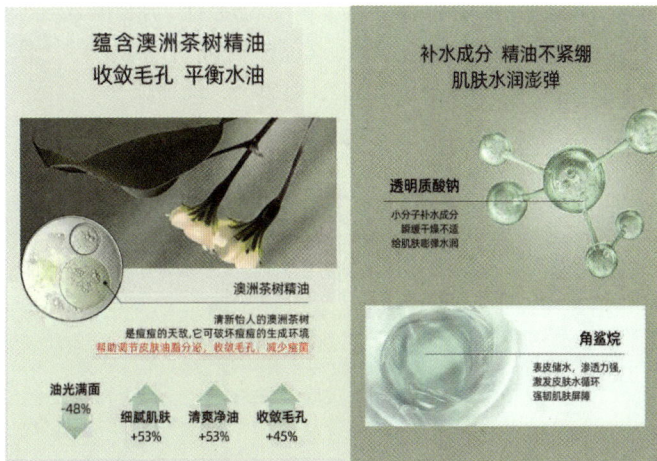

图 7-3-1　最终效果图

任务知识

"段落"工具属性如图 7-3-2 所示。

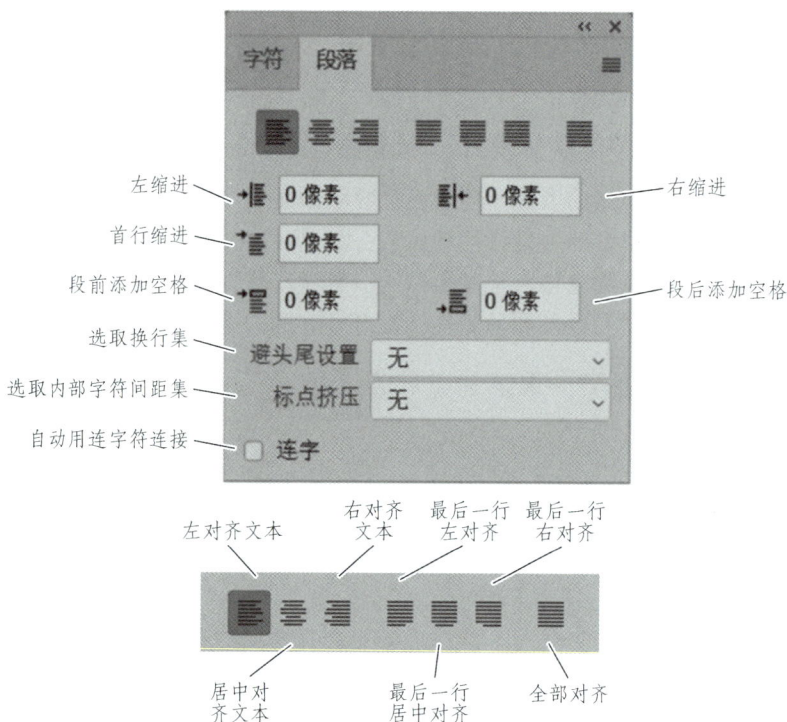

左缩进
右缩进
首行缩进
段前添加空格
段后添加空格
选取换行集
选取内部字符间距集
避头尾设置 无
标点挤压 无
自动用字符连接 连字

左对齐文本 右对齐文本 最后一行左对齐 最后一行右对齐
居中对齐文本 最后一行居中对齐 全部对齐

图 7-3-2 "段落"工具属性图

任务实施

【效果文件所在位置】资源总包\Ch07\效果图\化妆品商品卖点图设计 1 和 2

（1）选择"矩形"工具 ▢，点击画板，创建一个宽度为"788 像素"、高度为"1002 像素"的矩形，填充颜色为"白色"。选中白色矩形，点击"水平居中对齐" ⬛，将矩形与化妆品商品展示图底部对齐，不透明度设置为"70%"，如图 7-3-3 所示。

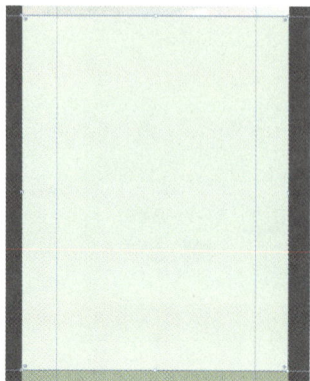

图 7-3-3 绘制大矩形

图 7-3-4 绘制白色小矩形

（2）选择"矩形"工具▢，选择绘制一个宽度为"718像素"、高度为"327像素"的矩形，命名为"白色小矩形"，点击"水平居中对齐" ± 使矩形居中，如图7-3-4所示。

（3）选择"横排文字"工具 T，输入文案"蕴含澳洲茶树精油"，字体大小为"48"，字距设置为"50"，字体样式改为"Regular"。选中文案，点击"Ctrl+J"组合键将图层复制粘贴并向下移动。将文字替换为"收敛毛孔 平衡水油"。选中两个文案合成为群组，重命名为"文案"，并点击"水平居中对齐" ±，如图7-3-5所示。

（4）打开"资源总包\Ch07\素材\商品卖点图素材"，将素材"茶树精油"拖入画板。按住"Shift"键将素材等比例缩小，放置在边框左下角，如图7-3-6所示。

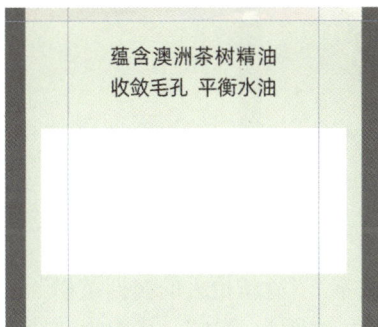
图 7-3-5　设置文案

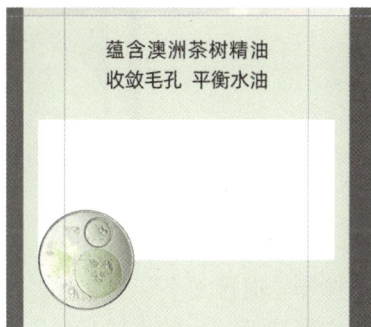
图 7-3-6　放入"茶树精油"

（5）打开"资源总包\Ch07\素材\商品卖点图素材"，将素材"竖版化妆品清晰背景图"拖入画板中央，放置在"白色小矩形"图层上方。在画板点击右键选择"水平翻转"，再右键选择"逆时针旋转九十度"，点击素材图层，点击右键选择"创建剪贴蒙版"，放大到合适位置，如图7-3-7所示。

（6）选择"横排文字"工具 T，输入文案"澳洲茶树精油"，字体大小为"48"，字距为"-20"，拖动到右侧与参考线齐平，如图7-3-8所示。

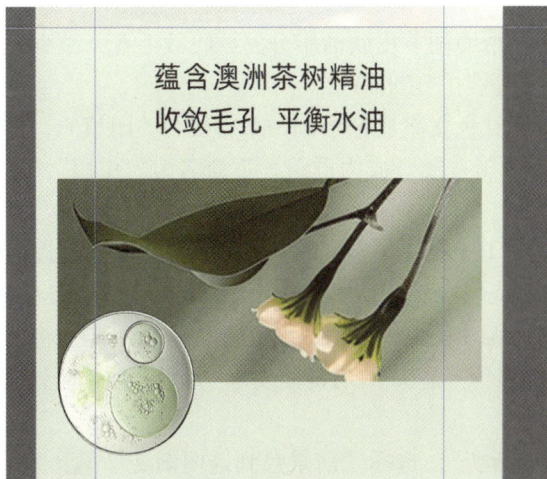
图 7-3-7　放置背景图

图 7-3-8　输入文案"澳洲茶树精油"

（7）选择"钢笔"工具 ✐，按住"Shift"键在"澳洲茶树精油"底部绘制一条折线，关闭填充，描边颜色为"黑色"，像素为"1"。选择"椭圆"工具 ，在斜线顶端绘制一个"8 ×8像素"的圆点，关闭描边，填充为"黑色"。将折线与圆点图层合称为群组，重命名为"折线装饰"。效果如图7-3-9所示。

图7-3-9 绘制"折线装饰"

（8）选择"横排文字"工具 ，在横线下方输入文字。"清新怡人的澳洲茶树""是痘痘的天敌，它可破坏痘痘的生成环境"，字体大小为"24"，字距为"25"，行距为"30"。将段落格式修改为"右对齐"，拖动文案到右侧与参考线齐平。效果如图7-3-10所示。

图7-3-10 输入两行黑色小字

图7-3-11 输入红色小字并绘制直线

（9）选择"横排文字"工具 ，输入文案"帮助调节皮肤油脂分泌，收敛毛孔，减少痘菌"，拖动到右侧与参考线齐平，将颜色改为"红色"（"ff0000"）。

（10）选择"钢笔"工具 ，按住"Shift"在红色文案底部绘制一条直线，关闭填充，描边颜色为"红色"，像素为"1"。将红色文案与绘制直线合成为群组，重命名为"作用"，右键修改为"红色"。效果如图7-3-11所示。

（11）选择"三角形"工具 ，绘制尺寸为"116×54像素"的三角形，并将其边框设为"无"，填充色先选定为"暂定色"，如图7-3-12所示。选择"矩形"工具 ，绘制尺寸为"86×146像素"的长方形，选择"移动"工具 ，选中两个图形并点击"水平居中对齐" ，将其对齐。右键点击选中两者，合并形状，将图层重命名为"箭头"，右键修改为"绿色"便于区分。效果如图7-3-13所示。

（12）回到"矩形"工具 ，点击"填充→渐变"，选择"前景色到透明渐变" 。双击色标，将颜色改为"86c0a8"，方向改为"-90°"，如图7-3-14所示。将箭头调整至合适大小并移动到右侧合适位置，如图7-3-15所示。

图 7-3-12 绘制三角形　　　　图 7-3-13 合并形状　　　　图 7-3-14 设置渐变

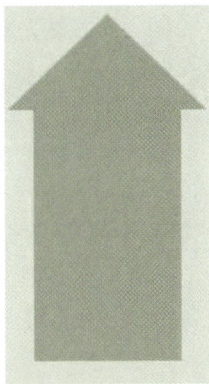

图 7-3-15　将箭头移至合适位置

（13）选择"横排文字"工具 **T**，输入"收敛毛孔"，字体大小改为"30 像素"，字距为"-20"，字体样式改为"Medium"，字体颜色改为"黑色"，将文字移动到箭头下方，如图 7-3-16 所示。

（14）选择"横排文字"工具 **T**，输入"+45%"，字体样式改为"Regular"，将文字移动到"收敛毛孔"下方，如图 7-3-17 所示。选中两个图层并点击"水平居中对齐" ，选中箭头图层、"+45%"与"收敛毛孔"三个图层并组成群组，重命名为"收敛毛孔"。

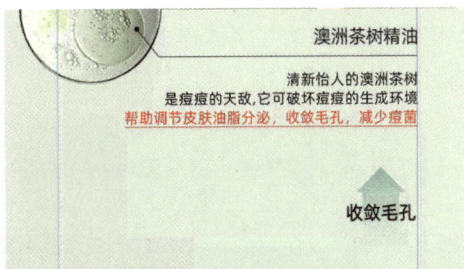

图 7-3-16　输入"收敛毛孔"　　　　图 7-3-17　输入"+45%"

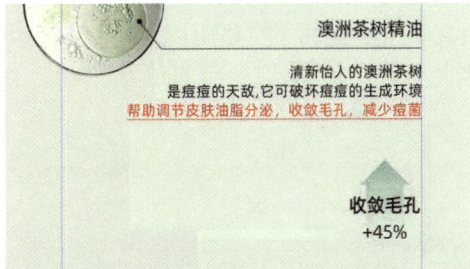

（15）选中"收敛毛孔"群组，点击"Ctrl+J"组合键将图层复制粘贴并向左移动一段距离，依次复制四个，保持间距一致，将最后一个箭头垂直翻转，将线性渐变方向改为"-90°"。选中四个群组组成新群组并重命名为"功能"，点击"水平居中对齐" 。效果如图 7-3-18 所示。

图 7-3-18　复制粘贴"收敛毛孔"群组　　　　　　图 7-3-19　更改箭头下方文字

（16）选择"横排文字"工具 **T**，第一个箭头文案改为"油光满面""-48%"，第二个箭头文案改为"细腻肌肤""+53%"，第三个箭头文案改为"清爽净油""+53%"，如图 7-3-19 所示。选中所有图层组合成群组，重命名为"化妆品卖点展示图"。最终效果如图 7-3-20 所示。

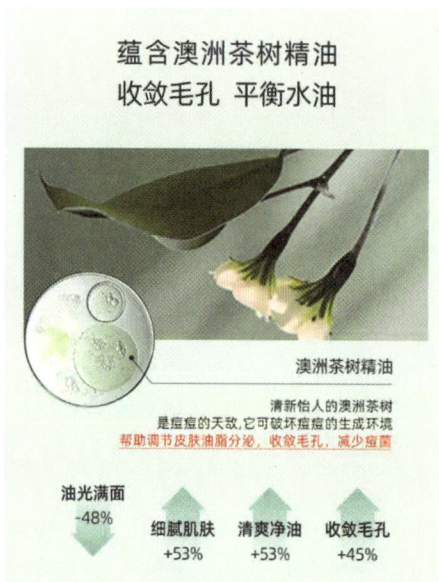

图 7-3-20　化妆品卖点展示图最终效果

（17）在画板中央选中"文字工具" **T**，输入文案"补水成分　精油不紧绷 肌肤水润澎弹"，如图 7-3-21 所示。将文字段落格式选为"居中"，按"Ctrl+A"选中"对齐" **⊹** 画板。字体大小为"48 像素"，字间距为"-20"，字体样式保持"Regular"，"补水成分　精油不紧绷"两组文字中间空两个空格距离，如图 7-3-21 所示。输入"透明质酸钠"，字体样式改为"Medium"，字体大小为"38 像素"，字间距为"-40"，将文字放于左边参考线处，如图 7-3-22 所示。

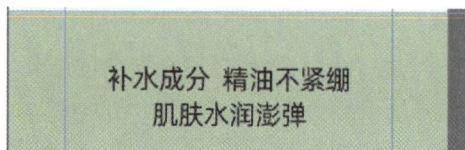

图 7-3-21　输入文案"补水成分 精油不紧绷 肌肤水润澎弹"　　图 7-3-22　导入"透明质酸钠"

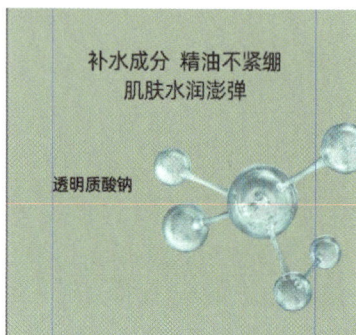

（18）打开"资源总包\Ch07\素材\商品卖点图素材"，导入素材"透明质酸钠"，等比例放大并移动到图 7-3-22 所示位置。

（19）选中"透明质酸钠"图层点击 ，选择"色相/饱和度"，点击右键选择"创建剪切蒙版"，将色相的值改为"-34"，在"透明质酸钠"图层下新建一个图层，选择"画笔工具" ，笔刷选择"柔边缘"，画笔颜色选择"白色"，在素材"透明质酸钠"中间绘制类似图 7-2-23 所示效果，将不透明度调为"80%"。

（20）输入"小分子补水成分　瞬缓干燥不适　给肌肤澎弹水润"，文字颜色为"黑色"，字体样式为"Regular"，段落选择"右对齐"，字体大小改为"26 像素"，行距改为"34"，放于"透明质酸钠"文字下方。

（21）选择"透明质酸钠"与"小分子补水成分　瞬缓干燥不适　给肌肤澎弹水润"文字层，点击右对齐 。

（22）选择"钢笔工具" ，按住"Shift"在文字层中间画一条直线，关闭填充，将描边颜色改为"黑色"，大小为"1 像素"，同时选中直线与两个文字层，组成组命名为"透明质酸钠"并将图层放于"透明质酸钠"图片的上方。将组调至如图 7-3-23 所示位置。

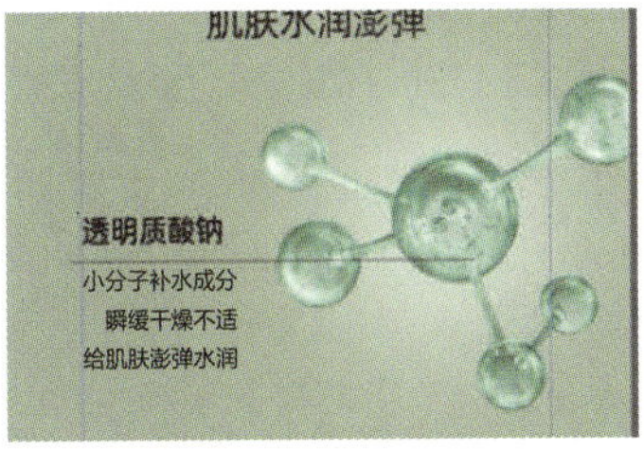

图 7-3-23　调整"透明质酸钠"组位置

（23）打开"资源总包\Ch07\素材\商品卖点图素材"，导入素材"角鲨烷"，按"Ctrl+A"居中画板。选中"透明质酸钠"图层并按"Ctrl+J"复制粘贴，并将复制图层移动到"角鲨烷"图片上方。在画板将复制图层移动到"角鲨烷"图片处，打开复制图层，同时选中文案，向右移动至右边参考线。

（24）将"透明质酸钠"文案替换为"角鲨烷"，将"小分子补水成分　瞬缓干燥不适　给肌肤澎弹水润"替换为"表皮缩水，渗透力强　激发皮肤水循环　强韧肌肤屏障"。将该文案段落改为左对齐，选中组将名字重命名为"角鲨烷"。选中"角鲨烷"将文案居中对齐图片。

（25）选择矩形选框工具 ，测量最上方文字与上一张图片的距离，并将选框放于下方，拖动上方的参考线，对齐选框的下方那条线。最终效果图如图 7-3-24 所示。

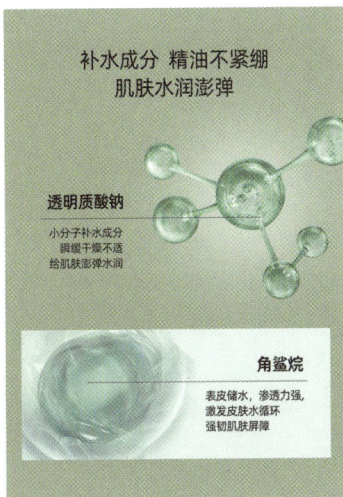

图 7-3-24　最终效果图

任务 7.4　化妆品类商品细节图设计与制作

商品细节图指在商品详情页上展示产品细节的高清图片，如成分、质地、包装等，是电商视觉营销策略的一部分，专注于展示产品的具体特征和细节，以便消费者能够更全面地了解产品。

化妆品类商品
细节图设计与制作

7.4.1　化妆品类商品细节图设计与制作要点

高清展示：使用高分辨率的图片，确保消费者能够看到产品的所有细节。

多角度呈现：从不同角度展示产品，让消费者对产品有全方位的了解。

重点标注：保持与品牌整体形象和风格的一致性，增强品牌识别度。

真实反映：确保图片真实反映产品，避免过度修饰，建立消费者信任。

7.4.2　化妆品类商品细节图设计与制作流程

🔵 **任务引入**

本任务要求读者熟练掌握"字符"工具、"对齐"工具、"形状"工具以及创建"剪贴蒙版"等基本操作技能，通过这些操作来制作化妆品类商品细节图。

⭐ **设计理念**

设计采用简洁的布局和清晰的文案，便于消费者快速抓住产品的主要细节和卖点，通过"植萃提取"等描述突出产品的天然成分和功能，迎合现代消费者对健康、自然化妆品成分的需求。最终效果如图 7-4-1 所示。

图 7-4-1　最终效果

⚡任务知识

1. 图文排版

了解如何将文字与图片结合，包括如何调整文字大小、字间距以及如何对齐、群组图层，确保设计的整洁和专业性。

2. 后期编辑

包括如何整理和命名图层，以及如何将所有设计元素有效地组合成一个协调一致的最终效果。

⚡任务实施

【效果文件所在位置】资源总包\Ch07\效果图\化妆品商品细节图

（1）打开"资源总包\Ch07\素材\商品细节图素材"，找到图片"化妆品细节图1"，拖入到画板当中，点击"确定"。将图片上方对齐参考线，选中"文字工具" **T**，单击画板，输入文字"清爽恒油　整日莹润"，文案大小为"48像素"，字间距为"-20"，"Ctrl+A"选中，"居中对齐" **≢** 画板，再上下移动文案的位置，如图7-4-2所示。

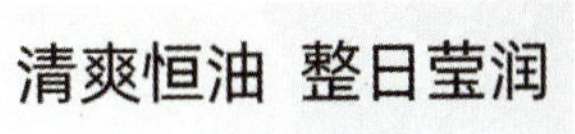

清爽恒油 整日莹润

图 7-4-2　输入文字"清爽恒油　整日莹润"

（2）选择文字工具 **T**，单击画板，输入文字"补水储水"，大小为"30像素"，字间距为"20"，调整文案的位置。打开"资源总包\Ch07\素材\商品细节图素材"，插入"钩"的标志图片，然后等比例缩小，放置到"补水储水"的前面，文字距离"钩"大约21像素，钩的大小为"42×42像素"。同时选中这两个图层，水平居中对齐，按"Ctrl+G"群组图层，命名为"补水储水"，效果如图7-4-3所示。

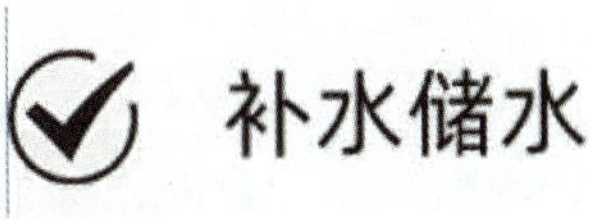

✓ 补水储水

图 7-4-3　设置群组"补水储水"

（3）按"Ctrl+J"复制粘贴这个图层，将复制出来的图层向下移动，并把文字改为"细腻收敛"；再复制粘贴这个图层，将复制出来的图层向下移动，并把文字改为"清爽维稳"；再复制粘贴这个图层，将复制出来的图层向下移动，并把文字改为"植萃提取"。选中这四个文案，建立群组，命名为"功能"，如图7-4-4所示。

✓ 补水储水

✓ 细腻收敛

✓ 清爽维稳

✓ 植萃提取

图 7-4-4　建立功能群组

（4）打开"资源总包\Ch07\素材\商品细节图素材"，将图片"面霜细节"拖入到画板当中，再隐藏掉这张图片。选择矩形工具 ⬜，在画板中心绘制一个宽度为"671 像素"、高度为"324 像素"的矩形，去掉边框颜色，填充为"白色"。按"Ctrl+A"选中，选择"水平居中对齐"，将位置移动到化妆品下方，再将不透明度调整为"80%"，点开刚刚隐藏的图片，点击右键，选中"创建剪贴蒙版"，按"Ctrl+T"缩小图片。

（5）选择文字工具 T，点击画板，输入文字"清爽丝滑/水光润养 油皮吸收无压力"，大小改为"36 像素"，字间距改为"-20"，居中对齐文本 ≣，调整文案位置。输入文案"清爽质地不粘腻"，大小改为"24 像素"，字间距为"-20"，像素保持不变，调整文案位置到主文案下方。同时选中这两个图层，选择"水平居中对齐" ↕。群组这两个图层，命名为"清爽丝滑"。选中这个图层和矩形图层，垂直居中对齐 ╟，如图 7-4-5 所示。

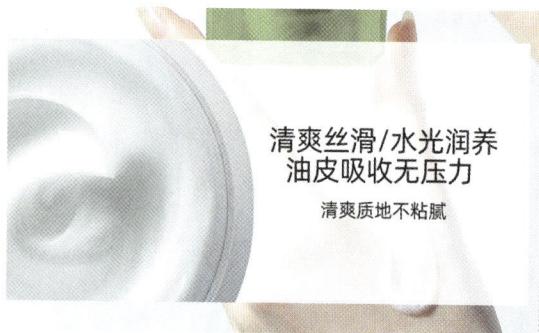

图 7-4-5 设置"清爽丝滑"群组

（6）将所有做好的部分进行群组，然后将图层移动到"商品卖点图设计"图层的下方，然后命名为"商品细节图"。最终效果如图 7-4-6 所示。

图 7-4-6 最终效果图

任务 7.5　化妆品类商品售后图设计与制作

商品的售后图设计与制作是指为商品提供的售后服务流程、政策、联系方式等信息的视觉设计，是电商服务流程中的重要组成部分，它涉及在顾客购买商品后提供的各种服务和支持的呈现，包括创建易于理解的图文说明、FAQ（常见问题解答）、退换货流程等。

7.5.1　化妆品类商品售后图设计与制作要点

清晰性：确保售后信息清晰易懂，避免使用行业术语或复杂表述。
可访问性：设计上要易于用户在网页上找到售后相关信息。
信任建设：通过透明的售后政策和流程，建立消费者对品牌的信任。
品牌一致性：保持售后页面的风格与品牌整体形象一致。

7.5.2　化妆品类商品售后图设计与制作流程

🔹 任务引入

本任务要求读者熟练掌握"字符"工具、"对齐"工具、"形状"工具等基本操作技能，通过这些操作来制作化妆品类商品售后图。

化妆品类商品
售后图设计与制作

🔹 设计理念

图片采用了简洁清晰的风格，色彩搭配和谐，信息排版清晰有序。这样的设计既能够吸引顾客的注意力，又能够方便顾客快速获取所需信息，提高信息的传达效率。最终效果如图 7-5-1 所示。

图 7-5-1　化妆品类商品售后图

图层操作：理解如何复制粘贴图层，以及如何对图层进行对齐和群组操作，以实现整齐有序地设计布局。

信息排版：学习如何清晰有序地排列信息，包括服务说明、物流信息等，以提高信息传达效率。

🧭 任务实施

【效果文件所在位置】资源总包\Ch07\效果图\化妆品商品售后图

（1）选择文字工具 **T**，单击画板，输入文字"服务说明"，大小改为"48 像素"，字间距为"-20"，按"Ctrl+A"选中，"水平居中对齐" ⯐ 画板，调整文字位置。选中钢笔工具，画一条横线，描边改为"黑色"，大小为"2 像素"，同时选中两个图层，选择"水平居中对齐" ⯐，如图 7-5-2 所示。

图 7-5-2　设置文字"服务说明"

（2）长按矩形工具，选择椭圆工具 ◯，按住"Shift"绘制一个"160×160 像素"的圆，去掉描边，颜色改为"93a768"，点击"确定"。选择文字工具 **T**，输入文字"Free Shipping"，移动至椭圆的下方，与椭圆同时选中，水平居中对齐 ⯐。按"Ctrl+J"复制粘贴文字图层，输入文字"顺丰包邮"，大小为"25 像素"，字体"Regular"保持不变，中文与英文之间的距离保持"15 像素"，英文与椭圆之间的像素保持"37 像素"左右。

（3）复制直线，移动到顺丰包邮的下方33 像素左右。直接选择工具 ⭢，选中线的右边，按住"Shift+←"移动 2 格左右，选中椭圆到直线这几个图层，居中对齐。

（4）复制粘贴"顺丰包邮"图层，移动至直线下方，距离为"33 像素"左右，将这个文案改为"急速送达，精心呵护您的每一份期待。"大小为"20 像素"，行距改为"30 像素"，字间距为"-20 像素"，如图 7-5-3 所示。

图 7-5-3　设置第一种服务类型

（5）复制粘贴"顺丰包邮"图层，按照同样的方法，将剩下的三种服务类型排列好，如图7-5-4所示。

图 7-5-4　设置剩余的三种服务类型

（6）在"顺丰包邮"图层里面新建一个文字图层，点击画板中央，输入"SF"，字体颜色改为"白色"，大小为"55 像素"，字间距为"-20 像素"，字体样式为"Light"，再移动到"顺丰包邮"椭圆的中间，同时选中这个图层和椭圆，选择"垂直居中对齐" 图标。用同样的方法将其他三个服务的标志做出来，如图7-5-5所示。最终效果如图7-5-6所示。

图 7-5-5　设置服务标志

图 7-5-6　最终效果图

任务 7.6　项目实战——男士皮鞋商品详情页设计与制作

🎯 任务引入

本任务要求读者综合前面的学习与训练，完成男士皮鞋商品详情页设计与制作实训任务，掌握综合所学知识点。

🎯 设计理念

本次商品详情页的设计核心在于简洁明了地展示鞋子的高品质与舒适性，吸引消费者关注并激发购买欲望。整体布局简洁，以清晰分区和流畅动线提升用户体验。通过高质量图片多角度展示鞋子细节，突出其质感与时尚感。文案详细介绍鞋子材质、工艺与特点，如优质二层牛皮、手工穿线、橡胶大底等，强调耐用性与舒适性，增强消费者信任。同时，展示鞋子的保暖性能与防滑设计，突出其秋冬适用性。模特搭配展示进一步提升产品吸引力。整体设计通过视觉与信息传达，全方位展现鞋子优势，引导消费者购买。最终效果如图 7-6-1 所示。

【素材文件所在位置】资源总包\Ch07\素材文件\男士皮鞋商品详情页

【效果文件所在位置】资源总包\Ch07\效果图\制作男士皮鞋商品详情页

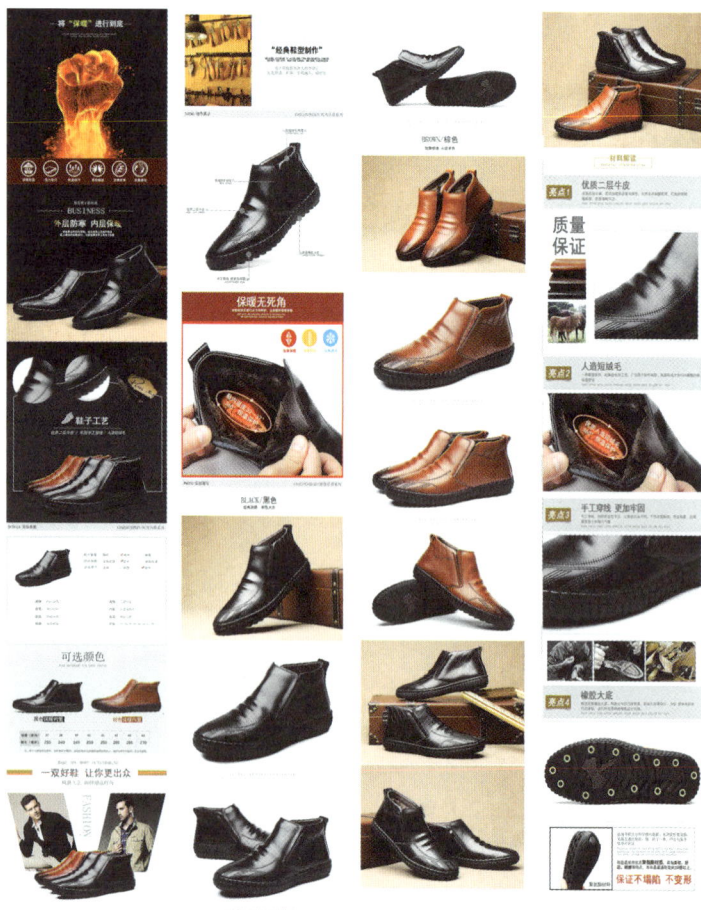

图 7-6-1　男士皮鞋商品详情页

项目 8

网店移动端页面设计与制作

在当今信息化社会，移动端已成为我们获取信息、交流沟通的重要工具。网店移动端页面设计与制作不仅关系到用户体验的优化，更是连接用户与信息的桥梁。本项目将围绕网店移动端页面的首页设计与制作和详情页设计与制作，通过项目实战，让读者掌握移动端页面的设计要求与制作方法，加深理解移动端页面设计在现代社会中的重要作用和实际应用。

本项目的思维导图如图 8-0-1 所示：

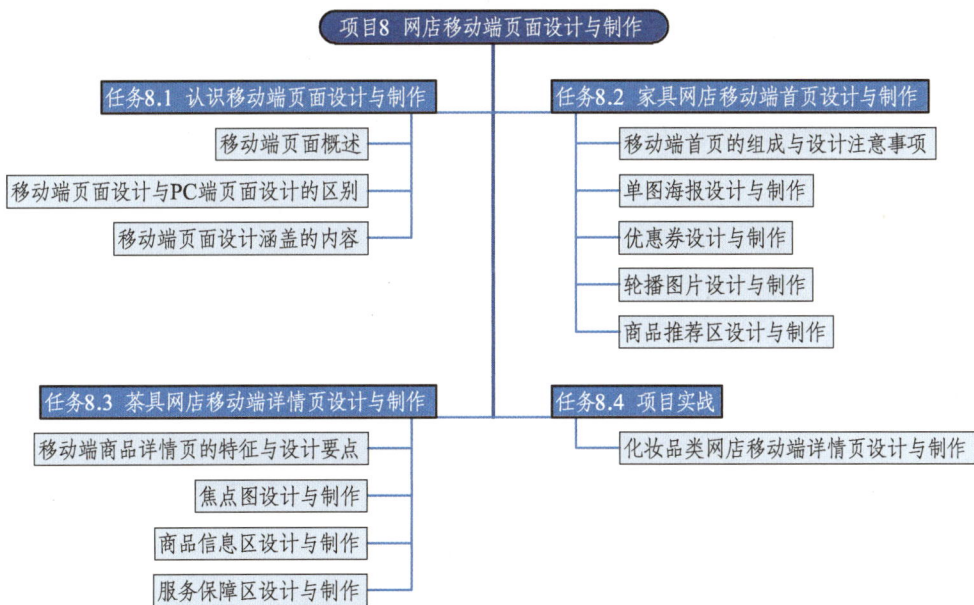

项目8 网店移动端页面设计与制作

任务8.1 认识移动端页面设计与制作
- 移动端页面概述
- 移动端页面设计与PC端页面设计的区别
- 移动端页面设计涵盖的内容

任务8.2 家具网店移动端首页设计与制作
- 移动端首页的组成与设计注意事项
- 单图海报设计与制作
- 优惠券设计与制作
- 轮播图片设计与制作
- 商品推荐区设计与制作

任务8.3 茶具网店移动端详情页设计与制作
- 移动端商品详情页的特征与设计要点
- 焦点图设计与制作
- 商品信息区设计与制作
- 服务保障区设计与制作

任务8.4 项目实战
- 化妆品类网店移动端详情页设计与制作

图 8-0-1　项目 8 思维导图

学习引导

学习目标

掌握淘宝移动端首页的设计规范和尺寸要求。

掌握淘宝移动端详情页的设计规范和尺寸要求。

🚀 素养目标

培养对淘宝移动端页面设计的审美能力。
培养学生对网店美工设计的兴趣和创新意识。

🚀 能力目标

掌握淘宝移动端首页设计与制作步骤和操作技巧。
掌握淘宝移动端详情页设计与制作步骤和操作技巧，详情页内容应能引发兴趣，激发潜在需求，赢得消费者信任，替顾客做出购卖决策。

🚀 思政目标

弘扬社会主义核心价值观。
强化网络育人功能。
促进专业知识与思政教育融合。
提升创新精神与创业能力。

🚀 实训任务

家具网店移动端首页设计与制作。
茶具网店移动端详情页设计与制作。
化妆品类网店移动端详情页设计与制作。

🚀 考核评价

如表 8-0-1 所示，项目 8 网店移动端页面设计与制作考核评价表根据学生自评、组内互评和教师评价来计算总分，全面反映学生教材知识点掌握程度、课堂参与度、作业完成情况以及实操表现。

表 8-0-1　考核评价表

考核维度	评价指标	分值	学生自评	组内互评	教师评价
知识点掌握（30分）	单图海报设计与制作方法	5			
	优惠券设计与制作方法	5			
	轮播图片设计与制作方法	5			
	商品推荐区设计与制作方法	5			
	焦点图设计与制作方法	5			
	商品信息区设计与制作方法	5			
课堂参与（20分）	出勤情况	5			
	课堂互动（提问、回答、小组讨论）	10			
	学习态度（专注度、积极性）	5			

考核维度	评价指标	分值	学生自评	组内互评	教师评价
作业完成 （20分）	作业完成度（是否按时完成、完成任务量）	10			
	作业质量（是否达到任务要求、是否存在错误）	10			
实操表现 （30分）	实操熟练度（操作是否流畅、是否需要多次修正）	10			
	实操效果（是否达到预期效果、是否具有创新性）	10			
	实操规范性（是否遵循操作流程、是否符合行业规范）	10			
总计					

任务 8.1　认识移动端页面设计与制作

移动端页面设计与制作是针对智能手机、平板电脑等移动设备的网页设计与制作过程。随着移动互联网的普及，移动端页面设计与制作变得越来越重要，因为它直接影响到用户在移动设备上的网页浏览体验。

8.1.1　移动端页面概述

移动端页面设计与制作主要遵循的是"移动优先"和"用户体验优先"的理念，这些理念要求设计师充分考虑移动设备的特性，如屏幕尺寸、触摸操作和网络环境等，从而为用户提供最佳的浏览体验，如图 8-1-1 所示。

8.1.2　移动端页面设计与 PC 端页面设计的区别

移动端页面设计与 PC 端页面设计在多个方面存在显著的差异，具体情况如下：

（1）屏幕尺寸：移动端设备的屏幕相对较小，主要集中在纵向空间的利用，因此设计时需要在有限的屏幕上合理安排内容；PC 屏幕较大，通常考虑横向空间的扩展。

（2）交互方式：移动端主要通过手指的点击、滑动等手势进行操作，交互更加直观和丰富，PC 端主要通过鼠标和键盘进行操作，操作精准，但交互效果较少。

（3）文案配图：移动端页面设计追求精简的内容展示，不会使用过多的文字，常常使用加粗文字吸引消费者目光；PC 端会使用较多文字来说明商品的卖点和优惠信息等。

8.1.3　移动端页面设计涵盖的内容

移动端页面设计涵盖的内容非常广泛，它不仅要考虑页面的美观性和功能性，还要确保页面能够适应不同设备的特性，并提供良好的用户体验。移动端页面设计主要包括首页设计与详情页设计。

图 8-1-1　某茶具品牌淘宝手机端首页

任务 8.2　家具网店移动端首页设计与制作

8.2.1　移动端首页的组成与设计注意事项

淘宝移动端首页组成的主要内容有：单图海报、优惠券、轮播图片和商品推荐区。

（1）单图海报：主要用于展示单个商品、单个主题的图片设计。网店美工在设计淘宝移动端的首页时，单图海报的尺寸宽度应为 750 像素。对于 JPG 格式的图片，文件大小控制在 1 MB 以内；对于 PNG 格式的图片，文件大小控制在 1.5 MB 以内。

（2）优惠券：主要用于介绍店铺商品的优惠信息，设计时应注意图形与文案的简洁与醒目。

（3）轮播图片：轮播图片用于展示多个商品与主题，尺寸一般设置为宽度 750 像素，高度不限。虽然轮播图的高度没有严格限制，但为了保证良好的用户体验，建议轮播图的高度不要过高。

（4）商品推荐区：主要用于介绍店铺畅销或者卖点产品，为消费者提供选品便捷，同时也提高成交率。

8.2.2　单图海报设计与制作

🚀 **任务引入**

本任务要求读者首先认识"横排文字"工具、"矩形"工具，然后通过设计家具网店单图海报，掌握网店单图海报的设计要点与制作方法。

单图海报设计与制作

设计理念

设计过程围绕家具网店的沙发新品进行创作。海报的背景为家具场景，为消费者营造一种身临其境的感觉。设计主体为新品沙发，突出单品特点与价格的优惠力度。海报采用中心构图，以吸引消费者的目光。最终效果如图 8-2-1 所示。

图 8-2-1　沙发单图海报效果

任务知识

"横排文字"工具和"矩形"工具的属性栏如图 8-2-2 所示。

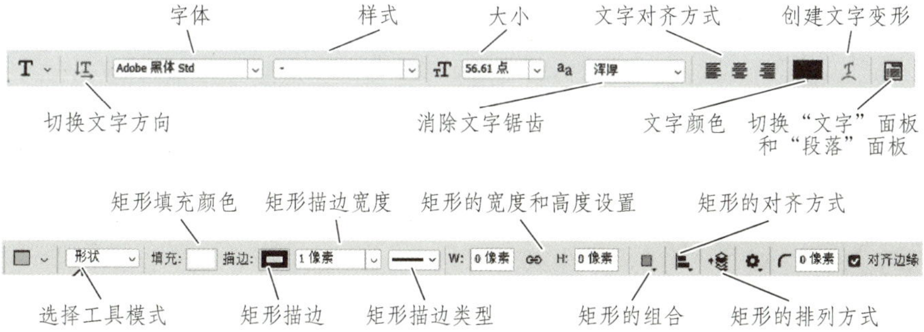

图 8-2-2　"横排文字"工具和"矩形"工具的属性栏

任务实施

【效果文件所在位置】资源总包\Ch08\任务 8.2.2 单图海报的设计\工程文件

（1）按住"Ctrl+N"组合键，弹出"新建文档"对话框，设置名称单图海报，设置宽度为"750 像素"，高度为"1200 像素"，分辨率为"72 像素/英寸"，颜色模式为"RGB"，背景内容颜色 RGB 值为"244，244，244"，单击"创建"按钮，新建一个文档，如图 8-2-3 所示。

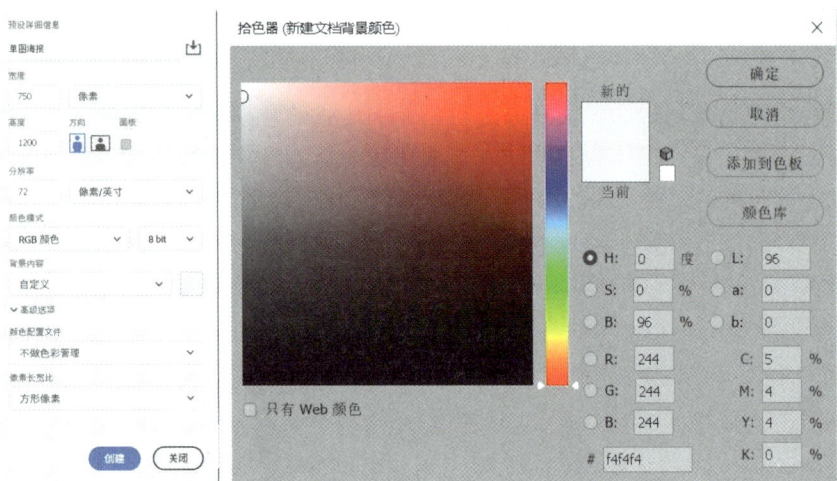

图 8-2-3　创建新文档

（2）选择"矩形"工具，设置填充颜色为"黑色"填充：，描边为"无"描边：，绘制矩形，修改矩形的宽度为"750 像素" W: 750 像，高度为"600 像素" H: 600 像。选择"移动"工具，将矩形与画布上对齐，如图 8-2-4 所示。

图 8-2-4　绘制矩形并调整位置　　　　　图 8-2-5　创建"背景图"剪贴蒙版

（3）打开"资源总包\Ch08\任务 8.2.2 单图海报的设计"文件夹，选中"背景图"素材图层，拖入文件中，选中背景图层，使用快捷键"Ctrl+Alt+G"创建剪贴蒙版（见图 8-2-5），调整背景图位置与大小，如图 8-2-6 所示。

（4）选择"矩形"工具，设置填充颜色为"白色"填充：，描边为"无"描边：，绘制矩形，修改矩形的宽度为 660 像素 W: 660 像，高度为 870 像素 H: 870 像。选择"移动"工具，将矩形移动至合适的位置，如图 8-2-7 所示。

（5）选择"矩形"工具，设置填充颜色为"黑色"填充：，描边为"无"描边：，绘制矩形，修改矩形的宽度为"630 像素"，高度为"580 像素"。选择"移动"工具，将矩形移动至合适的位置，如图 8-2-8 所示。

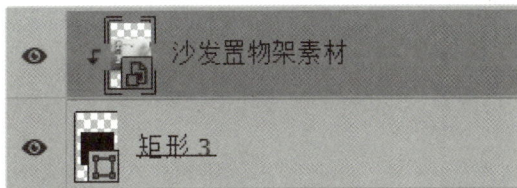

图 8-2-6　调整背景图　　　图 8-2-7　绘制白色矩形并调整位置　图 8-2-8　绘制黑色矩形并调整位置

（6）打开"资源总包\Ch08\任务 8.2.2 单图海报的设计"文件夹，将"沙发置物架素材"拖拽至文件中，选中图层，使用快捷键"Ctrl+Alt+G"创建剪贴蒙版（见图 8-2-9），调整图片大小与位置，如图 8-2-10 所示。

图 8-2-9　创建"沙发置物架素材"剪贴蒙版　　　图 8-2-10　调整沙发置物架素材图

（7）选择"横排文字"工具 **T**，设置字体，设置粗细为"55"，大小为"40 点"，字距调整为"10"，水平缩放 **T** 为"100%"，颜色为"白"，如图 8-2-11 所示。输入文字"#新品文艺沙发置物架#"，添加下划线，调整至合适位置，如图 8-2-12 所示。

（8）选择"矩形"工具 □，设置颜色 RGB 值为"241，241，239"（见图 8-2-13），设置圆角为"100 像素" ⌐ 100 像素，绘制圆角矩形，调整至合适位置，如图 8-2-14 所示。

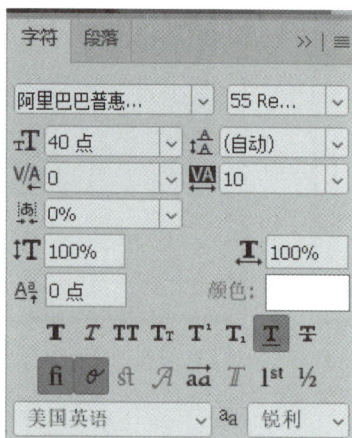

图 8-2-11　设置字体参数

图 8-2-12　输入文字并添加下划线

图 8-2-13　设置填充颜色

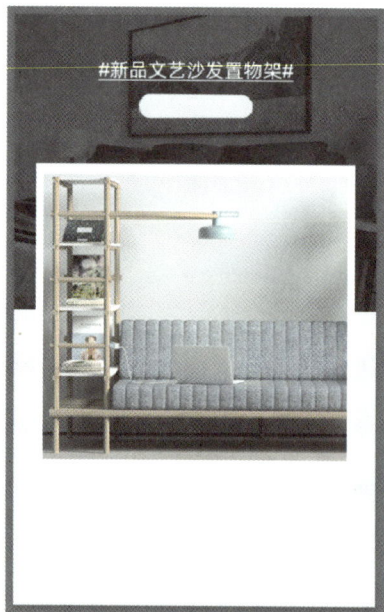

图 8-2-14　绘制圆角矩形

（9）选择"横排文字"工具 T，设置字体，设置粗细为"55"，大小为"30 点"，水平缩放 T 为"100%"，颜色为"黑色"，如图 8-2-15 所示。输入文字"多功能沙发"，调整至合适位置，如图 8-2-16 所示。

（10）选择"椭圆"工具 ，设置颜色为"黑色" 填充：■，描边为"无" 描边：，单击鼠标左键，按住"Shift"绘制圆形，调整至合适位置，用相同的方法创建"全实木用材"，并调整至合适位置，如图 8-2-17 所示。

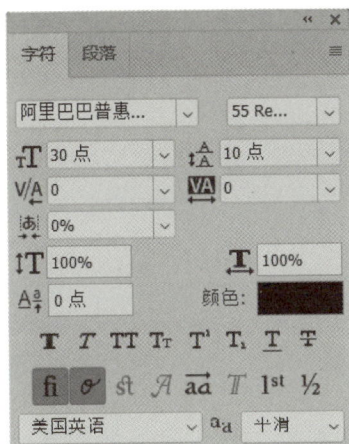

图 8-2-15　设置字体参数

图 8-2-16　输入文字"多功能沙发"并调整

图 8-2-17　创建"全实木用材"

（11）选择"横排文字"工具 T，设置字体，设置粗细为"55"，大小为"30 点"，字距调整 VA 为"10"，水平缩放为"100%"，设置颜色 RGB 值为"69，70，72"，输入文字"限时参考价"，调整至合适位置，如图 8-2-18 所示。

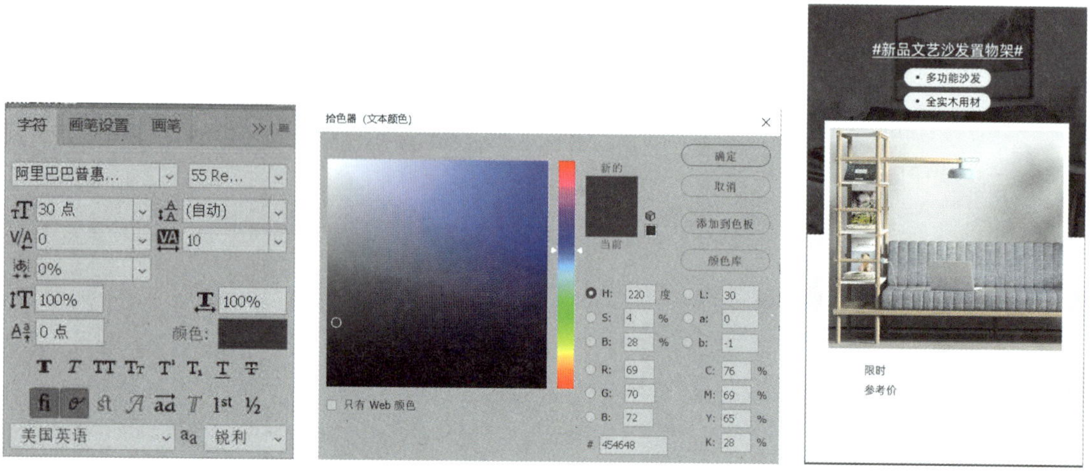

图 8-2-18　设置文字"限时参考价"

（12）选择"横排文字"工具 **T.**，设置字体，设置粗细为"65"，大小为"35 点"，水平缩放为"100%"，字体间距为"10"，颜色为"黑色"，输入文字"¥"，调整至合适位置，如图 8-2-19 所示。

（13）选择"横排文字"工具 **T.**，设置字体，设置粗细为"75"，大小为"120 点"，字符间距为"10"，水平缩放为"100%"，设置颜色 RGB 值为"69，70，72"，输入文字"998"，调整至合适位置，如图 8-2-20 所示。

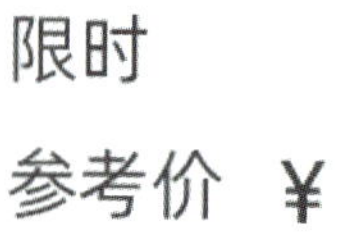

图 8-2-19　输入"¥"

图 8-2-20　输入"998"

（14）选择"矩形"工具 ▢，设置颜色 RGB 值为"69，70，72"，描边为"无" 描边: ▱ ，绘制矩形，调整至合适位置，如图 8-2-21 所示。

图 8-2-21　绘制矩形框

图 8-2-22　输入"点击购买>"

（15）选择"横排文字"工具 **T.**，设置字体，设置粗细为"55"，大小为"30 点"，水平缩放为"100%"，颜色为"白色"，输入文字"点击购买>"，调整至合适位置，如图 8-2-22 所示。

（16）选择"沙发置物架素材"图层，单击"图层"面板下方的"创建新的填充或调整图层" ⬤ ，选择"自然饱和度"命令，调整参数数值，如图 8-2-23 所示。单图海报制作完成，效果如图 8-2-24 所示。

图 8-2-23　设置饱和度

图 8-2-24　最终效果图

8.2.3　优惠券设计与制作

任务引入

本任务要求读者首先认识"横排文字"工具、"矩形"工具，然后通过制作家具网店优惠券，掌握网店优惠券的设计要点与制作方法。

优惠券设计与制作

设计理念

设计过程围绕家具网店移动端首页优惠券进行创作。优惠券的背景选用灰色调，简单明了，以价格促销作为卖点，突出价格优惠力度。最终效果如图 8-2-25 所示。

图 8-2-25　优惠券的制作效果图

任务知识

"横排文字"工具和"矩形"工具的属性栏如图 8-2-26 所示。

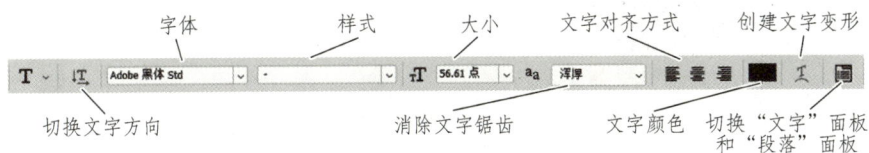

矩形填充颜色　矩形描边宽度　矩形的宽度和高度设置　　矩形的对齐方式

选择工具模式　　矩形描边　矩形描边类型　　矩形的组合　矩形的排列方式

图 8-2-26　"横排文字"工具和"矩形"工具的属性栏

任务实施

【效果文件所在位置】资源总包\Ch08\任务 8.2.3 优惠券的制作\工程文件

（1）按住"Ctrl+N"组合键，弹出"新建文档"对话框，设置名称"优惠券"，设置宽度为"750 像素"，高度为"180 像素"，分辨率为"72 像素/英寸"，颜色模式为"RGB"，背景颜色为"白色"，单击"创建"按钮，新建一个文档，如图 8-2-27 所示。

图 8-2-27　创建新文档

（2）选择"矩形"工具 □，设置填充颜色 RGB 值为"223，223，223"，描边为"无"，绘制矩形，修改矩形的宽度为"180 像素"，高度为"180 像素"。选择移动工具 ✛，将矩形与画布右对齐，如图 8-2-28 所示。

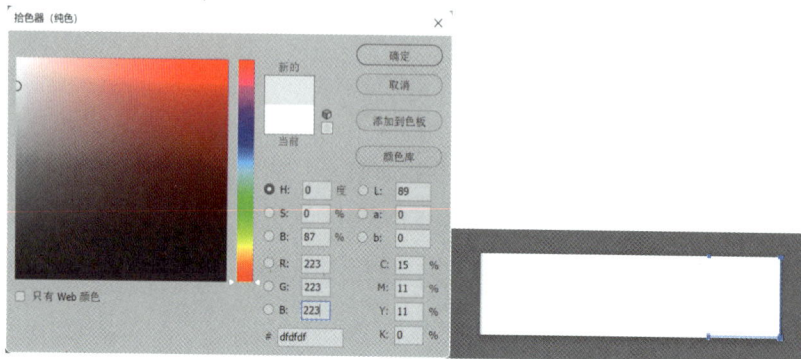

图 8-2-28　绘制矩形框

（3）选择"矩形 1"图层，复制矩形图层两次，修改填充颜色 RGB 值，分别为 RGB（232，232，232），RGB（238，238，238），调整至合适位置，如图 8-2-29 所示。

（4）选择"矩形"工具 □，设置填充颜色为"白色"，描边为"无"，绘制矩形，修改矩形的宽度为"150 像素"，高度为"150 像素"，调整至合适位置，单击"图层"面板下方的"添加图层样式"按钮，在弹出的菜单中选择"阴影"，设置投影参数，如图 8-2-30 所示。

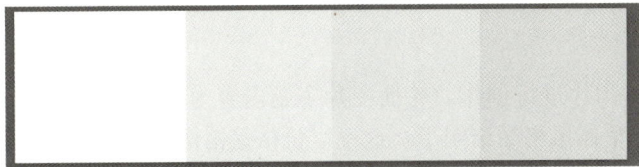

图 8-2-29　复制矩形框并调整位置　　　　图 8-2-30　绘制矩形并设置阴影参数

（5）打开"资源总包\Ch08\任务 8.2.3 优惠券的制作\素材"文件夹，将"素材"拖拽至文档中，调整尺寸与位置，如图 8-2-31 所示。

（6）选择"三角形工具" △，设置填充颜色 RGB 值为"129，129，131"，描边为"无"，绘制三角形，修改三角形的宽度为"15 像素"，高度为"15 像素"，顺时针旋转"90°"，选择"移动工具" ✛，将三角形移动至合适的位置，如图 8-2-32 所示。

（7）选择"横排文字工具" T，设置字体，设置粗细为"45"，大小为"20 点"，字距调整为"-50"，水平缩放 ⊥ 为"100%"，设置颜色 RGB 值为"69，70，72"，输入文字"领取优惠券>"，添加下划线，调整至合适位置，如图 8-2-33 所示。

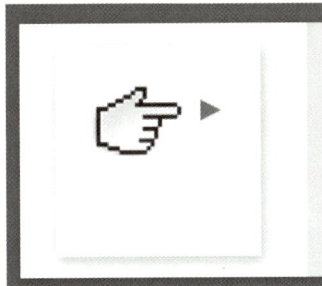

图 8-2-31　放入"素材"　　图 8-2-32　绘制三角形并调整位置　　图 8-2-33　输入文字

（8）选择"横排文字工具" T，设置字体，设置粗细为"85"，大小为"100 点"，字距调整为"-50"，水平缩放 ⊥ 为"80%"，设置颜色 RGB 值为"69，70，72"，输入文字"20"，调整至合适位置。以同样的方式制作其他文字和图形内容，如图 8-2-34 所示。家具网店优惠券制作完成。

图 8-2-34　家具网店优惠券

8.2.4 轮播图片设计与制作

任务引入

本任务要求读者首先认识"横排文字"工具、"矩形"工具，然后通过制作家具网店轮播图片，掌握网店轮播图片的设计要点与制作方法。

轮播图片
设计与制作

设计理念

设计过程围绕家具网店移动端轮播图片进行创作。轮播图片主题内容为家具网店的新品，同时写明活动信息，吸引消费者目光，整体风格简洁明了。这里以价格促销作为卖点，突出卖场活动。最终效果如图 8-2-35 所示。

图 8-2-35　轮播图片最终效果

任务知识

"横排文字"工具和"矩形"工具的属性栏如图 8-2-36 所示。

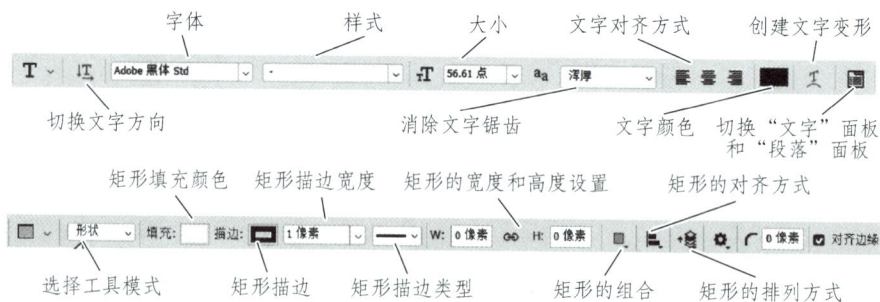

图 8-2-36　"横排文字"工具和"矩形"工具的属性栏

任务实施

【效果文件所在位置】资源总包\Ch08\任务 8.2.4 轮播图片的制作\工程文件

（1）按住"Ctrl+N"组合键，弹出"新建文档"对话框，设置名称为"轮播图片"，设置宽度为"750 像素"，高度为"400 像素"，分辨率为"72 像素/英寸"，颜色模式为"RGB"，背景颜色为"黑色"，单击"创建"按钮，新建一个文档，如图 8-2-37 所示。

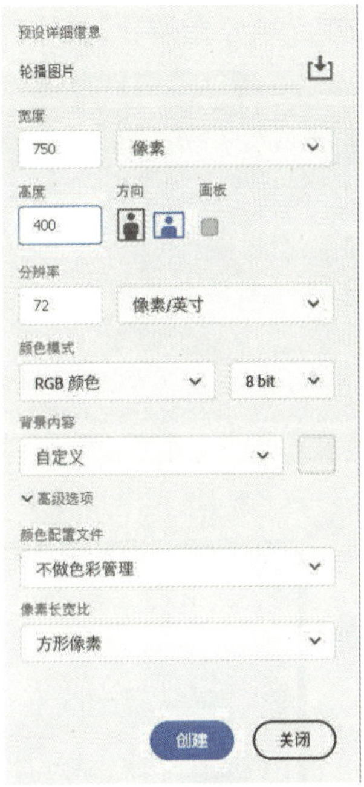

图 8-2-37　创建新文档

（2）按住 "Ctrl+R" 键，显示参考线，在 X 轴 200 像素设置第一条参考线，在 Y 轴 375 像素设置第二条参考线，如图 8-2-38 所示。

（3）选择 "矩形" 工具 ▭，设置填充颜色为 "白色"，描边为 "无"，绘制矩形，修改矩形的宽度为 "730 像素" W: 730 像，高度为 "380 像素" H: 380 像。选择 "移动" 工具 ✛，将矩形的中心位置与参考线对齐，如图 8-2-39 所示。

图 8-2-38　设置参考线

图 8-2-39　绘制白色矩形框并对齐

（4）选择 "矩形" 工具 ▭，设置填充颜色为 "黑色"，描边为 "无"，绘制矩形，修改矩形的宽度为 "710 像素"，高度为 "360 像素"。选择 "移动" 工具 ✛，将矩形的中心位置与参考线对齐，如图 8-2-40 所示。

（5）打开 "资源总包\Ch08\任务 8.2.4 轮播图片的制作\素材" 文件夹，将 "家具轮播图片素材" 拖拽至文件中，选中图层，执行 "创建剪贴蒙版" 命令，并调整图片大小与位置，如图 8-2-41 所示。

（6）选择 "横排文字" 工具 T，调整字体，设置粗细为 "55"，大小为 "90 点"，水平缩放 I 为 "80%"，设置颜色 RGB 值为 "80，84，88"，输入文字 "每"，调整至合适位置，如

图 8-2-42 所示。用同样的方式创建其他文字图层，调整至合适位置，如图 8-2-43 所示。

图 8-2-40　绘制黑色矩形框并对齐

图 8-2-41　调整素材图片大小与位置

图 8-2-42　创建文字"每"

图 8-2-43　创建其他文字

（7）打开"资源总包\Ch08\任务 8.2.4 轮播图片的制作\素材"文件夹，将素材"波浪图"拖拽至文件中，调整大小，移动到合适的位置（见图 8-2-44），选中图层，单击"图层"面板下方的"添加图层样式"按钮 *fx*，在弹出的菜单中选择"颜色叠加"命令，弹出"图层样式"对话框，设置颜色 RGB 值为"80，84，88"，效果如图 8-2-45 所示。

图 8-2-44　放置素材"波浪图"

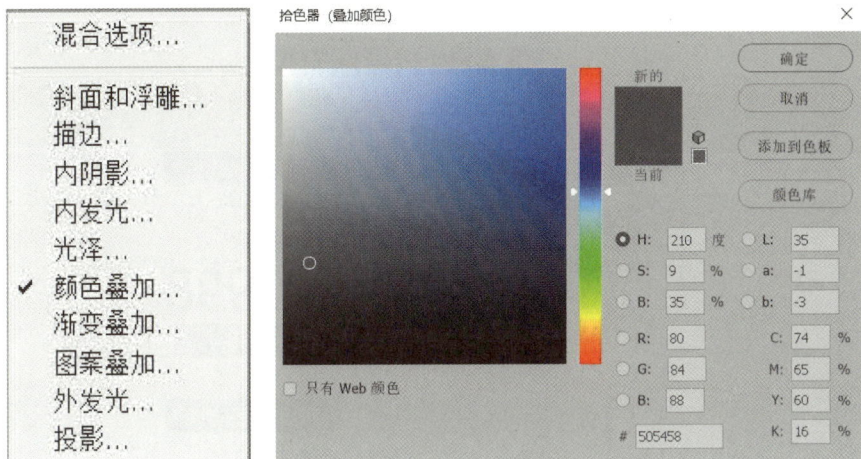

图 8-2-45　设置属性

（8）选择家具轮播图片图层，选择"创建新的填充或调整图层"按钮 ，选择"自然饱和度"，调整参数，如图 8-2-45 所示，至此，轮播图片制作完成，效果如图 8-2-46 所示。

图 8-2-46　轮播图片效果

8.2.5　商品推荐区设计与制作

🔹 **任务引入**

本任务要求读者首先认识"横排文字"工具、"矩形"工具，然后通过设计家具网店商品推荐区，掌握网店商品推荐区的设计要点与制作方法。

商品推荐区
设计与制作

🔹 **设计理念**

设计过程围绕家具网店移动端首页商品推荐区进行创作。推荐区的主要内容为新品或者热卖产品的展示，以吸引消费者目光，为消费者提供便捷的选品体验。这里以新品家具作为设计主体，突出产品特点与优惠力度，整体设计布局简洁。最终效果如图 8-2-47 所示。

THE NEW FURNITURE

#家具新品推荐#

图 8-2-47　商品推荐区最终效果

📌 任务知识

"横排文字"工具和"矩形"工具的属性栏如图 8-2-48 所示。

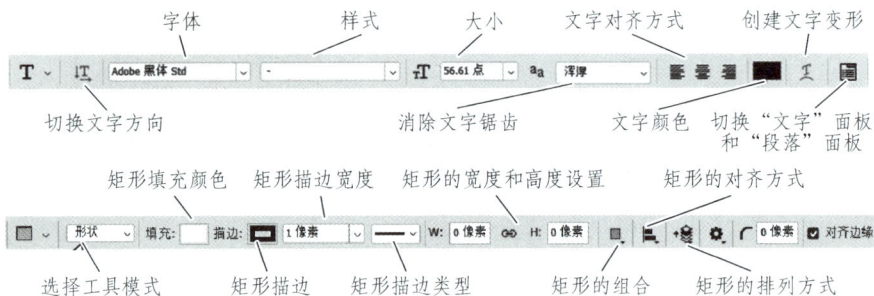

图 8-2-48　"横排文字"工具和"矩形"工具的属性栏

⭐ 任务实施

【效果文件所在位置】资源总包\Ch08\任务 8.2.5 商品推荐区的制作\工程文件

（1）按住"Ctrl+N"组合键，弹出"新建文档"对话框，设置名称"商品推荐区"，设置宽度为"750 像素"，高度为"850 像素"，分辨率为"72 像素/英寸"，颜色模式为"RGB"，背景内容颜色 RGB 值为"244，244，244"，单击"创建"按钮，新建一个文档，如图 8-2-49 所示。

（2）选择"横排文字工具" 🅣，设置字体，设置粗细为"115"，大小为"60 点"，字距调整为"10"，水平缩放 🅣 为"70%"，设置颜色 RGB 值为"69，70，72"，输入文字"THE NEW FURNITURE"，调整至合适位置，如图 8-2-50 所示。

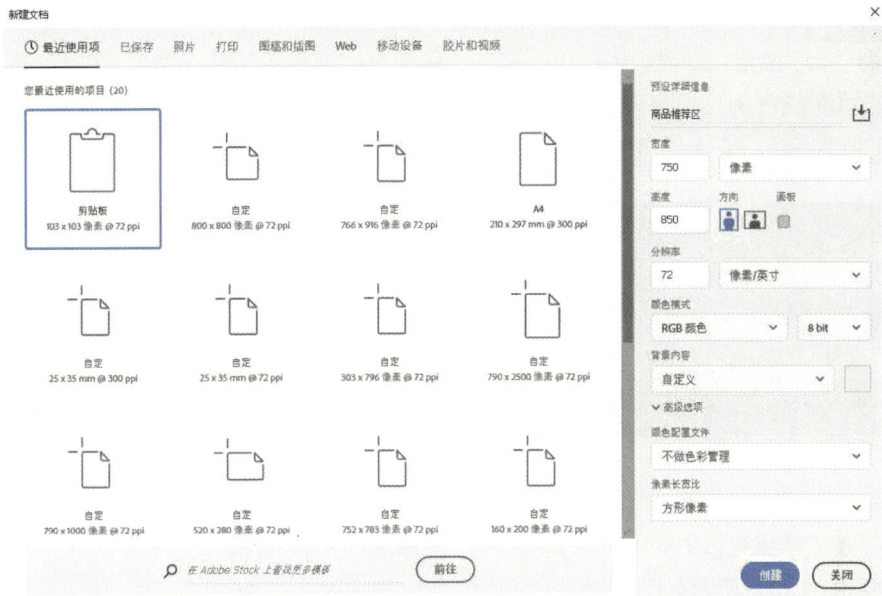

图 8-2-49　创建新文档

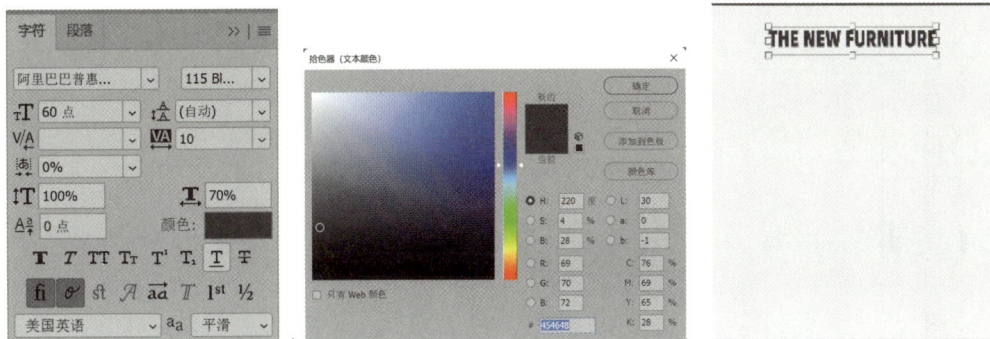

图 8-2-50　设置参数并输入文字 "THE NEW FURNITURE"

（3）选择"横排文字工具" ■ ，设置字体，设置粗细为"45"，大小为"25 点"，字距调整为"10"，水平缩放 ■ 为"100%"，设置颜色 RGB 值为"69，70，72"，输入文字"#家具新品推荐#"，添加下划线，调整至合适位置，如图 8-2-51 所示。

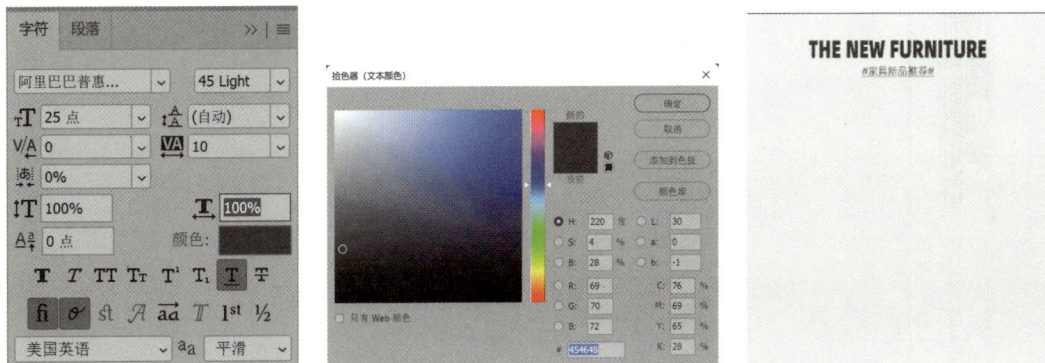

图 8-2-51　设置参数并输入文字 "#家具新品推荐#"

（4）选择"矩形工具" ，设置填充颜色为"白色"，描边为"无"，绘制矩形，修改矩形的宽度为"410 像素"，高度为"300 像素"，移动至合适位置。新建图层，选择"矩形工具" ，设置填充颜色为"黑色"，描边为"无"，绘制矩形，修改矩形的宽度为"390 像素"，高度为"280 像素"，将其与白色矩形对齐，如图 8-2-52 所示。

图 8-2-52　设置白色矩形框和黑色矩形框

图 8-2-53　放置图片素材 1

（5）打开"资源总包\Ch08\任务 8.2.5 商品推荐区的制作\素材"文件夹，将"图片素材 1"拖拽至文件中，创建剪贴蒙版，调整至合适位置，如图 8-2-53 所示。

（6）选择"矩形工具" ，设置填充颜色 RGB 值为"69，70，72"，描边为"无"，绘制矩形，调整至合适位置，如图 8-2-54 所示。

图 8-2-54　绘制矩形并调整位置

（7）选择"横排文字工具" ，设置字体，设置粗细为"55"，大小为"25 点"，字距调整为"10"，水平缩放 为"100%"，设置颜色为"白色"，输入文字"文艺清新范沙发"，调整至合适位置，如图 8-2-55 所示。

图 8-2-55　输入文字"文艺清新范沙发"

（8）用相同的方法创建其他图形和文字，并调整至合适位置。最后商品推荐区的制作完成，效果如图 8-2-56 所示。

图 8-2-56　最终效果

任务 8.3　茶具网店移动端详情页设计与制作

8.3.1　移动端商品详情页的特征与设计要点

在设计移动端商品详情页时，我们需考虑到移动设备的特定属性。页面的宽度应控制在 480 像素至 1 500 像素之间，而高度则不宜超过 2 500 像素。鉴于移动设备的屏幕尺寸和操作习惯，我们需要确保图片尺寸适中，商品卖点简洁有力，同时考虑到页面切换的便捷性和内容的紧凑性。以下是设计时需关注的几个关键点：

简洁布局：保持页面布局的清晰和简洁，避免过多元素堆砌，确保用户能够快速抓住重点。

适应屏幕尺寸：设计时需确保页面在不同尺寸的移动设备上都能良好展示，适配性是关键。

优化图片内容：选择高质量的图片，同时注意压缩以适应移动网络环境，确保图片既清晰又不过度占用带宽。

合适的文字大小：文字应易于阅读，大小适中，以适应用户在移动设备上的阅读习惯。

8.3.2　焦点图设计与制作

🔰 **任务引入**

本任务要求读者首先认识"横排文字"工具，然后通过设计茶具网店详情页焦点图，掌握焦点图的设计要点与制作方法。

焦点图设计与制作

设计理念

设计过程围绕茶具网店移动端详情页焦点图进行创作。焦点图的内容应是店铺畅销、热卖或亮点产品，以突出店铺特色，吸引消费者眼球。本任务以汝窑茶具作为设计主体，突出产品亮点，整体设计布局简洁。最终效果如图 8-3-1 所示。

图 8-3-1　焦点图制作最终效果

任务知识

"横排文字"工具的属性栏如图 8-3-2 所示。

图 8-3-2　"横排文字"工具的属性栏

任务实施

【效果文件所在位置】资源总包\Ch08\任务 8.3.2 焦点图的制作\工程文件

（1）按住"Ctrl+N"组合键，弹出"新建文档"对话框，设置名称为"焦点图"，设置宽度为"790 像素"，高度为"830 像素"，分辨率为"72 像素/英寸"，颜色模式为"RGB"，背景内容为"白色"，单击"创建"按钮，新建一个文档，如图 8-3-3 所示。

（2）打开"资源总包\Ch08\任务 8.3.2 焦点图的制作\素材"文件夹，将"图片素材"拖入文件中，调整图片位置，如图 8-3-4 所示。

图 8-3-3　新建文档

图 8-3-4　放入"图片素材"

（3）选择"横排文字"工具 $\boxed{T}$，设置字体，设置粗细为"55"，大小为"65 点"，字距调整为"0"，水平缩放 $\boxed{T}$ 为"100%"，设置颜色 RGB 值为"134，0，0"，输入文字"汝"，调整至合适位置，如图 8-3-5 所示。

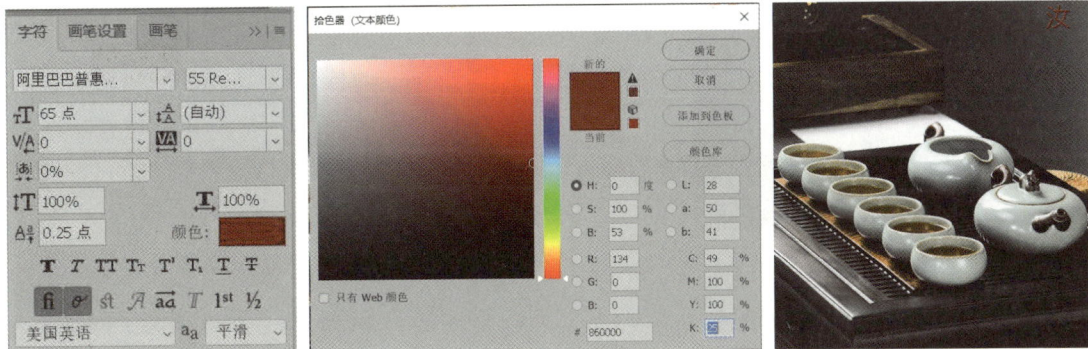

图 8-3-5　设置参数并输入文字"汝"

（4）复制文字图层，修改文字内容为"窑"，调整至合适位置，如图 8-3-6 所示。

（5）选择"椭圆"工具 $\boxed{\bigcirc}$，设置填充颜色为"黑色" 填充：■，描边为"无" 描边：，按住"Shift"，绘制圆形，修改圆形的宽度为"35 像素" W：35 像素，高度为"35 像素" H：35 像素。选择"移动"工具 ✛，将椭圆移动至合适位置，如图 8-3-7 所示。

图 8-3-6 输入文字"窑"

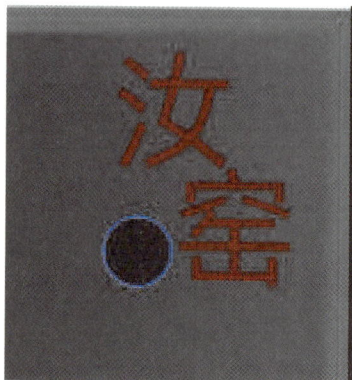
图 8-3-7 绘制圆形

（6）新建图层，选择"横排文字"工具 **T.**，设置字体，设置粗细为"45"，大小为"25点"，水平缩放 **I** 为"90%"，颜色为"白色"，输入文字内容"汝"，调整至合适位置，用相同的方法创建其他图形和文字，并调整至合适位置，如图 8-3-8 所示。

（7）新建图层，选择"直排文字"工具 **IT.**，设置字体，设置粗细为"45"，大小为"15点"，水平缩放 **I** 为"90%"（见图 8-3-9），设置填充颜色 RGB 值为"134，0，0"，输入文字内容"RU CULTURE"，调整至合适位置。

图 8-3-8 输入白色文字"汝窑文化"

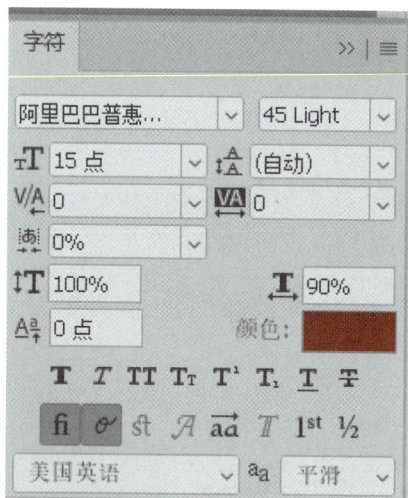
图 8-3-9 设置文字参数

（8）打开"资源总包\Ch08\任务 8.3.2 焦点图的制作\素材"文件夹，打开"文字内容"文本文档，复制文字。新建图层，选择"直排文字"工具 **IT.**，在字符面板设置文字粗细为"35"，文字大小为"10"，行间距为"100%"，字符行间距为"120"，颜色为"白色"，输入文字，并调整至合适位置，如图 8-3-10 所示。

（9）打开"资源总包\Ch08/任务 8.3.2 焦点图的制作"文件夹，将"印章"素材拖入文件中，调整至合适位置。焦点图制作完成，如图 8-3-11 所示。

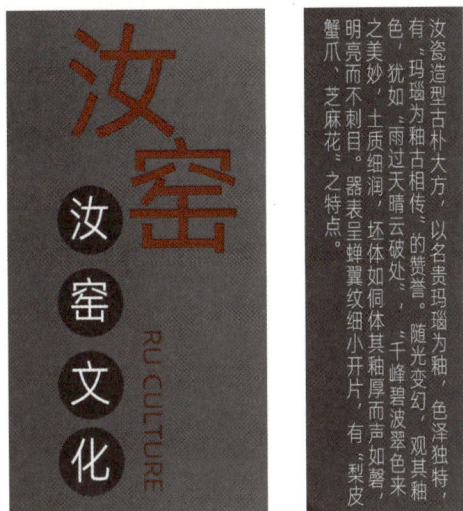

图 8-3-10　输入白色小字

图 8-3-11　最终效果

8.3.3　商品信息区设计与制作

🛫 **任务引入**

　　本任务要求读者首先认识"横排文字"工具、"矩形"工具，然后通过设计茶具网店商品信息区，掌握移动端详情页商品信息区的设计要点与制作方法。

商品信息区
设计与制作

🛫 **设计理念**

　　设计过程围绕茶具网店移动端详情页商品信息区进行创作。商品信息区需要提供产品的

详细信息，如名称、材质、颜色、数量以及尺寸等。让消费者掌握商品信息，解答消费者关于商品情况的疑问。最终效果如图 8-3-12 所示。

图 8-3-12　商品信息区最终效果

任务知识

"横排文字"工具和"矩形"工具的属性栏如图 8-3-13 所示。

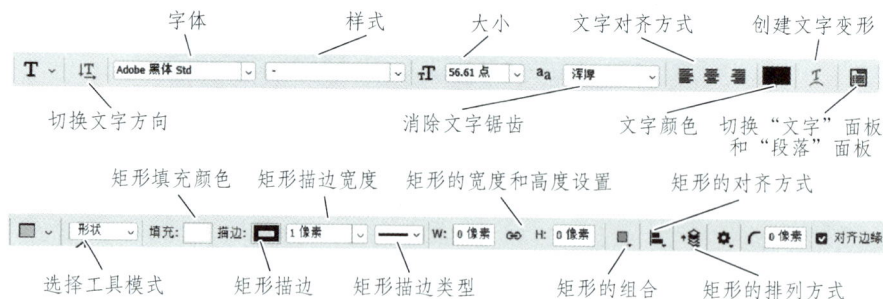

图 8-3-13　"横排文字"工具和"矩形"工具的属性栏

任务实施

【效果文件所在位置】资源总包\Ch08\任务 8.3.3 商品信息区的制作\工程文件

（1）按住"Ctrl+N"组合键，弹出"新建文档"对话框，设置名称为"商品信息区"，设置宽度为"790 像素"，高度为"1200 像素"，分辨率为"72 像素/英寸"，颜色模式为"RGB"，背景内容颜色 RGB 值为"225，225，225"，单击"创建"按钮，新建一个文档，如图 8-3-14 所示。

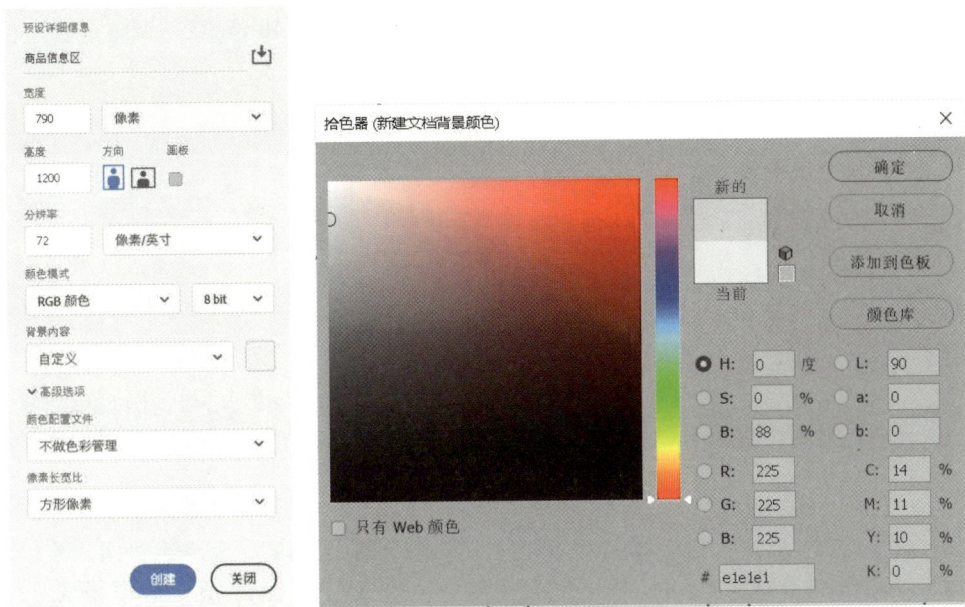

图 8-3-14　创建新文档

（2）打开"资源总包\Ch08\任务 8.3.3 商品信息区的制作\素材"文件夹，将"产品信息"素材拖入文件中，调整图片位置，如图 8-3-15 所示。

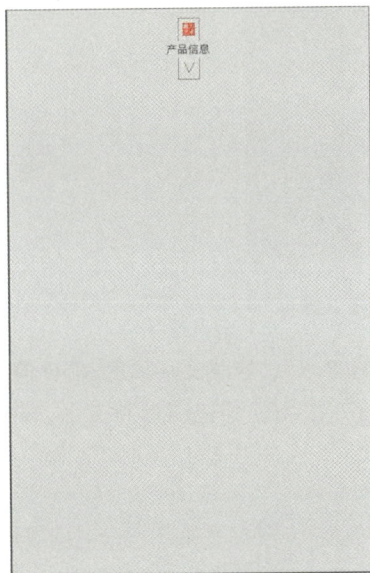

图 8-3-15　放入"产品信息"素材　　　　图 8-3-16　绘制矩形框

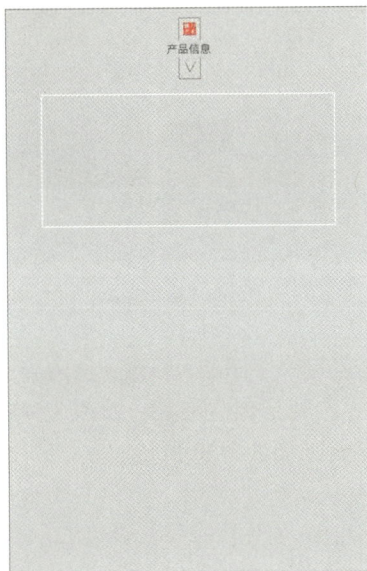

（3）选择"矩形"工具 ▢，设置填充颜色为"无" 填充：▨，描边为"白色" 描边：▬，粗细为"10 像素" ▨ 10 像素 ▾，绘制矩形，修改矩形的宽为"640 像素" W: 640 像，高为"280 像素" H: 280 像，调整至合适位置，如图 8-3-16 所示。

（4）选择"矩形"工具 ▢，设置填充颜色 RGB 值为"103，41，46"，描边为"无"

描边：，绘制矩形，设置矩形宽度为"1 像素"，高度为"240 像素"，调整至合适位置，如图 8-3-17 所示。

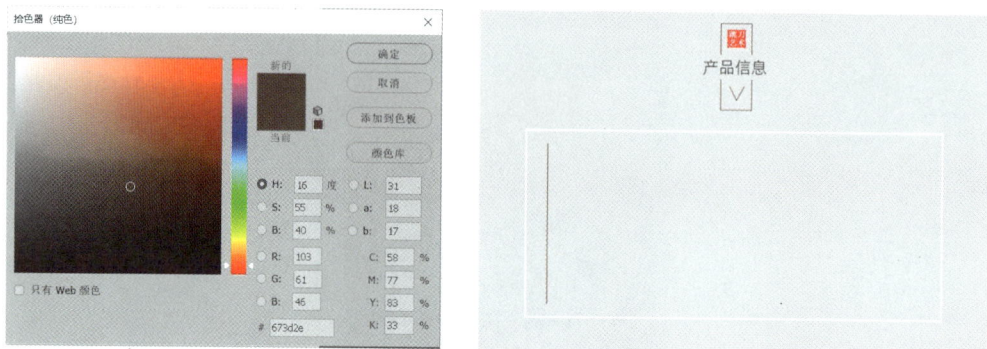

图 8-3-17　绘制竖线

（5）选择"横排文字"工具 ，设置字体，设置粗细为"45"，大小为"16 点"，字距调整为"0"，水平缩放 为"100%"，设置填充颜色 RGB 值为"103，61，46"，输入文字"品名"，调整至合适位置，如图 8-3-18 所示。

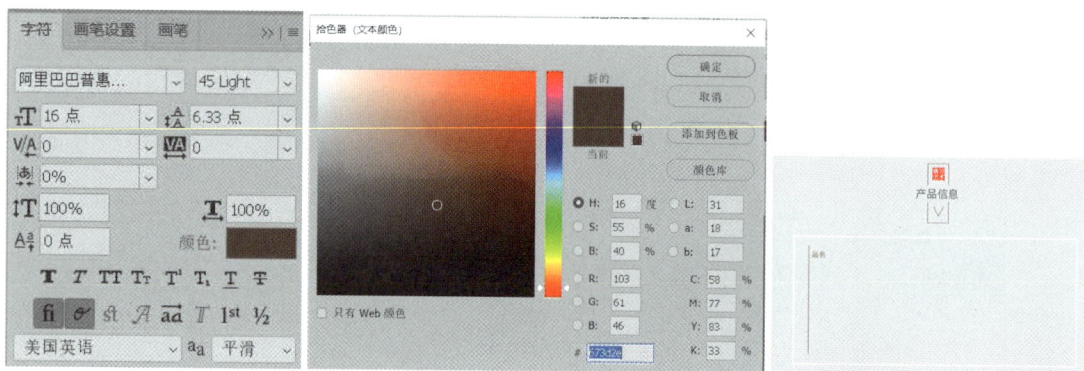

图 8-3-18　设置参数并输入文字"品名"

（6）复制文字图层，修改文字内容："龙德堂-汝窑天青 8 入"，修改文字颜色 RGB 值为"27，26，27"，调整至合适位置，如图 8-3-19 所示。用相同的方法创建其他图形和文字，并调整至合适位置，如图 8-3-20 所示。

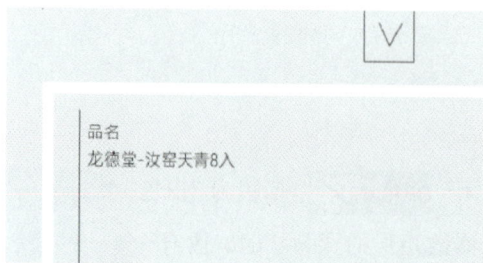

图 8-3-19　输入文字"龙德堂-汝窑天青 8 入"

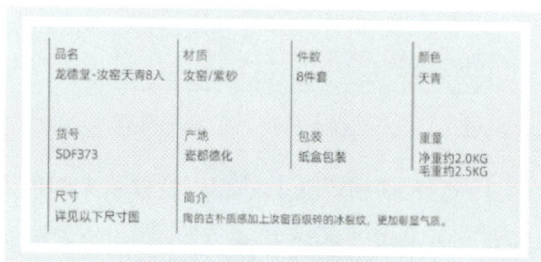

图 8-3-20　输入其他图形和文字

（7）打开"资源总包\Ch08\任务 8.3.3 商品信息区的制作\素材"文件夹，将"尺寸图"素材拖入文件中，调整至合适位置，如图 8-3-21 所示。

（8）使用"横排文字"工具 **T.**，制作其他文字图层，调整至合适位置。最后商品信息区制作完成，如图 8-3-22 所示。

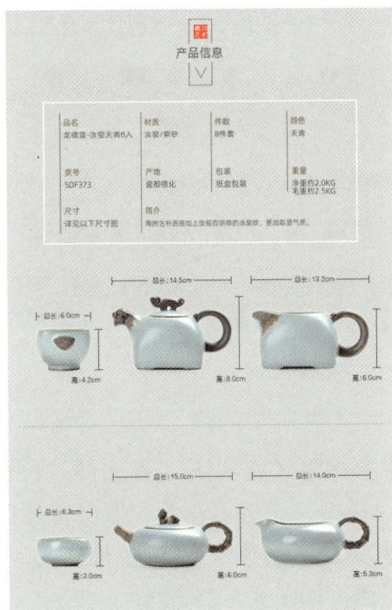

图 8-3-21　放入"尺寸图"素材

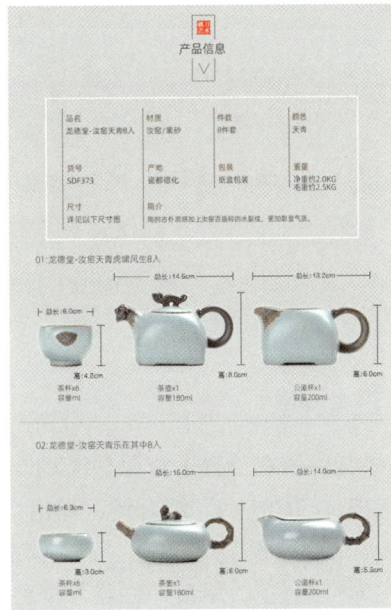

图 8-3-22　最终效果

8.3.4　服务保障区设计与制作

📨 任务实施

本任务要求读者首先认识"横排文字"工具、"矩形"工具，然后通过设计茶具网店移动端详情页服务保障区，掌握服务保障区的设计要点与制作方法。

服务保障区
设计与制作

📨 设计理念

设计过程围绕茶具网店移动端详情页服务保障区进行创作。服务保障区需要向消费者阐明店铺的相关保障信息，让消费者放心购买。在设计服务保障区时，运用简洁的 LOGO 图标配以文字说明，使整体设计简洁明了。最终效果如图 8-3-23 所示。

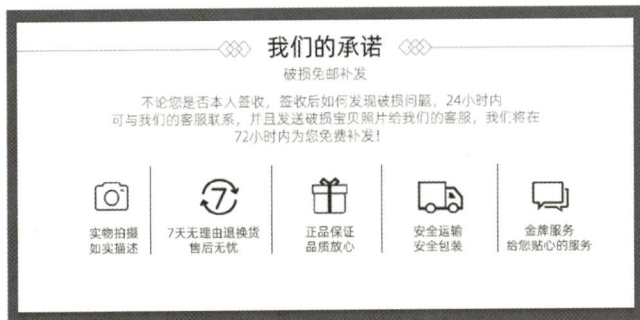

图 8-3-23　服务保障区最终效果

🛶 **任务知识**

"横排文字"工具和"矩形"工具的属性栏如图 8-3-24 所示。

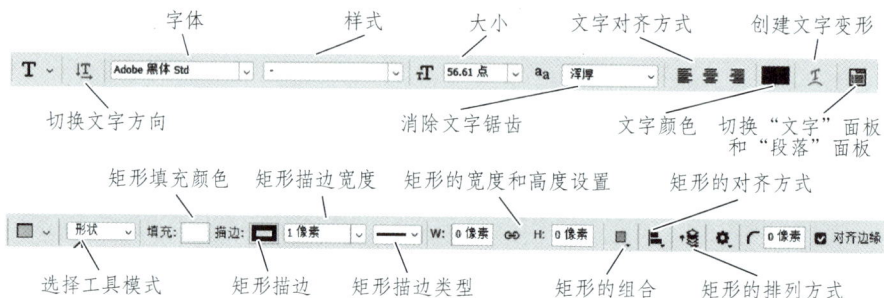

图 8-3-24 "横排文字"工具和"矩形"工具的属性栏

🛶 **任务实施**

【效果文件所在位置】资源总包\Ch08\任务 8.3.4 服务保障区的制作\工程文件

（1）按住"Ctrl+N"组合键，弹出"新建文档"对话框，设置名称为"服务保障区"，设置宽度为"790 像素"，高度为"360 像素"，分辨率为"72 像素/英寸"，颜色模式为"RGB"，背景内容为"白色"，单击"创建"按钮，新建一个文档，如图 8-3-25 所示。

图 8-3-25 新建文档

（2）选择"横排文字"工具 **T**，设置字体，设置粗细为"55"，大小为"30 点"（见图

8-3-26），设置填充颜色 RGB 值为"27，26，27"，输入文字"我们的承诺"，调整至合适位置，如图 8-3-27 所示。

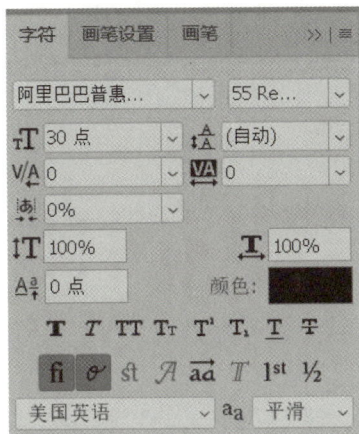

图 8-3-26　设置字体参数

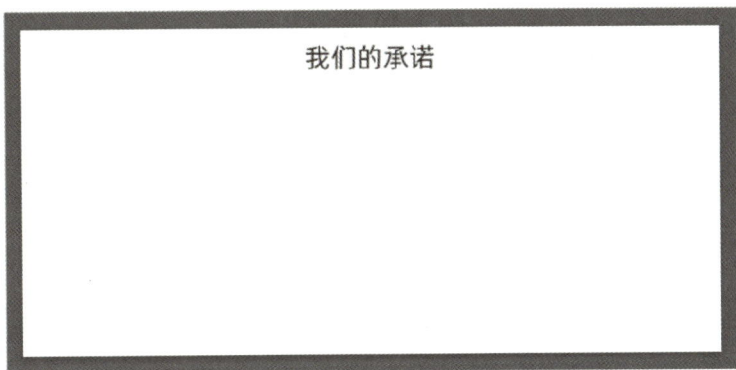

图 8-3-27　输入文字"我们的承诺"

（3）选择"矩形"工具 ▢，设置填充颜色 RGB 值为"159，159，159"，描边为"无"描边: ▱，绘制矩形，修改矩形的宽为"260 像素" W: 260 像素 ，高为"1 像素" H: 1 像素 ，调整至合适位置，如图 8-3-28 所示。

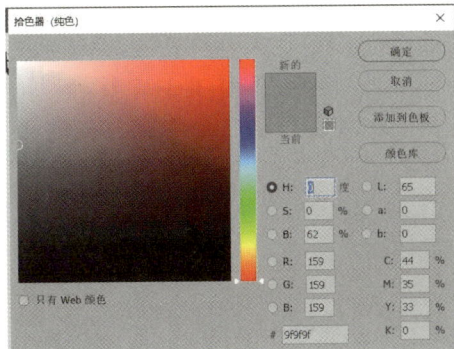

图 8-3-28　绘制直线

（4）新建图层，选择"矩形"工具 ⬜，设置填充颜色为"无" 填充: ▱ ，设置描边颜色 RGB 值为"159，159，159"，描边粗细为"1 像素" 1像素 ⌄ ，绘制矩形，修改矩形宽度为"14 像素" W: 14像素 ，高度为"14 像素" H: 14像素 ，使用快捷键"Ctrl+T"，按住"Shift"旋转 45°，调整至合适位置，如图 8-3-29 所示。复制两次绘制好的菱形图案，调整至合适位置，如图 8-3-30 所示。再复制绘制好的图形图层，使用快捷键"Ctrl+T"，鼠标右键选择水平翻转，调整至合适位置，如图 8-3-31 所示。

我们的承诺

图 8-3-29　绘制菱形

我们的承诺

图 8-3-30　复制菱形

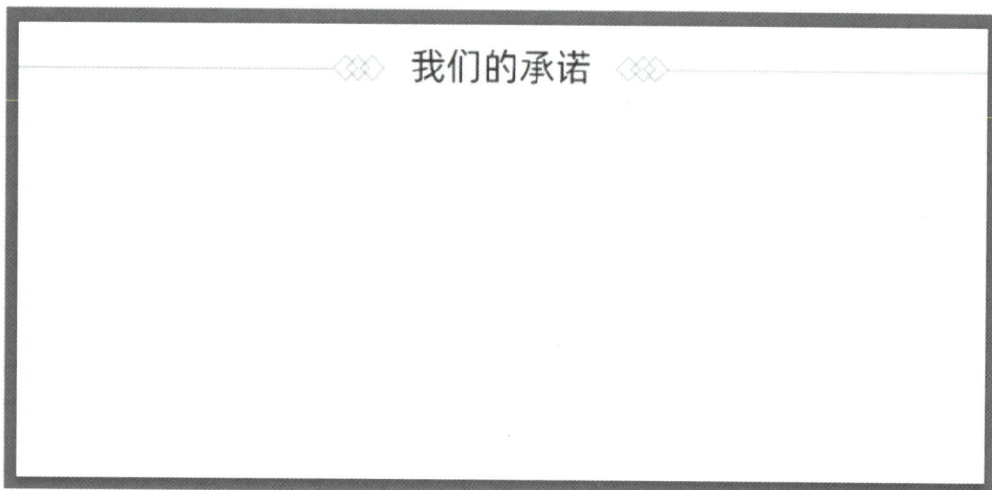

我们的承诺

图 8-3-31　复制图形到右侧

（5）选择"横排文字"工具 T，设置字体，设置粗细为"35"，大小为"18 点"，设置填充颜色 RGB 值为"27，26，27"，输入文字内容，调整至合适位置，如图 8-3-32 所示。

（6）打开"资源总包\Ch08\任务 8.3.4 服务保障区的制作\素材"文件夹，将"相机"素材拖入文件中，调整至合适位置，如图 8-3-33 所示。

（7）选择"横排文字"工具 T，设置字体，设置粗细为"45"，大小为"16 点"，设置填充颜色 RGB 值为"27，26，27"，输入文字"实物拍摄 如实描述"，调整至合适位置，如图 8-3-34 所示。

（8）选择"矩形"工具 ⬜，设置填充颜色 RGB 为"27，26，27"，填充为"无" 描边: ▱ ，绘制矩形，设置矩形宽度为"1 像素"，高度为"110 像素"，调整至合适位置，如图 8-3-35 所示。

我们的承诺

⟨⟩ 破损免邮补发

不论您是否本人签收，签收后如何发现破损问题，24小时内
可与我们的客服联系，并且发送破损宝贝照片给我们的客服，我们将在
72小时内为您免费补发！

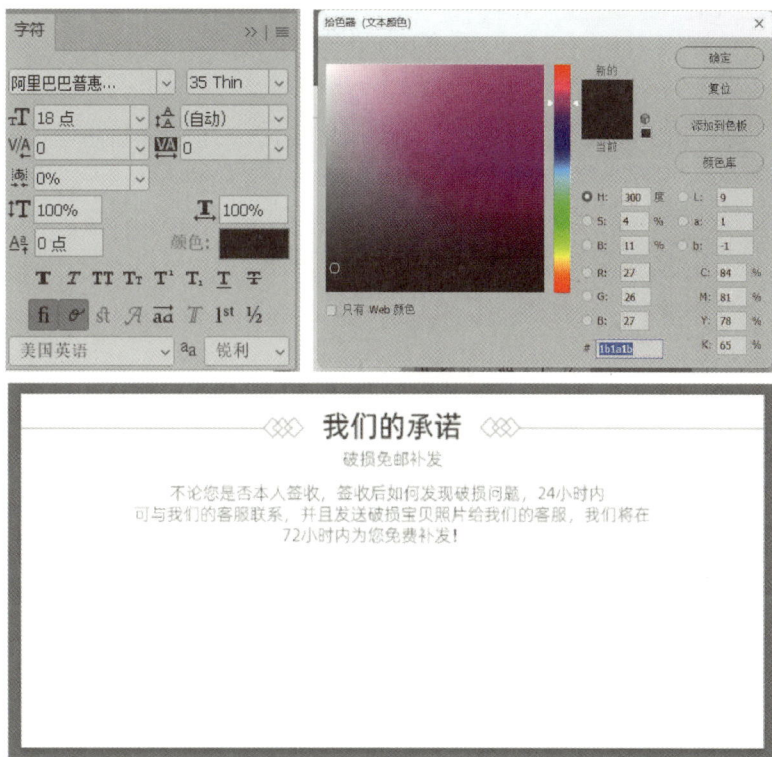

图 8-3-32　输入文字内容

我们的承诺

破损免邮补发

不论您是否本人签收，签收后如何发现破损问题，24小时内
可与我们的客服联系，并且发送破损宝贝照片给我们的客服，我们将在
72小时内为您免费补发！

图 8-3-33　放入"相机"素材

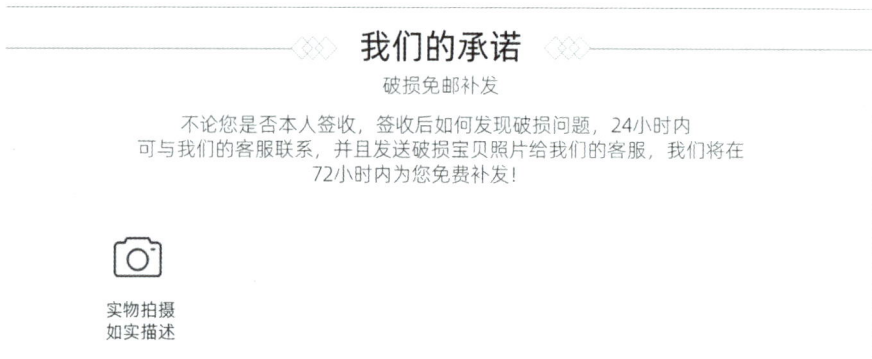

图 8-3-34　输入文字"实物拍摄 如实描述"

图 8-3-35　绘制竖线

（9）以同样的方式制作类似的图形和文字内容，服务保障区制作完成，如图 8-3-36 所示。

图 8-3-36　制作剩余的图形和文字内容

任务 8.4　项目实战——化妆品类网店移动端详情页设计与制作

任务引入

本任务要求读者首先认识"横排文字"工具，"矩形"工具，然后通过设计与制作化妆品网店移动端详情页，掌握详情页的设计要点与制作方法。

设计理念

设计过程围绕化妆品类网店移动端详情页设计进行创作，以移动端浏览习惯为基础，合理规划页面布局。通过高清产品图片与精致的细节展示，突出化妆品的外观、质地等特点，同时运用柔和且符合品牌调性的色彩搭配，营造出具有吸引力的视觉氛围，激发消费者的购买欲望。文案内容注重通俗易懂且富有感染力，详细介绍产品功效、成分等信息，增强消费者的信任感。本任务最终效果如图 8-4-1 所示。

【素材文件所在位置】资源总包\Ch08\任务 8.4 项目实战——化妆品类网店移动端详情页设计\素材

【效果文件所在位置】资源总包\Ch08\任务 8.4 项目实战——化妆品类网店移动端详情页设计\工程文件

图 8-4-1　化妆品类网店移动端详情页

项目 9

综合案例——绵阳米粉店铺设计与制作

绵阳米粉店铺设计与制作案例涉及商品主图设计与制作、推广图设计与制作、海报设计与制作以及店铺首页设计与制作等多个实训案例，学生需要综合运用各种设计技能和创意思维，以培养综合素质。通过设计绵阳米粉店铺，学生将学习如何将品牌特色和文化融入设计中，增强对品牌意识和设计传播的能力。完成这个综合案例后学生可以接触到真实的项目需求和要求，培养解决问题的能力并积累实际项目操作经验。该案例还能培养学生的团队合作能力，为今后的工作奠定良好基础。

本项目的思维导图如图 9-0-1 所示。

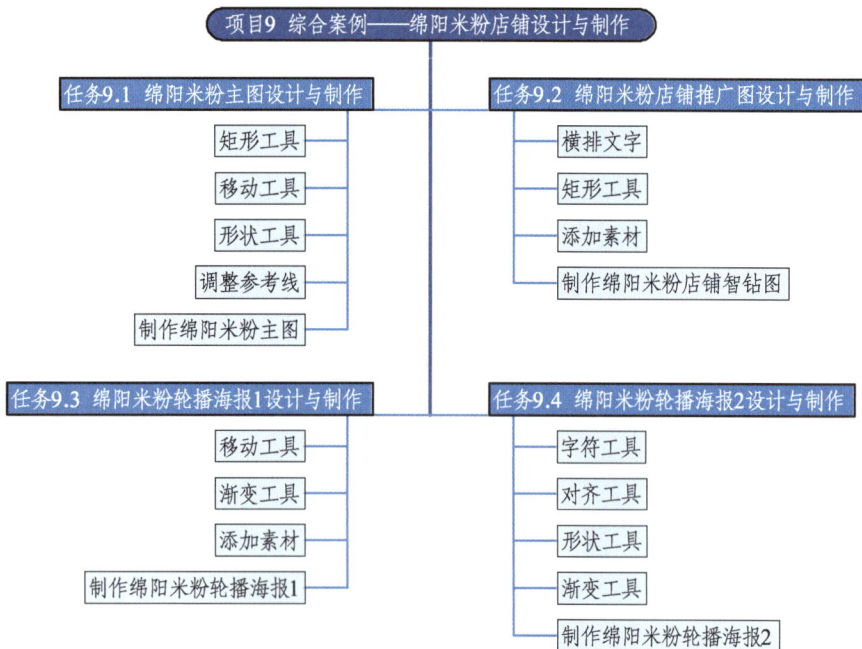

图 9-0-1　项目 9 思维导图

📑 **学习引导**

🧭 **知识目标**

掌握绵阳米粉商品主图、推广图设计与制作。

掌握绵阳米粉店铺海报创意设计与制作。
掌握绵阳米粉店铺首页设计与制作。

🔘 素养目标

提升学生的审美素养和设计感知能力。
塑造学生的创意思维和创造力。
培养学生的团队合作意识和沟通能力。

🔘 能力目标

掌握网页设计与制作的基本原理和技能。

能够结合品牌特色和活动内容进行创意设计：准确选择合适的色度和明度进行店铺色彩搭配；灵活设计店铺主图、推广图、海报等，使其布局清晰、美观且富有层次感；合理搭配文字和图片，突出商品卖点和促销信息。

🔘 思政目标

引导学生关注文化传承与创新。
培养学生的社会责任感。

🔘 实训任务

绵阳米粉商品主图、推广图设计与制作。
绵阳米粉轮播海报 1，海报 2 创意设计与制作。

🔘 考核评价

如表 9-0-1 所示，项目 9 综合案例——绵阳米粉店铺设计与制作考核评价表根据学生自评、组内互评和教师评价来计算总分，全面反映学生教材知识点掌握程度、课堂参与度、作业完成情况以及实操表现。

表 9-0-1 考核评价表

评价维度	评价指标	分值	学生自评	组内互评	教师评价
知识点掌握程度（30 分）	网店美工基础知识	10 分			
	商品主图设计与制作能力	10 分			
	推广图与海报设计与制作能力	10 分			
课堂参与度（20 分）	出勤与课堂纪律	5 分			
	课堂互动与讨论	7 分			
	小组协作表现	8 分			
作业完成情况（20 分）	作业提交及时性	5 分			
	作业质量	10 分			
	作业改进情况	5 分			

续表

评价维度	评价指标	分值	学生自评	组内互评	教师评价
实操表现 （30分）	设计技能运用	10分			
	设计效果呈现	10分			
	创意与创新性	10分			
总计					

任务 9.1 绵阳米粉主图设计与制作

📌 任务引入

本任务要求读者首先认识"矩形工具" ▭ 、"移动工具" ✛ 和视图中的"新建参考线"，然后通过绘制图形，移动图形位置，添加调整参考线，完成绵阳米粉主图设计。

绵阳米粉主图
设计与制作

📌 设计理念

设计过程围绕主体绵阳米粉进行创作。色彩主要选取红色、黑色和黄色，对比强烈，与米粉的价格和米粉的食材相呼应，更好地引导人们进行购买。字体选用阿里巴巴普惠体 3.0，展现了米粉的特点。将米粉产品放置在画面的中心位置，使其成为视觉焦点，突出米粉主体地位。主图的整体设计效果突出，契合主题。最终效果如图 9-1-1 所示。

图 9-1-1 绵阳米粉主图最终效果

📌 任务知识

（1）"矩形工具"属性栏如图 9-1-2 所示。

（2）"移动工具" ✛ 属性栏如图 9-1-3 所示。

矩形填充颜色　　矩形描边宽度　　矩形的宽度和高度设置　　　矩形的对齐方式

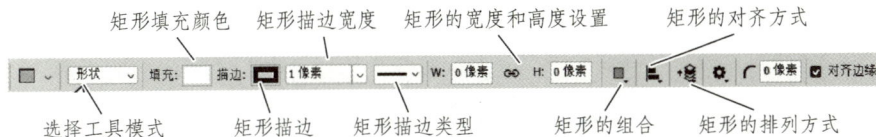

图 9-1-2　"矩形工具" 属性栏

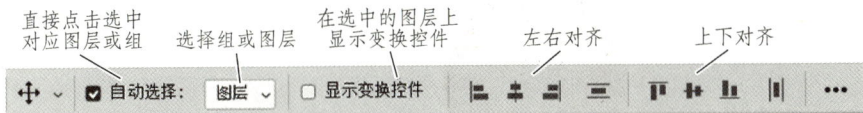

选择工具模式　　矩形描边　　矩形描边类型　　　矩形的组合　　矩形的排列方式

直接点击选中　　选择组或图层　　在选中的图层上　　　左右对齐　　上下对齐
对应图层或组　　　　　　　　显示变换控件

图 9-1-3　"移动工具" 属性栏

任务实施

【效果文件所在位置】资源总包\Ch09\任务 9.1 绵阳米粉主图设计\工程文件

（1）打开 Adobe Photoshop 2022 主页面，点击"新建"命令，在弹出的设置框中进行设置，设置宽度为"800 像素"，高度为"800 像素"，分辨率为"72"，名字为"绵阳米粉主图"，点击"确定"，如图 9-1-4 所示。

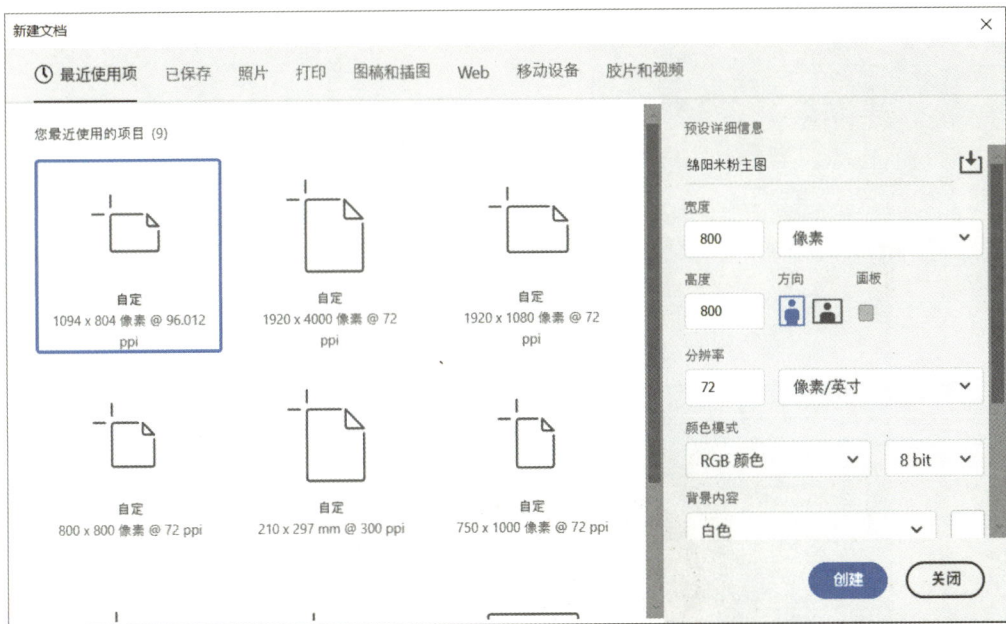

图 9-1-4　创建新文档

（2）在"文件"菜单中，点击"打开"命令，打开"资源总包→Ch09→任务 9.1 绵阳米粉主图设计→素材→米粉素材.png"，选择"移动工具"，将"米粉素材"拖拽到"绵阳米粉主图"图层中，并调整到合适位置，如图 9-1-5 所示。

（3）点击"视图→新建参考线"，在弹出的设置框中进行设置取向为"水平"，位置为"668 像素"，点击"确定"，如图 9-1-6 所示。再按照上述方式新建一条参考线，在弹出对话框进行设置，取向为"垂直"，位置为"594 像素"，点击"确定"，如图 9-1-7 所示。效果如图 9-1-8 所示。

图 9-1-5 打开米粉素材

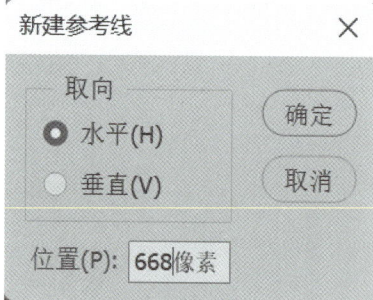

图 9-1-6 设置水平参考线参数

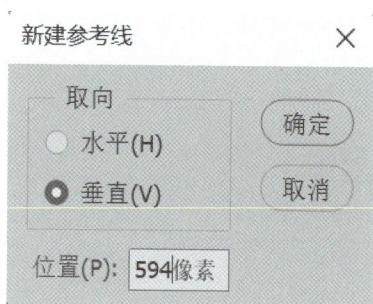

图 9-1-7 设置垂直参考线参数

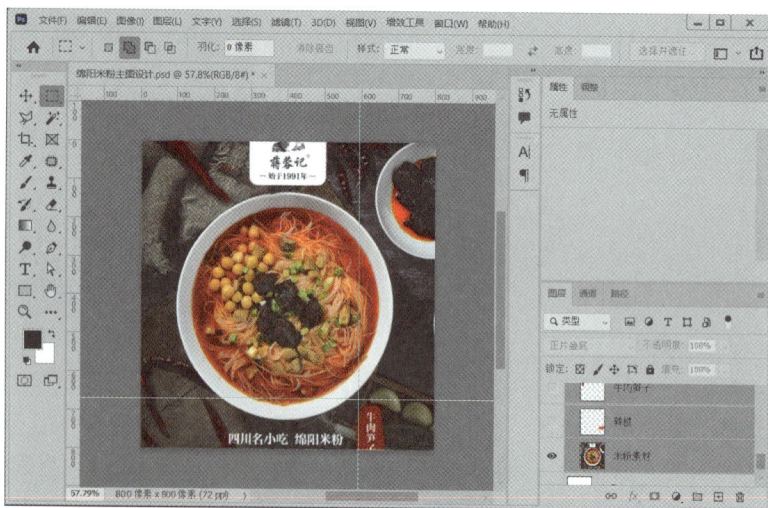

图 9-1-8 参考线设置效果

（4）在"文件"菜单中，点击"打开"命令，打开"资源总包→Ch09→任务 9.1 绵阳米粉主图设计→素材→辣椒素材.png"，点击"确定"，选择"移动工具" ，将"辣椒素材"拖拽到"绵阳米粉主图"图层中，并调整到合适位置，如图 9-1-9 所示。

图 9-1-9　放入"辣椒素材"

（5）点击"视图→新建参考线"，在弹出的对话框中设置取向为"垂直"，位置为"14 像素"，点击"确定"，如图 9-1-10 所示。再点击"视图→新建参考线"，在弹出的对话框中设置取向为"水平"，位置为"352 像素"，点击"确定"，如图 9-1-11 所示。效果如图 9-1-12 所示。

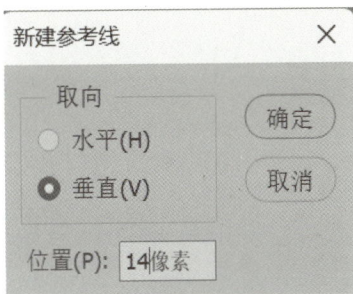

图 9-1-10　设置水平参考线参数

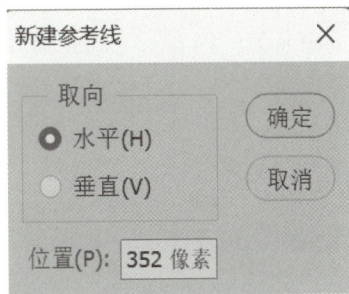

图 9-1-11　设置垂直参考线参数

图 9-1-12　参考线设置效果

（6）在"文件"菜单中，点击"打开"命令，打开"资源总包→Ch09→任务 9.1 绵阳米粉主图设计→素材→牛肉笋子素材.png"点击"确定"。选择"移动工具" ⊕ ，将"牛肉笋子素材"拖拽到"绵阳米粉主图"图层中，并调整到合适位置，如图9-1-13所示。

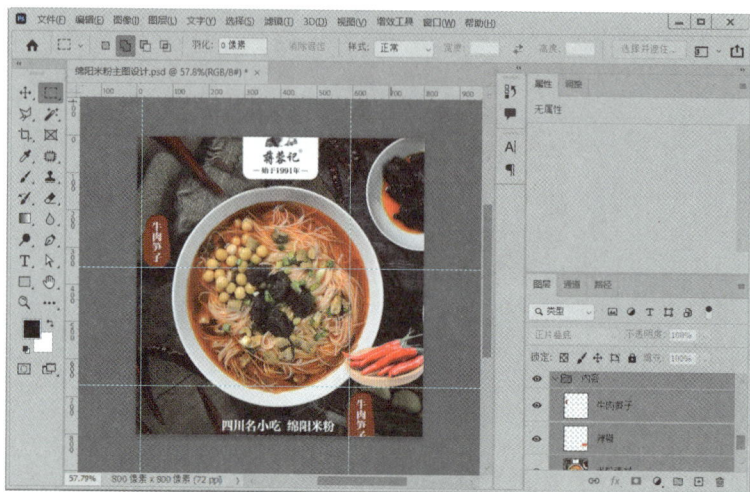

图 9-1-13　放入"牛肉笋子素材"

（7）在"图层"面板，点击"创建新组"命令 ▭ ，新建一个组，如图9-1-14所示。双击"组1"，重命名为"内容"，如图9-1-15所示。

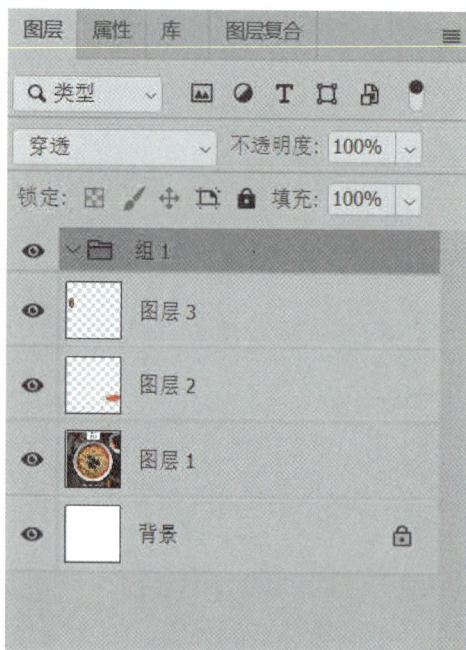

图 9-1-14　新建一个组

图 9-1-15　重命名为"内容"

（8）在"图层"面板，双击"图层3"将其重命名为"牛肉笋子"；双击"图层2"重命名为"辣椒"；双击"图层1"改名为"米粉素材"，如图9-1-16所示。按住"Ctrl"键，依次选中"米粉素材"图层、"辣椒"图层、"牛肉笋子"图层，将其拖入"内容"组中，再将"内容"组收起来，如图9-1-17所示。

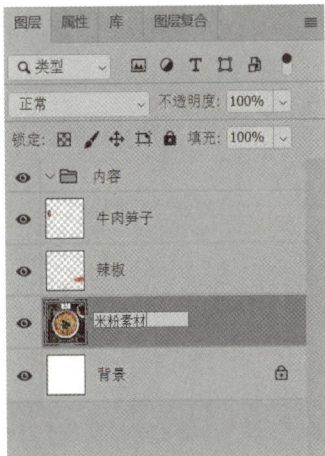

图 9-1-16　重命名图层

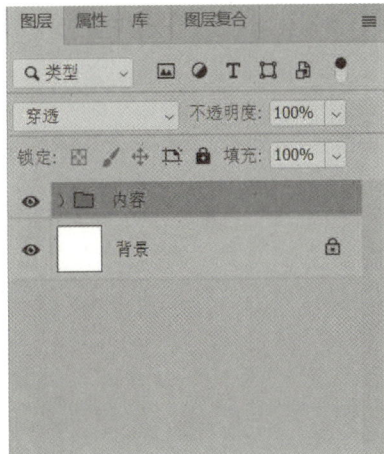

图 9-1-17　将图层拖入内容组

（9）点击"视图→新建参考线"，在弹出的对话框中设置取向为"水平"，位置为"612 像素"，点击"确定"，如图 9-1-18 所示。再点击"视图→新建参考线"，在弹出的对话框中设置取向为"垂直"，位置为"257 像素"，点击"确定"，如图 9-1-19 所示。再新建一条参考线，在弹出的对话框中设置取向为"垂直"，位置为"206 像素"，点击"确定"，如图 9-1-20 所示。

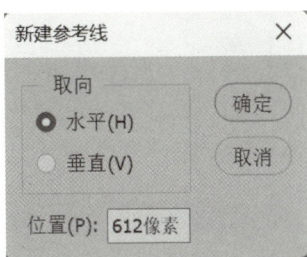

图 9-1-18　绘制水平参考线

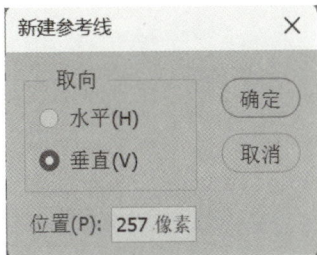

图 9-1-19　绘制垂直参考线

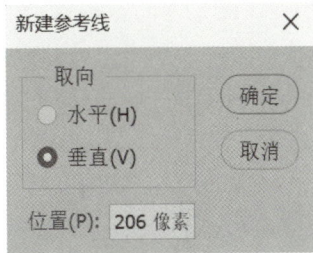

图 9-1-20　绘制垂直参考线

（10）选择"矩形工具"，在图像上适当位置绘制一个矩形，选择"直接选择工具"选中"矩形"的一个点进行拖动，如图 9-1-21 所示。

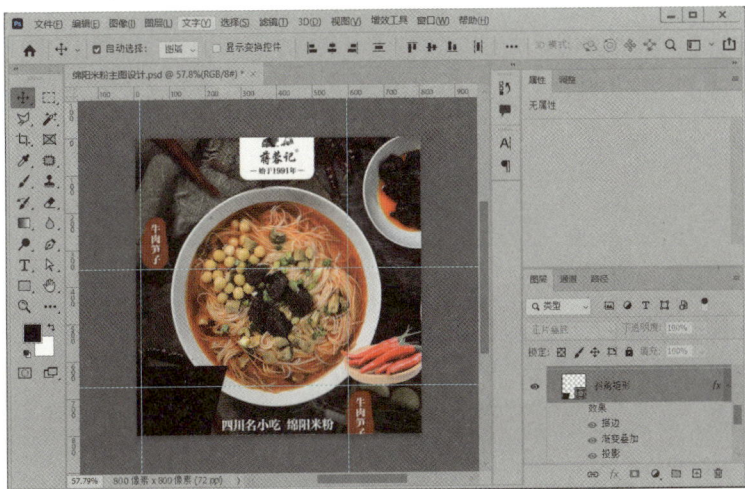

图 9-1-21　绘制一个矩形

（11）双击"矩形"图层，重命名为"斜角矩形"，点击"Enter"键确定，如图 9-1-22 所示。双击"斜角矩形"，添加图层样式。在弹出的对话框中进行设置，勾选"描边"，设置大小为"3"像素，填充类型为"渐变"，如图 9-1-23 所示。

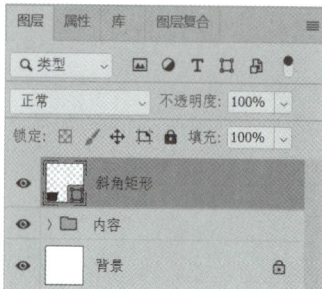

图 9-1-22　重命名为"斜角矩形"

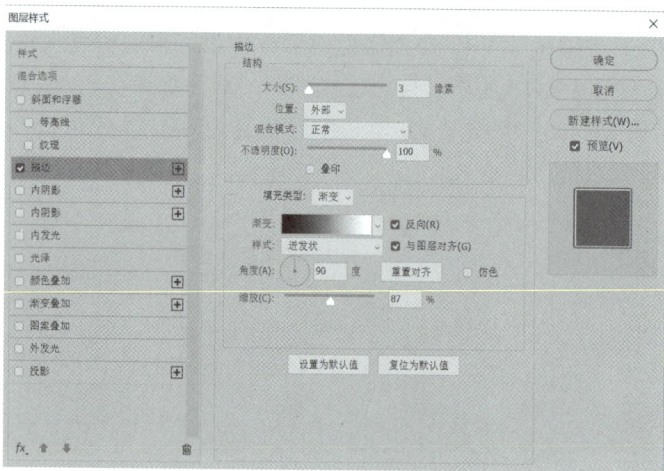

图 9-1-23　设置"描边"样式

（12）设置渐变，点击第一个色标，更改颜色 RGB 值为"255，252，233"，点击"确定"，如图 9-1-24 所示。点击第二个色标，更改颜色 RGB 值为"255，179，59"，点击"确定"，如图 9-1-25 所示。再勾选"反向""与图层对齐"，样式为"线性"，角度为"90"度，点击"确定"，如图 9-1-26 所示。

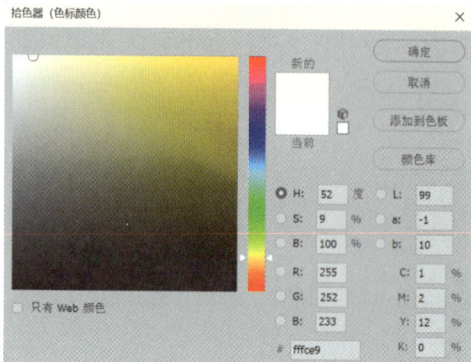

图 9-1-24　设置第一个色标颜色

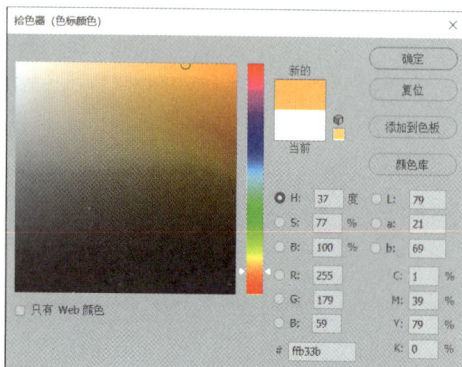

图 9-1-25　设置第二个色标颜色

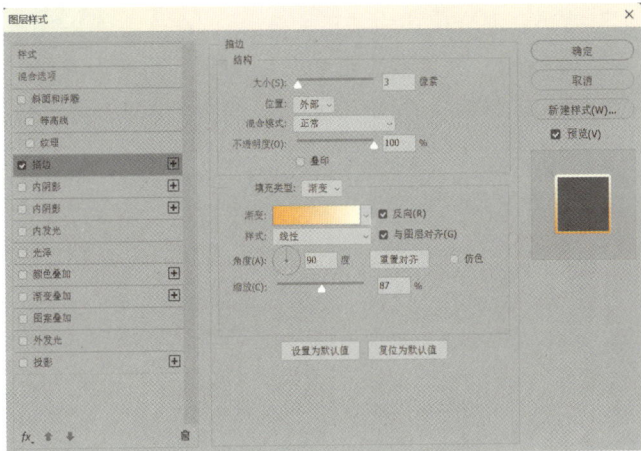

图 9-1-26　设置"描边"样式

（13）勾选"渐变叠加"效果，在弹出的对话框中进行设置。设置渐变，单击第一个色标，更改颜色 RGB 值为"198，6，23"，点击"确定"，如图 9-1-27 所示。点击第二个色标，更改颜色 RGB 值为"236，20，15"，点击"确定"，如图 9-1-28 所示。设置样式为"线性"，角度为"90"度，其他保持不变，如图 9-1-29 所示。

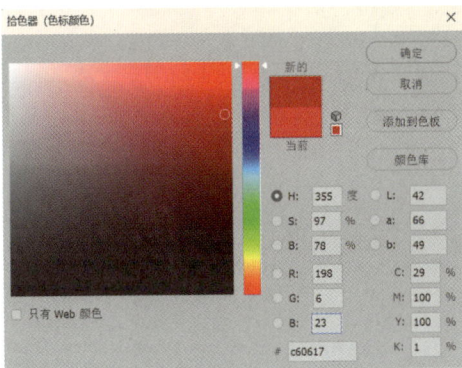

图 9-1-27　设置第一个色标颜色

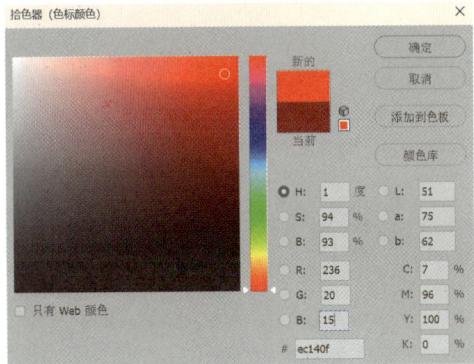

图 9-1-28　设置第二个色标颜色

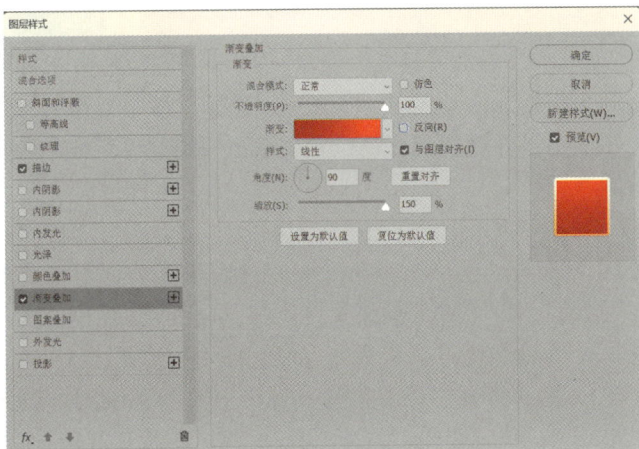

图 9-1-29　设置"渐变叠加"样式

（14）勾选"投影"效果，混合模式为"正片叠底"，修改颜色 RGB 值为"187，57，1"，点击"确定"，如图 9-1-30 所示。设置不透明度为"53%"，角度为"180"度，距离为"6 像素"，扩展为"0%"，大小为"6 像素"，点击"确定"，如图 9-1-31 所示。效果如图 9-1-32 所示。

图 9-1-30　设置颜色

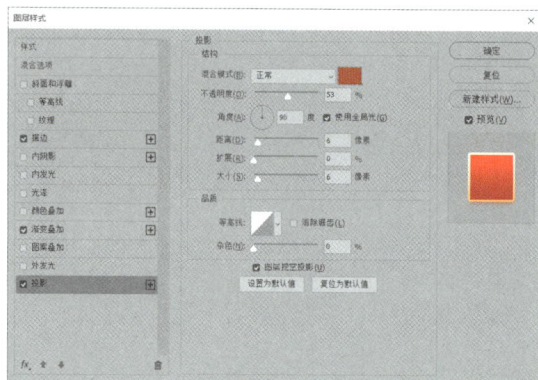

图 9-1-31　设置"投影"样式

图 9-1-32　绘制"斜角矩形"效果

（15）在"文件"菜单中，点击"打开"命令，打开"资源总包→Ch09→任务 9.1 绵阳米粉主图设计→素材→圆角矩形.png"，点击"确定"。选择"移动工具"，将"圆角矩形"素材移动到"绵阳米粉"图层中，并调整到合适位置，双击"图层 1"重命名为"圆角矩形"，如图 9-1-33 所示。

（16）在图层面板，移动"圆角矩形"图层的图层顺序，将它移动到"斜角矩形"图层下方。按住"Ctrl+O"键，打开"资源总包→Ch09→任务 9.1 绵阳米粉主图设计→素材→买买买.png"，点击"确定"。选择"移动工具"，将"买买买"素材移动到"绵阳米粉"主图，调整到合适的位置，双击"图层 1"，重命名为"买买买"，如图 9-1-34 所示。

（17）按住"Ctrl+O"键，打开"资源总包→Ch09→任务 9.1 绵阳米粉主图设计→素材→吃货狂欢价.png"，点击"确定"。选择"移动工具"，将"吃货狂欢价"素材移动到"绵阳米粉"主图，调整到合适的位置，双击"图层 1"，重命名为"吃货狂欢价"，如图 9-1-35 所示。

图 9-1-33　放入"圆角矩形"

图 9-1-34　放入"买买买"

图 9-1-35　放入"吃货狂欢价"

（18）在图层面板，新建一个组，双击"组"重命名为"价签"。按住"Ctrl"键，依次选择"吃货狂欢价""斜角矩形""圆角矩形""买买买"，将其拖动到"价签"组中，并收起来。

（19）按住"Ctrl+O"键，打开"资源总包→Ch09→任务 9.1 绵阳米粉主图设计→素材→手绘窗帘.png"，点击"确定"。选择"移动工具"，将"手绘窗帘"素材移动到"绵阳米粉"主图，调整到合适的位置，双击"图层 1"，重命名为"手绘窗帘"，按住"Ctrl+O"键，打开"资源总包→Ch09→任务 9.1 绵阳米粉主图设计→素材→新品.png"，点击"确定"。选择"移动工具"，将"新品"素材移动到"绵阳米粉"主图，调整到合适的位置，双击"图层 1"，重命名为"新品文字"，如图 9-1-36 所示。

图 9-1-36　放入"手绘窗帘"与"新品"

（20）选择"横排文字工具" ，设置字体为"阿里巴巴普惠体 3.0"，字体粗细为"85 Bold"，字体大小为"110 点"，填充颜色"白色"，如图 9-1-37 所示。双击空白处，输入文字"绵阳米粉"，选择"移动工具"，将文字移动到合适位置，如图 9-1-38 所示。

图 9-1-37　设置"横排文字工具"

图 9-1-38　输入文字"绵阳米粉"

（21）双击"绵阳米粉"图层，在弹出的对话框进行设置。勾选"投影"，设置混合模式为"正常"，颜色为"黑色"，不透明度为"53%"，角度为"90 度"，距离为"8"，扩展为"0"，大小为"8"，点击"确定"，如图 9-1-39 所示，设置效果如图 9-1-40 所示。

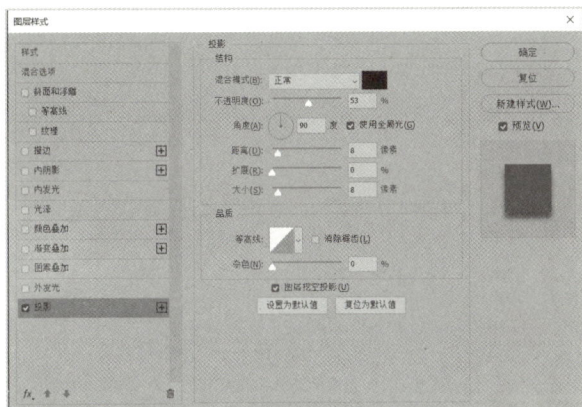

图 9-1-39　设置投影参数

图 9-1-40　设置效果

（22）按住"Ctrl+O"键，打开"资源总包→Ch09→任务 9.1 绵阳米粉主图设计→素材→文字花边.png"，点击"确定"。选择"移动工具"，将"文字花边"素材移动到"绵阳米粉"主图，调整到合适的位置，双击"图层 1"，重命名为"文字花边"，如图 9-1-41 所示。

图 9-1-41　放入"文字花边"

（23）选择"横排文字工具" T，设置字体"阿里巴巴普惠体 3.0"，字体大小为"85 Bold"，字体粗细为"29.68 点"，填充颜色为"白色"，如图 9-1-42 所示。双击空白处，输入文字"四川小吃 独特味道"，按住"Ctrl"键，选择"四川小吃 独特味道""文字花边"，在菜单上方设置为"水平居中对齐" ，、"垂直居中对齐" ，如图 9-1-43 所示。

图 9-1-42 设置"横排文字工具"

图 9-1-43 对齐文字与花边

（24）在图层面板新建一个组，双击"组"并重命名为"文案"。按住"Ctrl"键，依次选择"四川小吃 独特味道""文字花边""绵阳米粉""新品文字素材"，将其拖动到"文案"组中并收起来。

（25）点击"视图→新建参考线"，在弹出的对话框中设置取向为"水平"，位置为"115 像素"，再"新建参考线"，设置取向为"垂直"，位置为"63 像素"，点击"确定"，如图 9-1-44 所示。

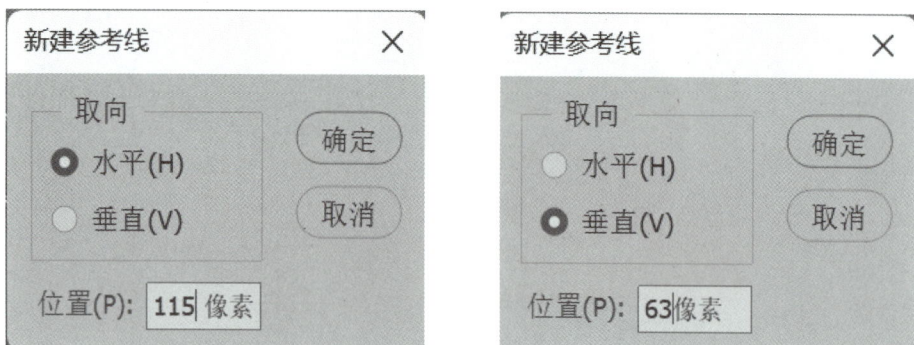

图 9-1-44 设置水平与垂直参考线

（26）按住"Ctrl+O"键，打开"资源总包→Ch09→任务 9.1 绵阳米粉主图设计→素材→蒋蓉记 logo.png"，点击"确定"。选择"移动工具"，将"蒋蓉记 logo"素材移动到"绵阳米粉"主图，调整到合适的位置，双击"图层 1"，重命名为"蒋蓉记 logo"，如图 9-1-45 所示。

（27）点击"蒋蓉记 logo"图层，设置图层模式为"正片叠底"，如图 9-1-46 所示。最终效果如图 9-1-47 所示。

图 9-1-45 放入"蒋蓉记 logo"

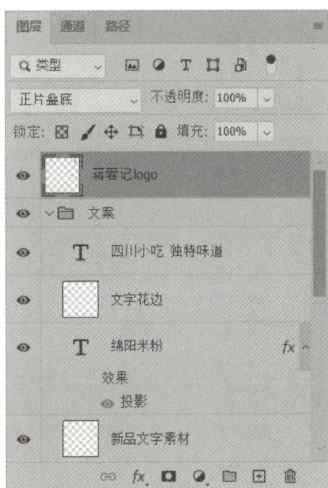

图 9-1-46 设置图层模式

图 9-1-47 最终效果

任务 9.2 绵阳米粉店铺推广图设计与制作

📎任务引入

本任务要求读者首先认识"横排文字"工具、"矩形"工具，然后通过设计米粉店铺推广图中的智钻图，掌握实战项目智钻图的设计要点与制作方法。

绵阳米粉店铺智钻图
设计与制作

设计理念

设计过程围绕绵阳米粉店铺智钻图进行创作。背景为深色调，与碗里的米粉色调形成鲜明的对比，凸显主体。在设计过程中，突出表现店铺 LOGO 与产品内容，运用简洁的排版，让其在首页能够吸引消费者的目光。最终效果如图 9-2-1 所示。

图 9-2-1　绵阳米粉店铺智钻图最终效果

任务知识

"横排文字"工具和"矩形"工具的属性栏如图 9-2-2 所示。

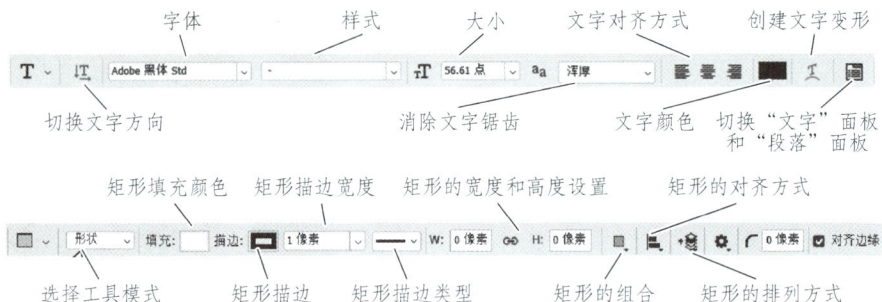

图 9-2-2　"横排文字"工具和"矩形"工具的属性栏

任务实施

【效果文件所在位置】资源总包\Ch09\任务 9.2 绵阳米粉店铺推广图设计\工程文件

（1）按住"Ctrl+N"组合键，弹出"新建文档"对话框，设置名称为"米粉店铺智钻图设计"，设置宽度为"520 像素"，高度为"280 像素"，分辨率为"72 像素/英寸"，颜色模式为"RGB"，背景内容为"白色"，单击"创建"按钮，新建一个文档，如图 9-2-3 所示。

（2）打开"资源总包→Ch09→任务 9.2 米粉店铺推广图的设计→素材"文件夹，将"背景图"素材拖拽至文件中，调整图片尺寸与位置，如图 9-2-4 所示。

图 9-2-3　新建文档

图 9-2-4　放入"背景图"

（3）以同样的方式将"米粉"素材、"LOGO"素材、"品牌名"素材、"香料"素材，拖拽至文件中，并调整至合适位置，如图 9-2-5 所示。

图 9-2-5　放入其他素材

（4）选择"矩形"工具 ▭ ，设置填充颜色 RGB 为"124，26，0"，描边为"无" ▰ 描边：▱ ，设置圆角为"100 像素" ▱ 100像 ，绘制矩形，调整至合适位置。单击"图层"面板下方的"添加图层样式"按钮 *fx* ，在弹出的菜单中选择"描边"命令，设置描边参数，如图 9-2-6 所示。

图 9-2-6　绘制圆角矩形并设置参数

（5）新建图层，选择"横排文字"工具 **T** ，设置字体，设置粗细为"45 Light"，大小为"20 点"，字距调整为"-75"，水平缩放 **T** 为"100%"，设置颜色为"白色"，输入文字"人气首选 鲜米粉口感更佳"，调整至合适位置，如图 9-2-7 所示。

图 9-2-7　输入文字"人气首选 鲜米粉口感更佳"并设置参数

（6）复制文字图层，修改文字内容为"全场满 200 元减 20 元"，在字符面板修改文字属性，修改 工 水平缩放为"80%"，调整至合适位置。米粉店铺推广图制作完成，如图 9-2-8 所示。

图 9-2-8　最终效果

任务 9.3　绵阳米粉轮播海报 1 设计与制作

🔹任务引入

本任务要求读者首先认识"矩形"工具 □、"渐变"工具 □，然后通过设计绵阳米粉海报，掌握海报的设计要点与制作方法。

绵阳米粉轮播
海报 1 设计与制作

🔹设计理念

该海报以黑色为背景，营造出浓郁的传统中国风氛围。海报上部是红色的"绵阳米粉"四个大字，非常醒目。一碗热气腾腾的米粉占据了画面的右半部分，旁边放着辣椒和其他调料，展现了食物的美味和丰富的配料。左上的树枝和调料起到了平衡画面的作用。海报中部的"味之物语　回味无穷"表达了产品的特点，即味道好，令人回味无穷。右上角的圆形标志是店铺或品牌的 LOGO，增强了品牌识别度。整体设计风格传统而有特色，符合中国人的审美习惯，通过展示美食和调料，唤起了消费者的食欲，激发购买欲望。最终效果如图 9-3-1 所示。

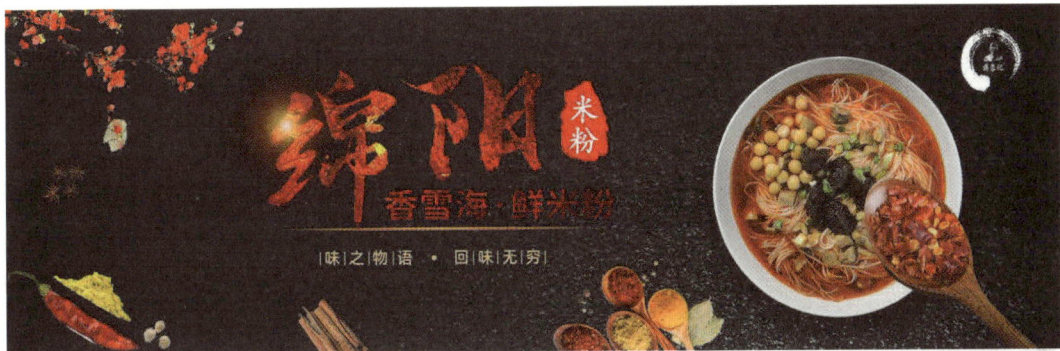

图 9-3-1　绵阳米粉轮播海报 1 最终效果

⚡**任务知识**

（1）"矩形工具" ⬜ 属性栏如图 9-3-2 所示。

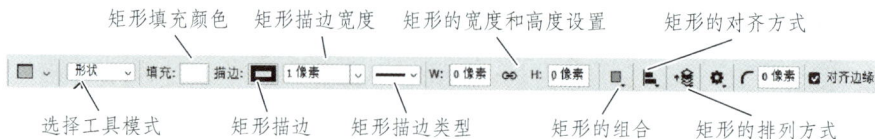

图 9-3-2　"矩形工具"属性栏

（2）"渐变工具" ⬜ 属性栏如图 9-3-3 所示。

图 9-3-3　"渐变工具"属性栏

⚡**任务实施**

【效果文件所在位置】资源总包\Ch09\任务 9.3 绵阳米粉轮播海报 1 设计\工程文件

（1）打开 Adobe Photoshop 2022 主页面，点击"文件"选择里面的"新建"，设置文档尺寸宽度为"1920 像素"，高度为"600 像素"，然后点击"创建"按钮，新建一个文档，如图 9-3-4 所示。

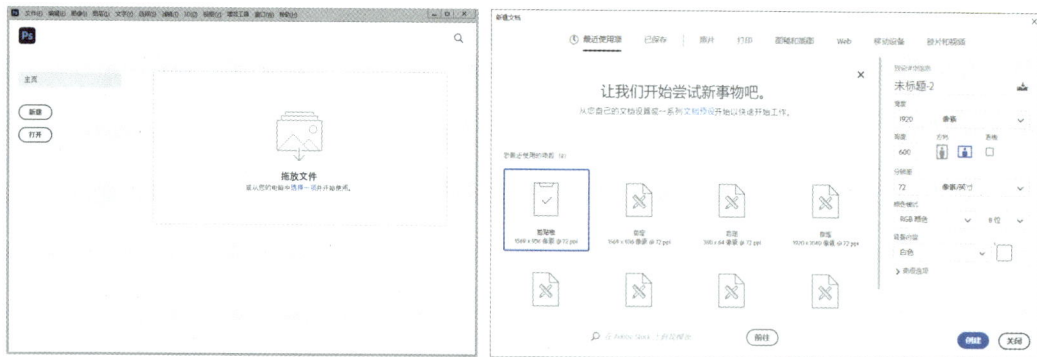

图 9-3-4　新建文档

（2）打开"素材"文件夹，选中"背景"图片，将其拖入文档中，如图 9-3-5 所示。按住"Ctrl+T"组合键变换大小，将"光标"放在对角线上，按住"Shift"键进行缩放，缩放到合适的大小，点击右上角的"确定"按钮进行确定 ⊘ ✓，如图 9-3-6 所示。

（3）打开"素材"文件夹，按住"Ctrl"选中"文字"和"文字补色"两个素材，将其拖入文档中，如图 9-3-7 所示。调整"文字"和"文字补色"的叠放顺序，选择"文字补色"图层，如图 9-3-8 所示。按住"Ctrl+Alt+G"创建剪贴蒙版，对"文字补色"图层位置进行调整，如图 9-3-9 所示。

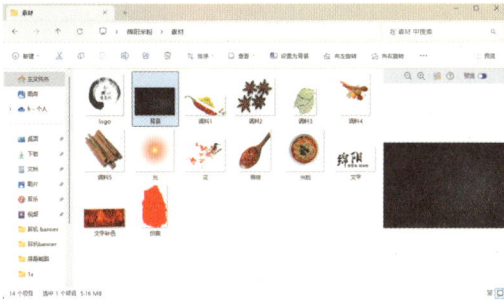

图 9-3-5　打开"背景"图片

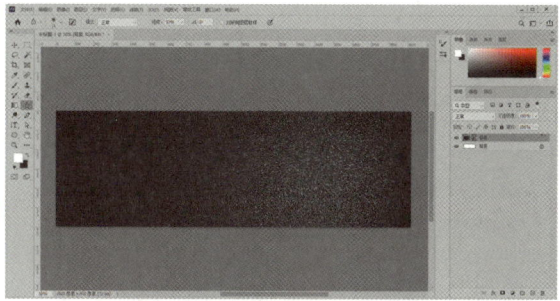

图 9-3-6　缩放图片到合适的大小

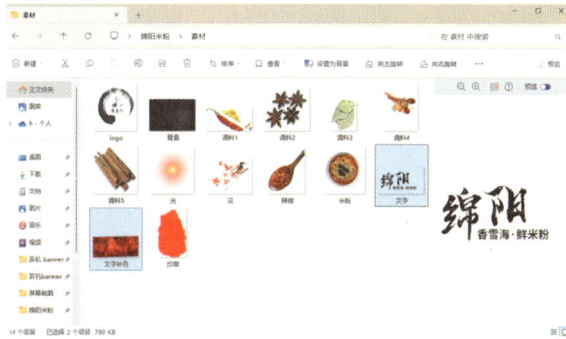

图 9-3-7　选中"文字"和"文字补色"素材

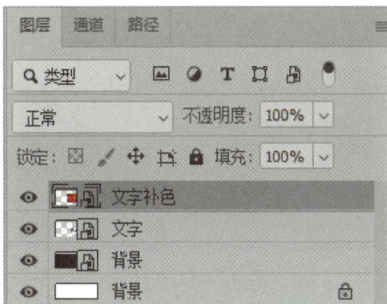

图 9-3-8　选择"文字补色"图层

图 9-3-9　调整"文字补色"图层位置

（4）打开"素材"文件夹，选中"光"图片，将其拖入文档中，如图 9-3-10 所示。调整其位置和大小，如图 9-3-11 所示。

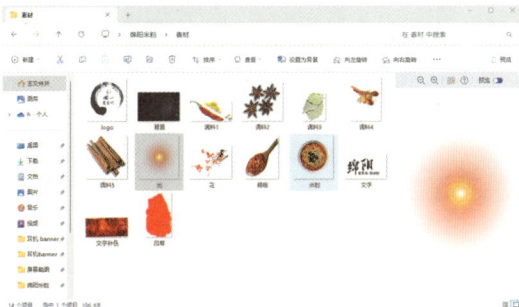

图 9-3-10　选中"光"素材

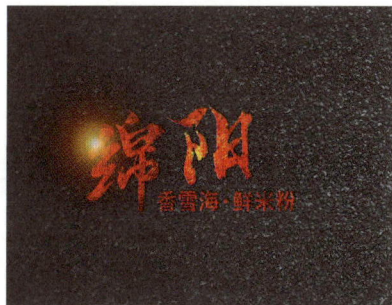

图 9-3-11　调整"光"图层位置

（5）点击创建新图层，如图 9-3-12 所示。选择"渐变"工具 ，设置渐变颜色 ，选中最左下的色标，改为 RGB（254，215，95）（见图 9-3-13），选中最右下的色标，改为 RGB（236，138，57）（见图 9-3-14），并将最右下色标拖到 73% 的位置 位置(C): 73 % ，然后选中最右上的色标，位置改为 80% 位置(C): 80 % 。点击最右上角，添加一个色标，将透明度改为 0% 不透明度(O): 0 % ，如图 9-3-15 所示。

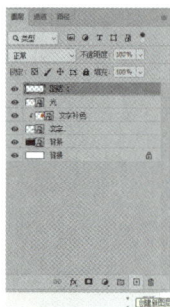

图 9-3-12　创建新图层　　图 9-3-13　设置最左下色标　　图 9-3-14　设置最右下色标

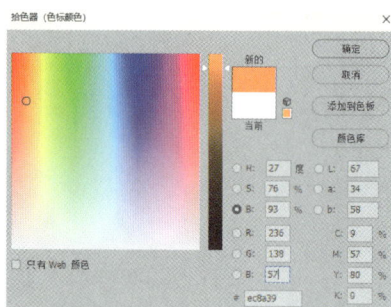

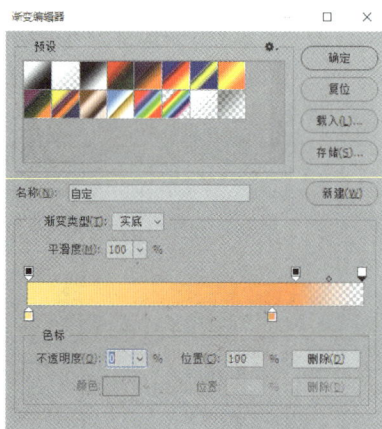

图 9-3-15　添加右上角色标　　　　图 9-3-16　在"图层 1"中绘制渐变

（6）改为"径向渐变" 。选中"图层 1"，在"图层 1"中绘制渐变，如图 9-3-16 所示。选中"图层 1"，按"Ctrl+T"组合键进行变换，效果如图 9-3-17 所示。

图 9-3-17　变换"图层 1"

（7）选择"文字"工具 T ，输入"味之物语　回味无穷"，调整文字字体为"阿里巴巴普惠体 3.0"、字体大小为"30 点"，修改文字颜色为 RGB（243，200，135），点击"确定"，如图 9-3-18 所示。

图 9-3-18　设置字体颜色

图 9-3-19　绘制竖线

（8）选择"移动"工具 ✛ ，将"味之物语　回味无穷"拖入适当位置，放大图形。选择"直线"工具 ╱ ，绘制直线，设置填充颜色为 RGB（243，200，135），设置直线宽度为"3"像素 细细：3像素 ，将其移动到适当位置。按"Ctrl+J"进行复制，按"Shift"+"→"键进行移动，选中所有直线图层进行排列，如图 9-3-19 所示。选中所有直线图层右击选择"合并形状"（见图 9-3-20），按"Ctrl+J"进行复制，并向右移动到适当位置。选择"椭圆"工具 ○ ，绘制圆形。选择所绘制的所有形状进行排列，右击选择"合并形状"，效果如图 9-3-21 所示。

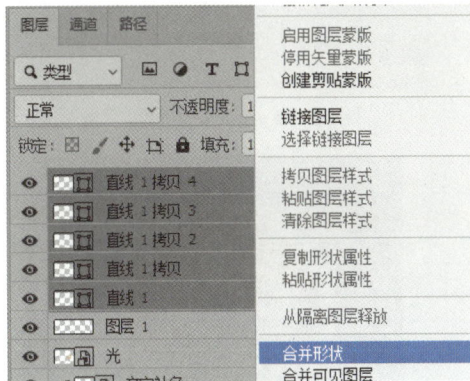

图 9-3-20　选择"合并形状"

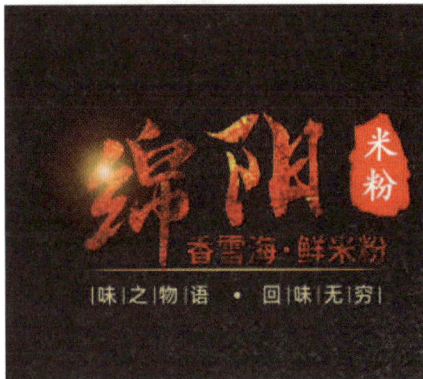

图 9-3-21　绘制竖线和圆点效果

（9）打开"素材"文件夹，将"印章"素材拖入文档中。选择"直排文字"工具 IT ，输入文字"米粉"，设置字体为"楷体"，调整大小为"53 点"，如图 9-3-22 所示。按住"Shift"选择图层，按"Ctrl+G"进行组合，双击组名改为"文字"，如图 9-3-23 所示。

（10）打开"素材"文件夹，将"米粉"素材拖入文档中（见图 9-3-24），并移动到适当位置。双击"米粉"图层打开图层样式，勾选"投影"，设置参数，点击"确定"，如图 9-3-25 所示。

（11）打开"素材"文件夹，将"辣椒"素材拖入文档中（见图 9-3-26），并将素材放入适当位置，如图 9-3-27 所示。

（12）打开"素材"文件夹，将"logo"素材拖入文档中，如图 9-3-28 所示。双击"LOGO"图层设置图层样式，勾选"颜色叠加"，更改颜色为"白色"，RGB 为"255，255，255"，如图 9-3-29 所示。按住"Ctrl+T"组合键修改"logo"素材的大小，并将其移动到适当位置，如图 9-3-30 所示。

图 9-3-22　放入"印章"素材并输入文字"米粉"

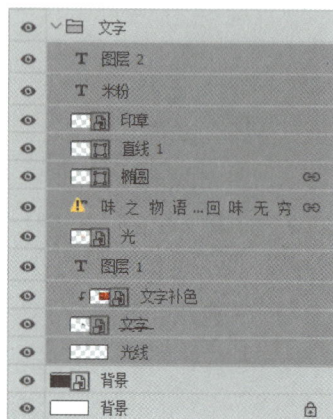

图 9-3-23　创建组合"文字"

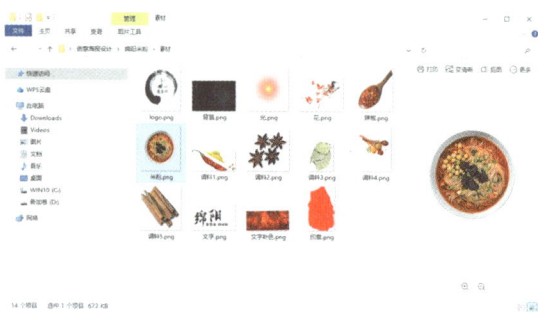

图 9-3-24　打开"米粉"素材

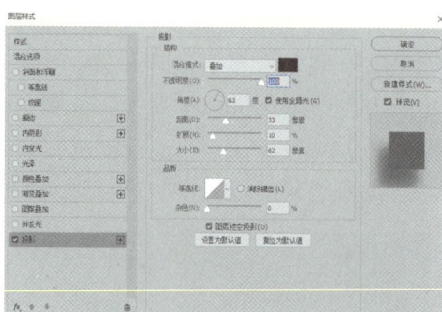

图 9-3-25　设置"投影"样式

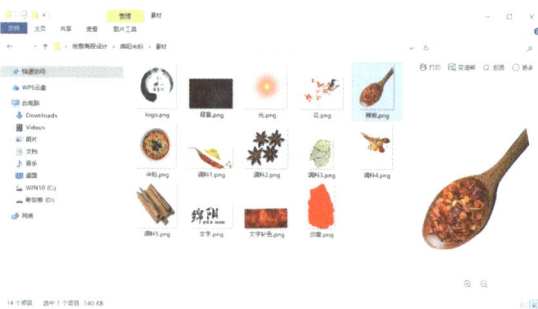

图 9-3-26　打开"辣椒"素材

图 9-3-27　放入适当位置

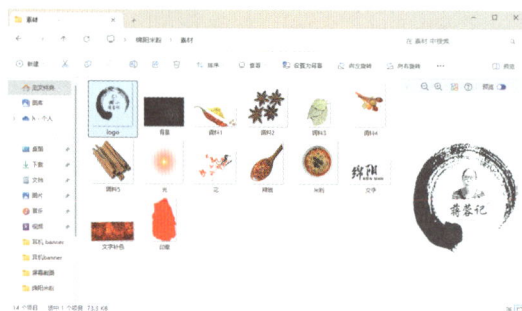

图 9-3-28　打开"logo"素材

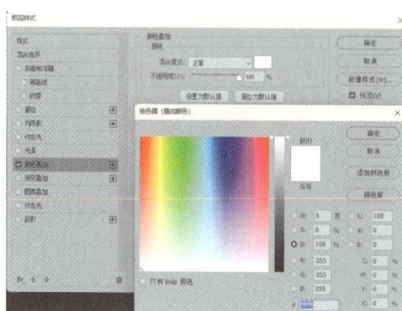

图 9-3-29　设置"颜色叠加"样式

图 9-3-30　在图中放置"logo"素材

（13）打开"素材"文件夹，将所有"调料"素材拖入文档中，如图 9-3-31 所示。对所有"调料"素材进行排版，如图 9-3-32 所示。

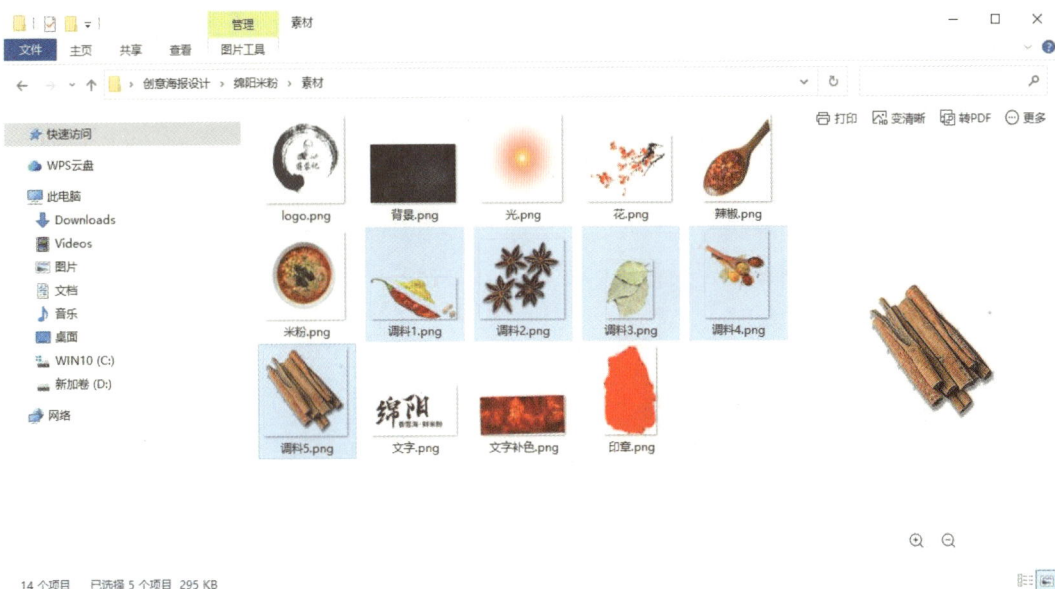

图 9-3-31　打开所有"调料"素材

图 9-3-32　对所有"调料"素材进行排版

（14）打开"素材"文件夹，选中"花"素材，将其拖入文档中，如图 9-3-33 所示。选择"编辑→变换→水平翻转"，进行变换，并移动到适当位置，如图 9-3-34 所示。

图 9-3-33　选中"花"素材

图 9-3-34　选择"水平翻转"

（15）选中所有素材图层，按"Ctrl+G"进行组合，双击组名改为"素材"，如图 9-3-35 所示。选择"文字"图层（见图 9-3-36），选择"移动"工具 ⊕，将其进行适当调整。

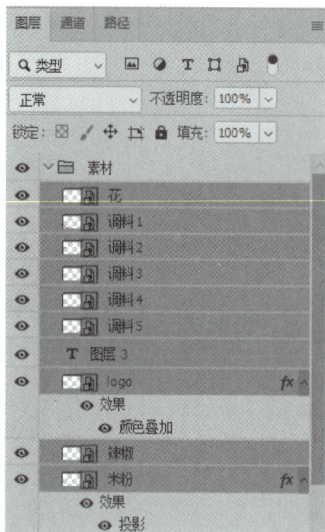

图 9-3-35　创建"素材"组

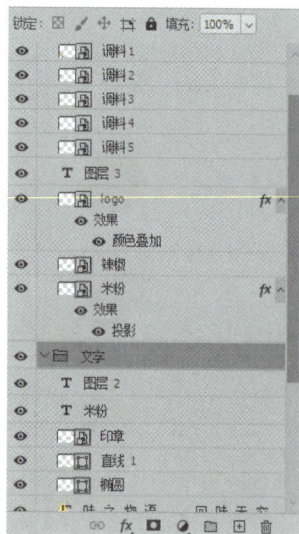

图 9-3-36　"文字"图层

（16）海报制作完成，如图 9-3-37 所示。

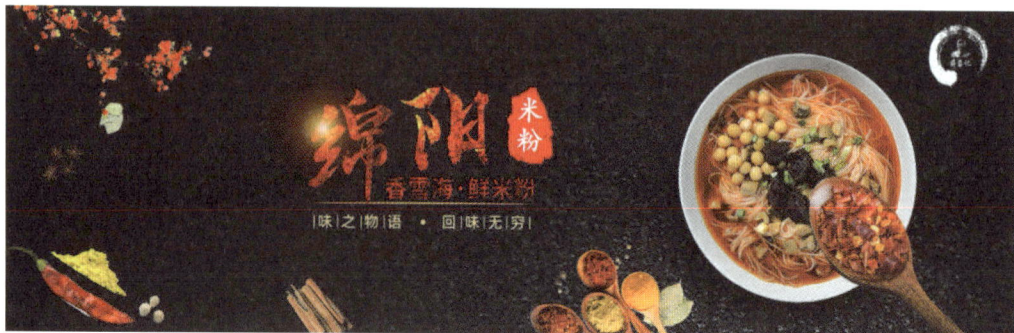

图 9-3-37　最终效果

任务 9.4　绵阳米粉轮播海报 2 设计与制作

📡 任务引入

本任务要求读者熟练掌握"字符"工具、"对齐"工具、"形状"工具、"渐变"工具的基本操作技能，再结合综合技能来制作海报设计。

绵阳米粉轮播
海报 2 设计与制作

📡 设计理念

海报设计巧妙地融合了地域特色与文化体验，以"四川小吃 独特味道"作为主要文案，凸显了绵阳米粉这一地道四川小吃的独特身份。通过简洁有力地表达"嗦一口地道绵阳味"，不仅传达品尝绵阳米粉是一种味觉享受的信息，还将其上升到一种文化体验的高度。设计上，以"绵阳米粉"作为视觉焦点，采用大字号和醒目的字体来吸引顾客的注意，同时保持文案的精炼性，确保信息能够被快速捕捉和理解。此外，通过展示米粉中的特色配料，海报在视觉上极大地诱发顾客的食欲。鲜明的色彩搭配和精心设计的构图进一步吸引目光，而强调"地道"二字则在情感层面与消费者建立起深厚的联系，激发他们对传统美食的向往之情。最终效果如图 9-4-1 所示。

图 9-4-1　绵阳米粉轮播海报 2 最终效果

📡 任务实施

【效果文件所在位置】资源总包\Ch09\任务 9.4 绵阳米粉轮播海报 2 设计\工程文件

（1）打开"文件→新建→Web"，选择"网页-大尺寸"，命名为"米粉店铺首页"，单击"创建"，如图 9-4-2 所示。

（2）打开"资源总包→Ch09→任务 9.4 绵阳米粉轮播海报 2 设计→素材"文件夹中名为"栅格标准"的 PDS 文件，选中图层"内容区域"和"边距"，复制粘贴图层（"Ctrl+J"），鼠标右键点击"转化为智能对象"，并复制（"Ctrl+C"）粘贴（"Ctrl+V"）到文件"米粉店铺首页"中。

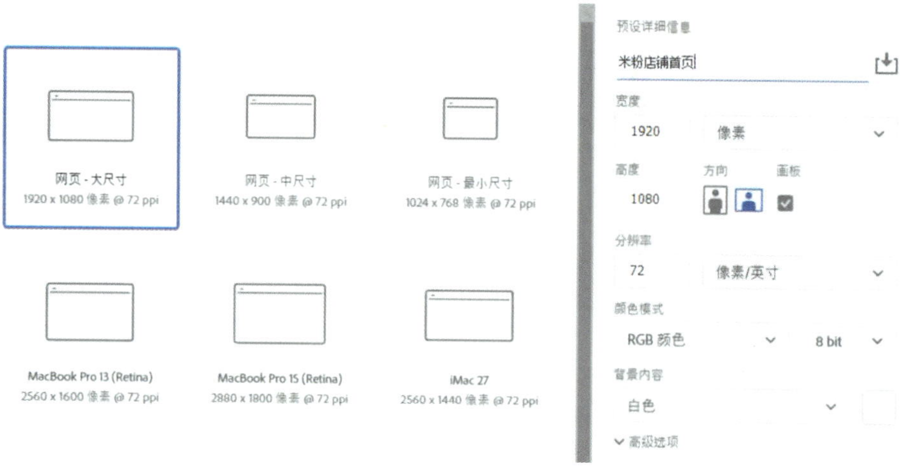

图 9-4-2　新建文档

（3）使用“Ctrl+T”组合键，按住“Shift”等比缩放到画板大小，按“Enter”键确定，并命名为“栅格”，不透明度改为 50%。

（4）选择“矩形工具”（快捷键 U），点击画板绘制一个宽度为“100 像素”、高度为“100 像素”、半径为“0”的矩形，使用“Ctrl+A”组合键全选，点击“左对齐”和“顶对齐”，使其对齐画板的左上角。复制粘贴图层（“Ctrl+J”），使用“Ctrl+A”组合键全选，点击“底对齐”，使其对齐画板的左下角，并取消选中（“Ctrl+D”）。

（5）打开标尺（“Ctrl+R”），拖动标尺对齐刚刚画好的矩形，同时选中两个矩形（“Ctrl+A”全选），点击“右对齐”，并取消选中（“Ctrl+D”），再拖动标尺对齐矩形后，删掉两个矩形。

（6）选择“矩形工具”（快捷键 U），点击画板绘制一个宽度为“1095 像素”、高度为“1080 像素”、半径为“0”的矩形，将描边颜色改为“无颜色”，填充颜色改为“黑色”，对齐画板的右边；选择“矩形工具”（快捷键 U），点击画板绘制一个宽度为“530 像素”、高度为“500 像素”、半径为“0”的矩形，将描边颜色改为“无颜色”，填充颜色改为“红色”（Ff0000），对齐画板的左上角，如图 9-4-3 所示。

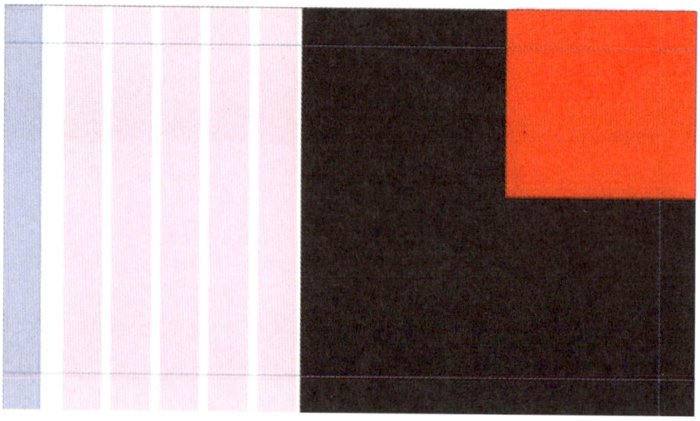

图 9-4-3　绘制黑色与红色矩形

（7）选择“直接选择工具”（快捷键 A），选中黑色矩形的左上角，按住“Shift+→”向右移动到红色矩形的左上角对齐，并将红色矩形删掉，如图 9-4-4 所示。

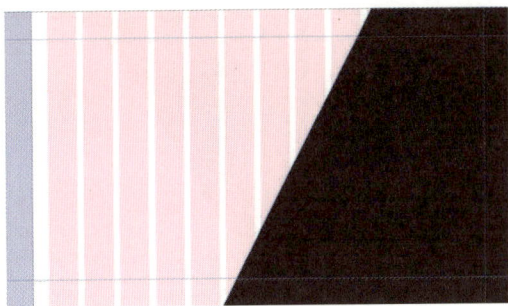

图 9-4-4　调整黑色矩形的左上角

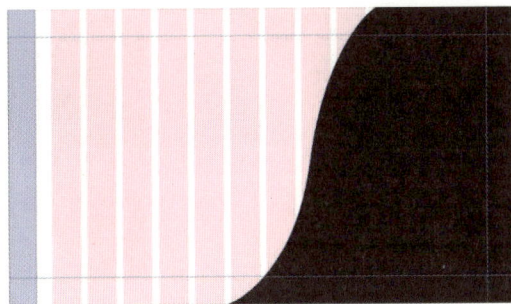

图 9-4-5　添加锚点并调整线条弧度

（8）选中"钢笔工具" （快捷键 P），鼠标右键选择"添加锚点工具" ，在黑色梯形中间添加一个锚点，选择"直接选择工具" （快捷键 A），选中中间的锚点进行拖拉调整线条弧度，如图 9-4-5 所示。

（9）选中图层"矩形 1"，鼠标右键点击"混合选项"，打开"渐变叠加"，点击"渐变色条"打开"渐变编辑器"，如图 9-4-6 所示。渐变的第一个颜色为"7b0b07"，位置为"0%"；第二个颜色为"950e09"，位置为"14%"：第三个颜色为"7c0c06"，位置为"27%"；第四个颜色为"c3150d"，位置为"43%"；第五个颜色为"7f0b07"，位置为"58%"；第六个颜色为"a6100a"，位置为"77%"；第七个颜色为"8b0d08"，位置为"100%"，如图 9-4-7 所示。点击"确定"，然后将角度调为 165°，不透明度调为 65%，混合模式调为正常。

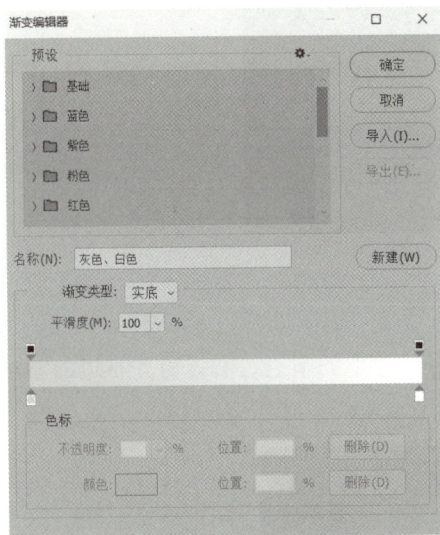

图 9-4-6　打开"渐变编辑器"

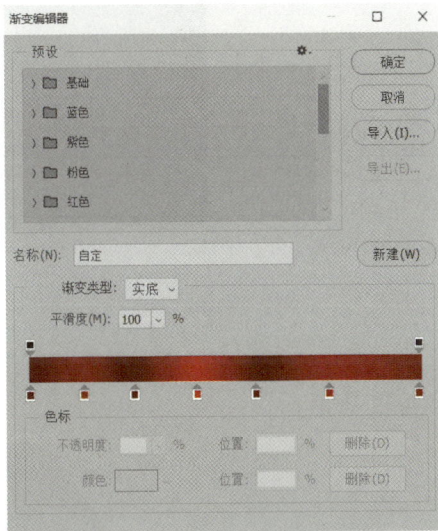

图 9-4-7　设置渐变颜色

（10）隐藏"栅格"图层，选择"矩形工具" （快捷键"U"），点击画板绘制一个宽度为"240 像素"、高度为"240 像素"的矩形，将其放置在画板的左上角，选择"直接选择工具" （快捷键"A"），选中矩形的右下角，将其拖动到矩形中央（见图 9-4-8），再鼠标右键点击"钢笔工具" ，选择"转换点工具" 对中间的锚点进行拖拉调整线条弧度（见图 9-4-9），最后回到"直接选择工具" （快捷键"A"），对中间的锚点进行拖拉调整线条弧度，如图 9-4-10 所示。

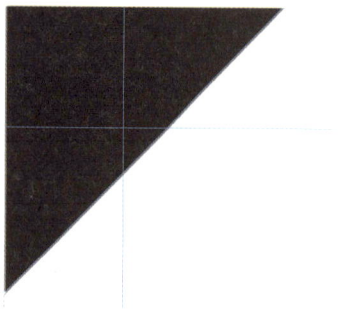

图 9-4-8 拖动矩形右下角   图 9-4-9 调整线条弧度   图 9-4-10 再次调整线条弧度

（11）选中图层"矩形 2"，鼠标右键点击"混合选项"，打开"渐变叠加"，"渐变色条"颜色与（9）保持相同，然后将角度调为"138°"，不透明度调为"65%"，最后选中两个变形的矩形建立群组（"Ctrl+G"），命名为"幕布装饰"。

（12）选择"矩形工具" 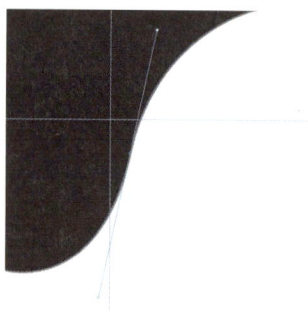（快捷键"U"），点击画板绘制一个宽度为"300 像素"、高度为"140 像素"、半径为"0"的矩形，然后将图层移动到"幕布装饰"的上方，在画板上对齐上面的参考线，如图 9-4-11 所示。

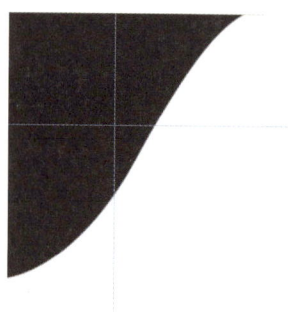

图 9-4-11 绘制一矩形框

（13）选择"文字工具" （快捷键"T"），输入文案"绵阳米粉"，将字体大小改为"168 像素"，字体样式改为"Bold"，然后将其上方对齐黑色矩形的下边、右方对齐右边的参考线，如图 9-4-12 所示。

图 9-4-12 输入文案"绵阳米粉"

（14）选中黑色矩形删掉，选择"文字工具" T （快捷键 T），输入英文字母"mianyangmifen"，选择"文字选项"中的"全部大写字母" TT ，将字体大小改为 46 像素，字体样式改为 Light，再同时选中"绵阳米粉"并点击"水平居中对齐" ᵴ。

（15）选择"矩形工具" ▢ （快捷键 U），点击画板绘制一个宽度为"122 像素"、高度为"122 像素"的矩形，将其拖动到"MIANYANGMIFEN"的左下角（见图 9-4-13），再将描边颜色改为"无颜色"，不透明度改为"50%"。

图 9-4-13　输入"MIANYANGMIFEN"并绘制矩形框

（16）打开"素材"文件夹，找到"半月圆"拖入到画板中，并将它刚好放入到刚刚绘制的矩形中，然后将矩形删掉，再选中"半月圆"，鼠标右键点击"混合选项"，打开"颜色叠加"，颜色改为白色。

（17）选择"文字工具" T （快捷键"T"），在"半月圆"中输入文案"健康放心"，然后将光标放在"健康"的后面按回车键（"Enter"），将字体大小改为"24 像素"，字体行距改为"26"，字体样式改为"Regular"，然后同时选中"半月圆"点击"水平居中对齐" ᵴ 和"垂直居中对齐" ╬ ，并建立群组（"Ctrl+G"）命名为"健康放心"。

（18）选中图层"健康放心"复制粘贴（"Ctrl+J"），水平向右移动，再按"Ctrl+T"选中"半月圆"，鼠标右键点击"顺时针旋转 90°"，然后在"半月圆"图层上，鼠标右键点击"混合选项"打开"颜色叠加"，颜色改为"Ffd051"，再将文案"健康放心"改为"味蕾体验"并将群组名改为"味蕾体验"，最后根据上述方法制作另外两个"安全生产""美味营养"，如图 9-4-14 所示。

（19）同时将刚刚的 4 个文案图层选中，点击"水平分布" ▮▮ ，再对齐右边的参考线，并建立群组（"Ctrl+G"）命名为"健康放心"，然后再选中"绵阳米粉"和"MIANYANGMIFEN"，点击"水平居中对齐" ᵴ 。

（20）选中文案"绵阳米粉"，鼠标右键点击"混合选项"打开"投影"（见图 9-4-15），将颜色调为"B23204"，混合模式选择"正片叠底"，不透明度调为"43%"，角度调为"120°"，距离调为"10 像素"，扩展调为"7%"，大小调为"8 像素"。

图 9-4-14　制作"健康放心""味蕾体验""安全生产""美味营养"群组

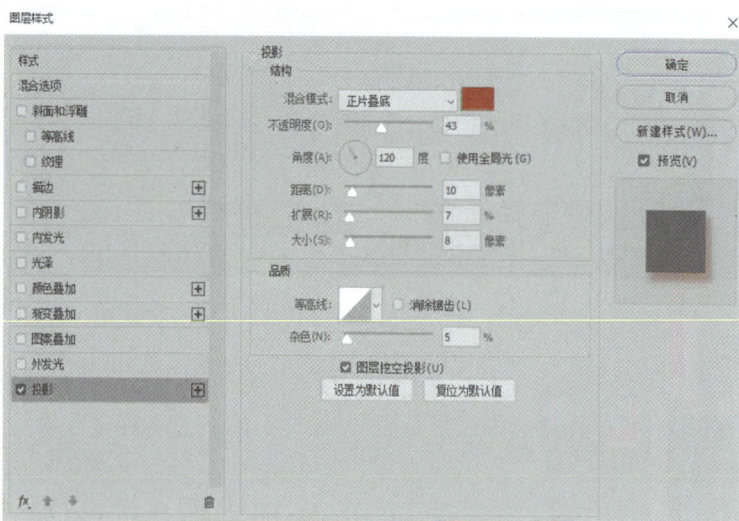

图 9-4-15　设置"投影"样式

（21）打开"资源总包→Ch09→任务 9.4 绵阳米粉轮播海报 2 设计→素材"文件夹，找到"米粉大图 2"并拖入到画板中，并将图层拖入到"幕布装饰"的下方，然后调整图片位置，如图 9-4-16 所示。

图 9-4-16　放入"米粉大图 2"素材

（22）打开"资源总包→Ch09→任务 9.4 绵阳米粉轮播海报 2 设计→素材"文件夹，找到"logo"并拖入到画板中，将其移动到"绵阳米粉"的上方，然后把图层样式改为"正片叠底"，再调整位置，如图 9-4-17 所示。

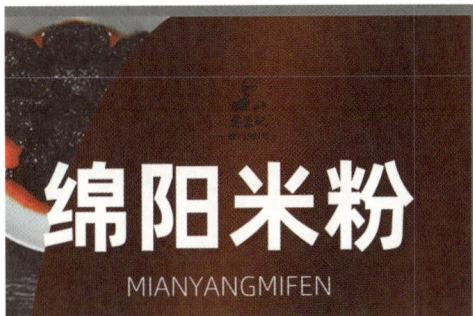

图 9-4-17　放入"logo"素材

（23）打开"资源总包→Ch09→任务 9.4 绵阳米粉轮播海报 2 设计→素材"文件夹，找到"米粉分类"拖入到画板中，并将图层移动到文案"健康放心"的下方，使用"Ctrl+T"组合键，并按住"Shift"键等比缩放到合适大小放在文案中央，如图 9-4-18 所示。

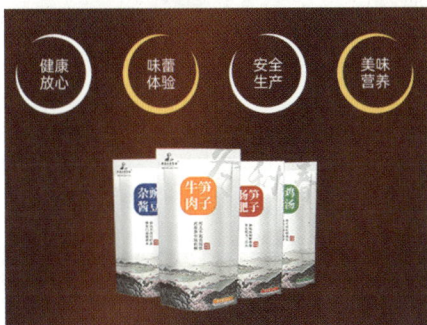

图 9-4-18　放入"米粉分类"素材

（24）在"米粉分类"的下方添加一个新的图层，把图层样式改为"正片叠底"，选择"画笔工具" （快捷键"B"），画笔样式为柔边圆、大小为"40 像素"、硬度为"0%"，再使用"吸管工具" （快捷键"I"）吸取幕布的颜色，按 右中括号增加画笔大小到"米粉分类"图片的大小，并在其下方绘制阴影（见图 9-4-19），最后把图层改名为"阴影"。

图 9-4-19　绘制阴影

（25）打开"资源总包→Ch09→任务9.4绵阳米粉轮播海报2设计→素材"文件夹，找到"辣椒"并拖入到画板中，并将图层移动到"米粉分类"的上方，使用"Ctrl+T"组合键，并按住"Shift"键等比缩小一点，再将其摆放到"米粉分类"的右下角，如图9-4-20所示。

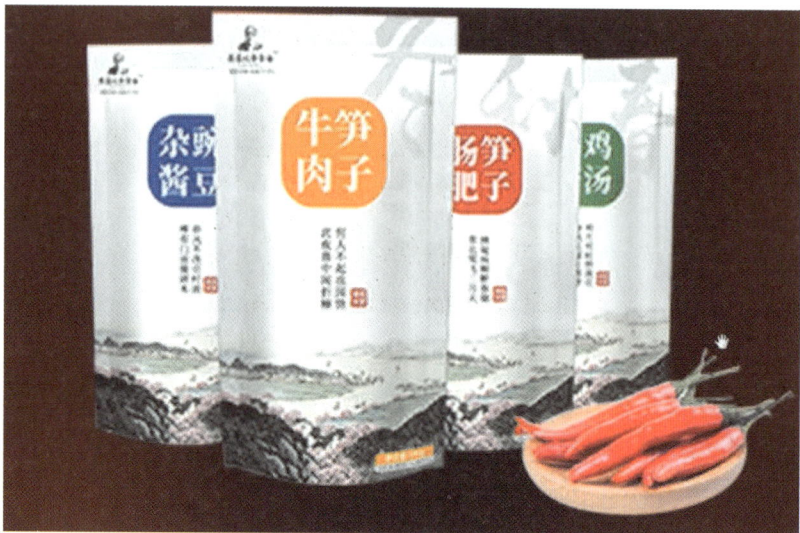

图 9-4-20　放入"辣椒"素材

（26）打开"资源总包→Ch09→任务9.4绵阳米粉轮播海报2设计→素材"文件夹，找到"手写文案"并拖入到画板中，将它置于"米粉分类"的左边，使用"Ctrl+T"组合键，并按住"Shift"键等比缩小一点，调整位置，如图9-4-21所示。

图 9-4-21　放入"手写文案"素材

（27）打开"资源总包→Ch09→任务9.4绵阳米粉轮播海报2设计→素材"文件夹，找到"装饰边框"并拖入到画板中，将它对齐上方的参考线和左边的参考线。

（28）选择"文字工具" T （快捷键 T），输入文案"四川小吃"，选择"文字→文本排列方向→竖排"命令，将字体大小改为"40 像素"，字体样式改为"Regular"，调整位置居中于"装饰边框"。

（29）选中"四川小吃"复制粘贴图层（"Ctrl+J"），将其水平向下移动至"四川小吃"的下方，并将文案更改为"独特味道"，再同时选中"四川小吃"建立群组（"Ctrl+G"），最后选中"装饰边框"点击"水平居中对齐" 和"垂直居中对齐" 并建立群组（"Ctrl+G"），命名为"四川小吃"，最终完整的效果如图9-4-22所示。

图 9-4-22 创建"四川小吃 独特味道"群组

参考文献

[1] 冉秋. 互联网环境下数字媒体技术应用研究[J]. 电子世界，2021，（05）：9-10.

[2] 冉秋. Photoshop 常用抠图方法总结[J]. 内江科技，2012，33（05）：159.

[3] 朱红燕."双高"背景下数字图像制作课程混合式教学过程设计[J]. 内江科技，2022，43（11）：43-44+69.

[4] 朱红燕. 浅谈文字类标志设计[J]. 网友世界，2014，（15）：120.

[5] 张猛. 电子商务中网店美工与视觉营销的教学研究[J]. 中国多媒体与网络教学学报（中旬刊），2024，（03）：217-220.

[6] 陈静，刘瑞娟. 基于项目化教学的"电商详情页制作"课程教学实践报告[J]. 科教导刊，2023，（28）：110-112.

[7] 罗蓉. 在中职网页美工设计课程教学中提高学生设计美感的实践[J]. 广西教育，2024(08)：110-113.

[8] 杨忠仪，黄卫纯. 移动学习环境下高职网页美工课程教学策略研究[J]. 科技资讯，2021，19（07）：161-163+167.

[9] 周燕琼. 电子商务购物类网页美工设计中色彩心理的价值[J]. 科技资讯，2021，19（29）：173-174+178.

[10] 侯红梅，张海波. 应用型本科院校《网页美工实训》课程三部曲教学模式改革与实践[J]. 内江科技，2020，41（12）：151-153.

[11] 陈静. 基于校企合作的网页美工设计课程"电商团队制"教学模式的构建与研究[J]. 智库时代，2019（49）：215-216.

[12] 吉荣霞. 深入研究色彩心理在网页美工设计中的应用[J]. 知识文库，2019（18）：232.